La prensa *online* y su público

Natalia Raimondo Anselmino

La prensa *online* y su público

Un estudio de los espacios de intervención
y participación del lector en Clarín y La Nación

Colección UAI - Investigación

UAI
Universidad Abierta
Interamericana

teseo

Raimondo Anselmino, Natalia
La prensa *online* y su público : un estudio de los espacios de intervención y
participación del lector en *Clarín* y *La Nación* . - 1a ed. - Buenos Aires : Teseo,
2012.
342 p. ; 20x13 cm. - (UAI - Investigación)
ISBN 978-987-1867-50-9
1. Medios de Comunicación. I. Título
CDD 302.2

**Universidad Abierta
Interamericana**

© Editorial Teseo, 2012

Teseo - UAI. Colección UAI - Investigación

Buenos Aires, Argentina

ISBN 978-987-1867-50-9

Editorial Teseo

Hecho el depósito que previene la ley 11.723

Para sugerencias o comentarios acerca del contenido de esta obra,
escríbanos a: **info@editorialteseo.com**

www.editorialteseo.com

PRESENTACIÓN

La Universidad Abierta Interamericana ha planteado desde su fundación en el año 1995 una filosofía institucional en la que la enseñanza de nivel superior se encuentra integrada estrechamente con actividades de extensión y compromiso con la comunidad, y con la generación de conocimientos que contribuyan al desarrollo de la sociedad en un marco de apertura y pluralismo de ideas.

En este escenario, la Universidad ha decidido emprender junto a la editorial Teseo una política de publicación de libros con el fin de promover la difusión de los resultados de investigación de los trabajos realizados por sus docentes e investigadores y, a través de ellos, contribuir al debate académico y al tratamiento de problemas relevantes y actuales.

La *colección investigación* TESEO-UAI abarca las distintas áreas del conocimiento, acorde a la diversidad de carreras de grado y posgrado dictadas por la institución académica en sus diferentes sedes territoriales y sus líneas estratégicas de investigación, que se extiende desde las ciencias médicas y de la salud, pasando por la tecnología informática, hasta las ciencias sociales y humanidades.

El modelo o formato de publicación y difusión elegido para esta colección merece ser destacado al posibilitar un acceso universal a sus contenidos: ya sea por la vía tradicional impresa en librerías seleccionadas o por nuevos sistemas globales, como la impresión por demanda en distintos continentes, acceso a *eBooks* por tiendas virtuales, y difusión por Internet de sus contenidos parciales (Google libros, etc.).

Con esta iniciativa, la Universidad Abierta Interamericana ratifica una vez más su compromiso con una educación superior que busca en forma constante mejorar su calidad y contribuir con su trabajo al desarrollo de la comunidad nacional e internacional en la que se encuentra inserta.

Dr. Mario Lattuada
Secretaría de Investigación
Universidad Abierta Interamericana

ÍNDICE

AGRADECIMIENTOS

Este libro es producto de mi tránsito por el Doctorado en Comunicación Social de la Universidad Nacional de Rosario, al que ingresé al haber obtenido una beca de posgrado del Consejo Nacional de Investigaciones Científicas y Técnicas (CONICET). Durante esos cinco años, conté con la compañía de un conjunto de personas que apoyaron mi labor de muy distintas maneras.

Agradezco a Luis (el Chino) Baggiolini, Rubén Biselli, Sandra Valdettaro y Roberto Retamoso por dejarme aprender de ellos continuamente y, también, por confiar en mí. Agradezco a las autoridades del Doctorado en Comunicación Social, en especial a Susana Frutos y Claudia Voras, por hacer posible este espacio de formación. Agradezco a mis compañeros "doctorandos", esa banda entrañable de "ñoños" con los que aprendí, estudié, leí, discutí, me preocupé y disfruté cada minuto: María Cecilia Reviglio (mi gran amiga y lectora oficial de cuanto escribo), Tomás Lüders, Pablo Colacrai, Soledad Ayala, Lautaro Cossia, Soledad Nívoli y Valeria Venticinque.

Agradezco, también, a las autoridades de la Facultad de Ciencia Política y Relaciones Internacionales y de la Escuela de Comunicación Social (UNR), por llevar adelante una institución que desde hace quince años (cuando comencé a cursar la Licenciatura en Comunicación Social) es mi segundo hogar. Así como también a las tres muchachas amigas que me acompañan todos los miércoles en las clases de la cátedra Lenguajes III: Irene Gindin, María Clara (Cahia) Musante y Mariana Busso.

Agradezco a las autoridades del Instituto Superior de Educación Técnica N.º 18 y de la Universidad Abierta

Interamericana (UAI), ámbitos donde también llevo a cabo mi labor docente: en especial, a Karen Kuschner por permitirme formar parte de su equipo de trabajo, y a Mario Lattuada y Laura Paris por interesarse en publicar los resultados de mi investigación doctoral.

Agradezco a mis dos grandes amigas, María Laura Trujillo y María Laura Lodolini, porque me sostienen, me "bancan", soportan mis mañas y, aun así, me quieren. He compartido tanto de la vida con ellas que se han vuelto para mí imprescindibles. Y como este es mi primer libro (y por si fuera el último), voy a tomarme el atrevimiento de agradecerles también a mis "hadas madrinas", con quienes me crucé en distintos momentos de la vida y que me hicieron sentir que es posible hacer, esfuerzo mediante, todo lo que uno se propone: Alcira Cassini Morán, Aída Amicón, Delia Mester, Teresita Peralta y Viviana Hereñú.

Agradezco a mi familia. A Aldo, mi compañero de viaje, por ser mi constante sostén, porque siempre me motiva a crecer, a emprender nuevos desafíos y se arriesga conmigo, y sobre todo, por tener el valor de ser distinto: en todo lo que hago hay una parte de él. A mis padres, Ana María Anselmino y Antonio (Jorge) Raimondo, porque motorizaron mis deseos de aprender, me enseñaron a poner empeño y responsabilidad en mis proyectos y, a la vez, tuvieron la generosidad de dejarme hacer mi propia experiencia, aun equivocándome, y aprender de los errores para seguir creciendo. A mi hermano Pablo, por quererme aun después de tantas peleas; no sé si él sabe el inmenso amor que le tengo. A mis suegros, Mafalda y Aldo, por su enorme y constante generosidad. Y finalmente, a mi pequeño Lorenzo, ese gordo pertinaz y cariñoso que llena mis días de amor y sonrisas; él es, sin lugar a dudas, mi mayor logro.

PRÓLOGO

La investigación que nutre este libro es fruto de una inquietud, aquella que atraviesa todos los conceptos, todas las teorías, todas las certezas que durante años fueron cimentando los estudios de medios: nociones como *audiencia, medios masivos, lectores* han perdido precisión, sus límites se han desdibujado y hay que ponerlos a prueba, tensionarlos, redefinirlos. Quizás el trabajo de Natalia Raimondo Anselmino sea solo un aporte, pero va en ese camino.

Las transformaciones tecnológicas que vienen soportando los medios tradicionales durante los últimos años los han ido obligando a una serie de cambios: de soportes, de rutinas profesionales, de modelo de negocios. Pero también han ocasionado que los investigadores nos veamos ante la necesidad de alterar nuestra perspectiva y reconstruir nuestro marco teórico.

Tiempos de convergencia tecnológica, suele decirse, pero ¿a qué nos referimos con convergencia? No es una unificación mediática, ni tecnológica (aunque uno podría decir que la TECNOLOGÍA –con mayúsculas– que utilizan de modo creciente todos los medios, nuevos y viejos, es, cada vez más, digital), ni mucho menos cultural (salvo que uno piense que la mundialización de las comunicaciones tiende a una homogeneización –convergencia– cultural). El aspecto más cercano a un proceso de convergencia no es ni siquiera la propiedad de los medios, sino la *estrategia corporativa* que se esconde detrás de la industria cultural, especialmente en la producción de contenidos, en la estrategia transmediática que sostiene a las "franquicias", o en los productos periodísticos. Esta búsqueda es esencialmente convergente: aunque su diseminación en distintos medios y soportes hace de ella un producto exitoso, lo que lo sostiene es una estrategia corporativa multimedia. Su venta de contenidos, no solo como producto final, sino también como idea, licencia o propiedad intelectual, es claramente un indicio del modo de producción de las grandes corporaciones de medios. Por fuera de este proceso, todo lo demás nos muestra una creciente tendencia a la diversidad: de consumo (tácticas en términos de De Certeau y Jenkins), de medios, de géneros, de lecturas e incluso de tecnologías (en minúscula: *gadgets* o dispositivos).

Si bien este libro nace como una tesis de doctorado, su interés excede el ámbito estrictamente académico para internarse en las turbulentas aguas de la actualidad: aquellas transitadas por el acelerado y continuo cambio tecnológico, y que se nutren y conviven con las estrategias mediáticas que intentan transformar la prensa tradicional en medios 2.0. Finalmente, las que nos empujan a cambiar nuestros hábitos de lectura, nuestras fuentes de información, nuestros artefactos más cercanos.

Natalia Raimondo Anselmino se aboca en este estudio a un medio "tradicional", la prensa gráfica, y a la difícil tarea de encontrar los indicios que nos muestren los modos en que se viene realizando este traumático pasaje. En cierto sentido, nos encontramos ante un problema historiográfico, el de la construcción de la "historia reciente", como también sociotécnico, el de los usos culturales y los estándares tecnológicos. Por ello, la búsqueda más exitosa que sostiene este trabajo es, creo yo, la de las herramientas metodológicas que nos permitirán explorar la manera en que estos cambios se negocian entre las corporaciones mediáticas y sus "antiguas" y "nuevas" audiencias.

Los diferentes tipos de lectores, fruto de la investigación y surgidos de la interacción entre diario y lector, reconstruidos a partir de las huellas más profundas que

Raimondo Anselmino encuentra en el discurso mediático, nos muestran una descripción acabada del vínculo que se teje entre la comunidad de lectores y cada diario *online*. Tipología esta, temporalmente inestable pero rica en matices, que nos permite ver cómo se configuran los espacios de interacción entre un medio gráfico en transformación (¿o un nuevo medio?) y una audiencia que interviene (en el doble sentido) en la producción discursiva del medio. Esta emergencia (también en el doble sentido) discursiva del lector cambia radicalmente la entidad del discurso periodístico, del lugar del medio y de la participación del lector. La temporalidad del vínculo entre diario y lector hace muy difícil sostener conceptos como *contrato de lectura* pensados para revistas donde la frecuencia de interacción entre medio y lector tenía una temporalidad analógica, no digital.

El texto pantalla (interface, en sentido estricto) que analiza Raimondo Anselmino es un objeto múltiple: diseño, desarrollo, escritura y tiempo. Pero desde el punto de vista metodológico, es uno: un texto donde interactúan y conviven producción y reconocimiento, configurando espacios de interacción donde la cercanía o la distancia (¿circulación?) definen los diferentes "espacios de intervención y participación del lector". Leer la lectura a la manera barthesiana, pero de una forma diferente: ver la lectura. La lectura como texto material: ni como voz (tercera voz) ni como audiencia "estadística". Discurso sobre discurso, texto sobre texto, con la misma materialidad significante.

Finalmente, lo que se pone en discusión a partir de esta investigación es el lugar de los lectores en la prensa en línea. ¿Son los mismos lectores de la prensa gráfica? El *contrato de lectura* que se basaba en lo que el medio proponía –construcción discursiva del lector– y que un trabajo "de campo" confirmaba, ¿sigue siendo un modelo útil para este tipo de estudios? Hoy los lectores que "interactúan" con el medio hablan de sí en la misma "materialidad" discursiva del medio. No hay que auscultar a los lectores (¿audiencia?), ellos se introducen en el medio. No hace falta, desde el punto de vista metodológico, ir a buscarlos, elegir las herramientas adecuadas para reconstruirlos. No necesitamos dibujar un mapa con porcentajes y coeficientes "representativos" de los lectores: tenemos sus lecturas, su presencia, su rastro, y en el mismo texto pantalla.

Luis Baggiolini

INTRODUCCIÓN

Desde hace al menos veinte años, se suele afirmar, en el ámbito de la semiótica de los medios, que nos encontramos en un estadio de complejización de la *mediatización;* proceso en el cual, se podría añadir, comienza a observarse un nuevo pliegue. Se trata de lo que Eliseo Verón denominaría como una *ruptura de escala* (Verón, 2001b), propiciada por las perturbaciones que introduce el conjunto "Internet/dispositivos-móviles/redes-sociales", que altera –una vez más– la trama de relaciones que se establecen entre las instituciones de la sociedad posindustrial y el ecosistema de medios. En este marco, se ha podido advertir, por un lado, una serie de modificaciones a las modalidades clásicas de la prensa y, por otro, la proliferación de los interrogantes sobre la significación que producen los "públicos" de los actuales medios masivos de comunicación. Es en tal contexto que se considera prioritario aportar a la generación de conocimiento sobre el vínculo entre diario y lector en los periódicos *online,* a partir del estudio de los *espacios de intervención y participación del lector* presentes en los diarios digitales argentinos *Clarín* y *La Nación.*[1] Dichos espacios, que comprenden todas las instancias de un diario

---

[1] En este libro, se retoman los resultados de la tesis doctoral titulada "El vínculo diario / lector en los periódicos *online.* Análisis de los espacios de intervención y participación del lector en los diarios argentinos *Clarín* y *La Nación*" (presentada en septiembre de 2011 y defendida el 19 de marzo de 2012), realizada en el marco del Doctorado en Comunicación Social de la Facultad de Ciencia Política y Relaciones Internacionales (Universidad Nacional de Rosario). Contó con la dirección de Luis Baggiolini y la codirección de Rubén Biselli, y se efectuó con el financiamiento de dos becas de posgrado (Tipo I y Tipo II) del Consejo de Investigaciones Científicas y Técnicas (CONICET).

online en donde se cristaliza, materializa o manifiesta la actividad del lector –cartas de lectores, foros, *rankings* de notas más leídas, encuestas, comentarios, blogs, etc.– son hoy centrales para pensar el lazo que une a la prensa digital con su público.

Este libro es producto de una investigación que se inició en el año 2007 y que se apoya en una perspectiva semiótica particularmente fértil para abordar los fenómenos complejos de producción de sentido, como aquellos que tienen lugar en el marco de los medios de comunicación, que de una modo habitual ha sido denominada como *sociosemiótica,* dado que considera al sentido como supraindividual, es decir, social y no subjetivo. Se trata de una *teoría de los discursos sociales* (Verón, 1998), que en su articulación con la teoría sistémica luhmanniana promovida por Verón y Boutaud, ha redoblado su versatilidad para ahondar en la "relacionalidad de las relaciones" (Luhmann, 1998: 34) que se dan entre el *sistema de medios masivos de comunicación* (Luhmann, 2000) y el entorno humano o *sistema del actor* (Boutaud y Verón, 2007). En este contexto, nuestra labor se centró en analizar de qué manera se relacionan –se determinan, se tensionan, se articulan– dos instancias que devienen centrales para aproximarnos a nuestro objeto de estudio: por un lado, las *condiciones de posibilidad* de la participación del lector usuario que cada una de las interfaces de los diarios digitales referidos propicia; y por otro lado, ciertas *gramáticas de reconocimiento* presentes en la manera en que, efectivamente, los lectores hacen uso de esos espacios de intervención y participación. No obstante, para poder comprender cabalmente esta articulación, ha sido necesario repensar –y en algunos casos, tensionar– algunas de las categorías que conforman el mecanismo teórico-metodológico del enfoque semiótico arriba señalado. Adelantaremos ahora, al menos de manera breve, algunas consideraciones respecto del *texto* y su *reconocimiento*.

Como se verá en los capítulos siguientes, nos hemos propuesto abordar las *interfaces* de los diarios digitales como si fueran *textos,* como ese *texto pantalla* a analizar. En este sentido, si bien se concibe al texto como el lugar donde el sistema de relaciones –entre el texto y su producción, circulación y reconocimiento– "se constituye como producción discursiva de sentido" (Verón, 2004: 79), vale aclarar que "nuestro texto" presenta ciertas diferencias con aquel sobre el cual, en su momento, caviló Verón: es un *texto penetrado* por la producción discursiva del lector. Esto es así porque los cambios sociotecnológicos que se han dado en el pasaje del texto lingüístico impreso al texto digital afectan las gramáticas de producción, circulación y reconocimiento.

A su vez, en sintonía con lo ya expuesto, se han generado nuevas posibilidad de reconocer el *reconocimiento*. Si antes, para estudiar el reconocimiento de los discursos mediatizados, se requería ineludiblemente recoger las declaraciones de la audiencia mediante técnicas metodológicas como la de la entrevista abierta o en profundidad, hoy, en cambio, son numerosos los espacios del diario que permiten la emergencia de la discursividad del lector, recuperable gracias a la propia interfaz del periódico.

Por otra parte, retomando los planteos de José Luiz Braga (2006) acerca del *sistema social de respuesta,* es posible sostener que todos los discursos de la audiencia que se materializan en los espacios de intervención y participación pueden ser considerados como *respuestas* dentro de las cuales podríamos diferenciar un subconjunto que en particular nos interesa y que Braga califica con el rótulo de *crítica mediática*. Esta última refiere a aquellos discursos del público cuya producción ha sido motivada por un discurso previo del medio, y en los cuales se expresan puntos de vista o interpretaciones sobre el propio medio, sus procesos o productos. Como se verá en el capítulo 3, dicha categoría ha sido central para la delimitación de nuestro corpus de estudio.

Hechas las aclaraciones que nos parecían necesarias, pasemos ahora a anticipar el esquema de este libro.

Para empezar a comprender las transformaciones que se han producido en la prensa a partir de su "puesta en pantalla", en el capítulo 1 se aborda la nueva ecología en que está inmerso el sistema de medios de comunicación, considerando un conjunto de cambios sociotecnológicos que reconfiguran el ambiente cultural de la época. Desde la óptica propuesta por la *sociología de la tecnología de corte constructivista,* se consideran allí un conjunto de fenómenos diversos, intentando superar las frecuentes posturas deterministas que abundan en el espectro de conjeturas sobre el futuro de la prensa en general y de la prensa *online* en particular.

De modo que en este apartado, se consideran, entre otros temas: los actuales procesos de convergencia, no sólo desde el punto de vista tecnológico, sino también económico y organizacional; las lógicas de consumo mediático cada vez más personalizadas; la emergencia de los denominados "nuevos medios", entre los que hoy se destacan las redes sociales; los nuevos patrones de interacción social que se vehiculizan en Internet; las mutaciones sociotécnicas del texto; el cuestionamiento de aquellos planteos que anuncian la disolución de los límites que separan al autor del lector sin considerar que ambos continúan ocupando diferentes estatutos en el marco de nuestra cultura; y el nebuloso panorama del mercado de las publicaciones periódicas, en el que concurren procesos diversos como la crisis económica de la prensa, el (desigual) incremento de la penetración de Internet, el envejecimiento del público de los diarios de papel y las nuevas experiencias de lectura.

En el capítulo 2, se cartografía el subcampo de estudio en el que se enmarca esta investigación, que a su vez forma parte del conjunto mayor denominado *Online Journalism, Jornalismo Digital* o *Ciberperiodismo* (en su patrón inglés, portugués o español). Este es un territorio de indagación que ha crecido –al menos en cuanto a cantidad de libros, artículos y ponencias– al ritmo vertiginoso que hoy imponen los cambios sociotecnológicos y cuyos confines, por lo tanto, son imposibles de abarcar en su completud. Por ello, nos contentamos aquí con realizar una reseña crítica de los trabajos –provenientes tanto del ámbito nacional como del internacional– que fueron significativos para la comprensión del "estado de la cuestión" de nuestro problema de investigación: la participación del público en la prensa *online*.

En el capítulo 3, se explicita el núcleo duro del andamiaje teórico-metodológico de nuestro estudio, en el cual se articula el enfoque sistémico luhmanniano –sobre todo a partir de *La realidad de los medios de masas*–, la perspectiva de la semiótica veroniana y los planteos de Braga sobre el *sistema social de respuesta*.

Es ya conocida la recuperación que Eliseo Verón hace de la teoría social de los sistemas complejos autopoiéticos –desarrollada por Niklas Luhmann–, para llevar a cabo lo que se ha denominado como *semiología de tercera generación* (Boutaud y Verón, 2007: 9). Este acoplamiento, fértil para analizar la articulación que se da entre el *sistema de los medios* y el *sistema del actor* –tal es el nombre que asume para Boutaud y Verón lo que Luhmann denomina como sistema psíquico o entorno humano–, nos ha sido sumamente provechoso para el estudio de los *espacios de intervención y participación del lector;* en tanto que estos últimos son sectores de un periódico digital en los que, por cierto, se materializan los procesos de *interpenetración* entre los dos sistemas mencionados. Asimismo, nos dedicamos aquí a analizar en detalle –y en algunos casos, discutir– ciertas categorías, propuestas en el marco de la teoría de la discursividad social veroniana, que son centrales en nuestro trabajo; entre ellas, se destacan las siguientes: *estrategias discursivas* –desde el punto de vista no intencional–, *texto* y *circulación*. Por otra parte, se retoma también la caracterización que Braga realiza de lo que él mismo denomina como *sistema social de respuesta* –ese sistema social que no es reconocido de forma habitual y que concentra los discursos producidos por la audiencia como respuesta a los "estímulos" inicialmente producidos por los medios–, cuya categoría de *crítica mediática,* como ya hemos dicho, nos ha sido de suma utilidad para la delimitación de nuestro corpus de análisis. Por último, al final de esta sección se caracteriza la definición y clasificación de los *espacios de intervención y participación del lector,* y se desarrollan ciertas especificaciones y precisiones sobre el corpus analizado.

Por su parte, los capítulos 4, 5 y 6 concentran los resultados del análisis. En el primero, se describe la *disposición* de los espacios de intervención y participación del lector que llevan a cabo los diarios estudiados, dando cuenta de la emergencia y el desarrollo de cada una de las instancias. Allí, se esclarece cuáles son los sectores que, en las interfaces de *Clarín* y *La Nación*, permiten que se materialice la actividad de la audiencia, considerando, entre otros aspectos: cuándo fueron incorporados a las respectivas interfaces y cómo fueron evolucionando con el paso del tiempo; quiénes pueden participar allí; qué requisitos se debe cumplir; qué operaciones exigen por parte del lector, y qué actividades pueden allí realizarse. En el segundo, se infiere el lugar que ocupa la opinión del lector en la trama de las noticias de cada diario *online,* es decir, de qué manera se ponen en relación con el universo noticioso del medio. Lo así indagado nos permite discutir aquellos planteos –enmarcados generalmente bajo el título de *periodismo ciudadano* o *participativo, periodismo 3.0,* etc.– que señalan la disolución de la frontera que separa a los periodistas de los lectores. En el último, el capítulo 6, se analizan las *gramáticas de reconocimiento* presentes en los discursos del público que se materializan en un espacio de participación concreto: en los comentarios a las noticias de *La Nación* y en los comentarios a las notas de un blog de *Clarín.* Allí se distingue, a partir de la identificación de ciertas constantes en las respuestas de los respectivos lectorados a las *estrategias enunciativas* de cada medio, un conjunto de *lógicas de reconocimiento* o "tipos" de lectores usuarios.

Por último, este libro cierra con el capítulo 7, en el cual se argumenta en torno a las condiciones actuales del vínculo entre diario y lector en la prensa *online,* dando cuenta del modo en que en él repercuten las transformaciones de los procesos de consumo mediático. Tomamos allí prestada la noción de *cultura participativa* de Henry Jenkins para rotular un ambiente cultural al cual se le corresponde un nuevo sistema de medios de comunicación, ciertamente más híbrido que los precedentes. Al mismo tiempo, se advierte en este apartado la presencia de un nuevo pliegue en el proceso de mediatización –el cual ya ha sido referido al inicio de esta introducción–, que ha impactado, sobre todo, en la *creencia* en la que hasta hace poco se sostenía el contrato que los medios masivos tradicionales proponían a sus audiencias. Cambio que, por otro lado, nos obliga a repensar en el interior del ámbito académico las condiciones de validez de las categorías desde las cuales estudiamos los procesos de producción social de sentido, entre ellos, la noción de *contrato de lectura,* cuya pertinencia sigue vigente aunque no exenta de ciertas consideraciones. Se retoman allí también algunas reflexiones sobre el lugar que ocupan los *espacios de intervención y participación*

del lector en las estrategias de los lanacion.com y clarin.
com, recapitulando las disparidades invariantes que distinguen a ambos periódicos *online*. Se arriesgan conjeturas
acerca de la necesidad que manifiestan estos dos diarios
de posicionarse como *nexo comunitario,* más allá de que
ambos dispongan de *estrategias discursivas* sustantivamente
diferenciadas: mientras que *La Nación* intenta fidelizar
a su audiencia a través de la planificación de acciones
cross-media, Clarín procura seguir los desplazamientos
de su público ofreciéndole a distintos nichos una *larga
cola* de servicios.

CAPÍTULO 1. MEDIOS Y TECNOLOGÍA: UNA NUEVA ECOLOGÍA

1.1. Los actuales cambios sociotécnicos en la prensa

"El instrumento en la mano es un objeto técnico, pero la mano que lo manipula es un sujeto cultural (y el instrumento sin la mano es una abstracción propia de un museo)".
Debray, Regis (2001)

Más allá de las posturas deterministas que abundan en el ámbito de las "conjeturas" sobre el futuro que deparan los cambios tecnológicos, la cita que abre este primer capítulo refleja lo que es ineludible reconocer si se quieren establecer relaciones fecundas entre el sistema de medios de comunicación y el ambiente tecnológico y cultural de una época y explicar, en consecuencia, las transformaciones que se han producido en la prensa a partir de su "puesta en pantalla": la constante interrelación entre *lo técnico* y *lo social*.

Desde el ámbito de la "sociología de la tecnología" –sobre todo a partir de los planteos enmarcados en la égida del "constructivismo social"–, se establece la necesidad de dejar de concebir la *tecnología* y la *sociedad* como dos esferas independientes, dado que la relación que se da entre ambas es de "coconstrucción" (Thomas y Buch, 2008). Tanto Trevor Pinch como Wiebe Bijker, gestores y embajadores de la perspectiva señalada, se han abocado a explicar por qué la tecnología es una dimensión estrictamente humana, es decir, por qué es imprescindible comprender que el ser humano está constituido de manera tecnológica: es un *ser* tecnológico. De esta manera, se sostiene que "las sociedades están tecnológicamente configuradas, exactamente en el mismo momento y nivel en que las tecnologías son socialmente construidas y puestas en uso" (Thomas y Buch, 2008: 10). Hablar, por lo tanto, de lo sociotécnico implica considerar –siguiendo lo propuesto por Bijker– que "no es meramente una combinación de factores sociales y tecnológicos, sino algo sui generis" (2008: 238-239). La sociedad y la tecnología "emergen como dos caras de la moneda socio-técnica durante el proceso de construcción de artefactos, hechos y grupos sociales relevantes" (Ibíd.). Se comprende así cómo un artefacto o dispositivo tecnológico llega a ser lo que es, incorporando la relevancia del significado social que se le atribuye, muchas veces diferente al que se le ha otorgado en su origen.

Biz Stone, uno de los creadores de Twitter, advirtió en este sentido, por ejemplo, cómo los usuarios de esta red social han moldeado su función y significado con el uso. En una entrevista publicada en el diario *Clarín*, el dueño de la herramienta de comunicación utilizada por millones de adeptos alrededor del mundo comentó que ella había nacido tan solo como una especie de mensajería instantánea optimizada, sin prever hacia dónde se dirigiría el fenómeno años más tarde:

> Con Jack Dorsey, cofundador de Twitter, pensamos que sería interesante saber lo que hace todo el mundo en todo momento y que sería bueno crear un servicio de mensajería accesible de manera muy sencilla, por ejemplo, desde el celular. Twitter nació de esta reflexión, pero fue la gente la que transformó a la herramienta a través del uso.[2]

El sistema de medios masivos de comunicación sufre constantes modificaciones, conforme van influyendo

---

[2]   Véase la nota "Para el creador de Twitter 'la gente transformó la red con el uso'", publicada en la sección Sociedad del diario *Clarín*, el 6 de junio de 2009. Disponible en línea: http://edant.clarin.com/diario/2009/07/06/sociedad/s-01953437.htm (consultado el 10 de marzo de 2011).

en él los continuos cambios sociotecnológicos. Pero más allá de esta certeza general, es posible considerar que en el contexto actual de la prensa, las transformaciones más notorias han tenido lugar a partir de su "puesta en pantalla", es decir, de la mano del surgimiento y consolidación de los periódicos *online*.

Desde que se publicaron los primeros diarios digitales allá por mediados de la década de 1990, se despertó un creciente interés por conocer cuáles serían las consecuencias de tales cambios. ¿Será el fin de la prensa tal cual la conocemos? ¿Desaparecerá la prensa en su versión papel? ¿Nos encontramos ante el ocaso del periodismo como profesión? Estos son solo algunos de los interrogantes apocalípticos que resuenan aún hoy, al mismo tiempo que surgen otros de corte diferente pero tan ingenuos como los anteriores: ¿estamos ante una democracia de contenidos? ¿Tiene el ciudadano el poder de ejercer los mismos derechos y funciones que un periodista? Sin embargo, como bien lo explica Pablo Boczkowski (2006), este tipo de reacciones que ponen el acento en los "efectos revolucionarios" de ciertos cambios –que parecen ser percibidos como si solo una alteración en el aspecto técnico les diera lugar– no prestan atención a los procesos que generan esos efectos al tiempo que pasan por alto las formas más evolutivas en las que los actores sociales –sujetos e instituciones– incorporan a sus vidas, en forma progresiva y continua, los cambios tecnológicos. Esta mirada, sostiene el autor, "no ha permitido ver con tanta claridad que estos efectos no derivan de la forma en que las propiedades tecnológicas se adecuan a las necesidades sociales, sino de las formas en que los actores utilizan la tecnología" (Boczkowski, 2006: 19). De modo que sería un desatino perder de vista

> [que] los periódicos *online* han surgido a partir de la fusión de las tradiciones impresas de narrativa lineal con las po-

tenciales capacidades interactivas y (más recientemente) multimedia de la informática. Esto ha ocurrido, en parte, como reacción a importantes tendencias socioeconómicas y tecnológicas, tales como un escenario competitivo cambiante y desarrollos propicios en informática y telecomunicaciones, tendencias que, a su vez, han sido influidas por el advenimiento de los periódicos *online.* (2006: 21).

Como es evidente, lo central es entonces intentar identificar los procesos de formación mutua –o "coconstrucción"– de la sociedad y la tecnología:

La innovación en los medios de comunicación se desarrolla a través de las mutaciones interrelacionadas de elementos de tecnología, comunicaciones y organización. [...] existencia de una ecología profunda que vincula la tecnología, las comunicaciones y la organización. Un nuevo medio emerge de cambios en esa ecología. (Boczkowski, 2006: 29).

1.2. La nueva ecología de medios

Si pretendemos reseñar algunos de los cambios sociotécnicos que atañen hoy a la prensa en general y a la prensa digital en particular, podemos partir por considerar que no hay análisis sobre un medio masivo de comunicación que pueda jactarse de obviar un aspecto sustancial: la política económica de *concentración* que rige desde hace un tiempo el escenario sobre el que se desarrollan los grandes medios. Como afirma Robert McChesney (2002), el "sistema global de medios" se encuentra absolutamente permeado y sostenido por la lógica neoliberal del mercado, lo cual explica la gesta y desarrollo de lo que se ha denominado *oligopolio global de medios.* Una de las facetas que caracteriza a este oligopolio es la creciente convergencia y concentración económica que promueve, dado que "las industrias que se dedican de modo específico a los medios de comunicación están cada vez más concentradas, y los actores dominantes en cada una de las industrias de medios de comunicación son, cada vez más, empresas subsidiarias de enormes conglomerados globales de medios de comunicación" (McChesney, 2002: 235). Esta perspectiva le permite inferir a McChesney que suponer que son los avances tecnológicos los que han hecho surgir el imperio de las grandes empresas de medios representa una visión parcial de la actual coyuntura. Al contrario, según él, sería el paso al neoliberalismo la "auténtica fuerza motriz" que a partir de "[...] la relajación o la eliminación de barreras para su explotación" (2002: 237) favorece la concentración –trasnacional– de la propiedad de los medios. En lo referido a Argentina y en comparación con otros países, Martín Becerra destaca la fuerte concentración acaecida como consecuencia de la falta de regulación estatal: "Las cuatro primeras empresas acaparan entre el 75 y el 80% del mercado" (2009: 29)

Sin embargo, para comprender mejor la creciente complejidad del actual paisaje mediático, es necesario reconocer también, tal como lo proponen los últimos trabajos de Henry Jenkins (2008, 2009), que nos encontramos inmersos en una etapa de transición –un *between*– en el que emerge una nueva "ecología de medios", más híbrida que las precedentes: un escenario plagado de contradicciones que dificultan un análisis ligero de la situación. Con respecto a la cuestión de la distribución de la propiedad de medios, el investigador estadounidense sostiene: "*Audiences and industry both seem to be gaining –and losing– power, media control seems to be concentrating and dispersing in the same transitional moment*" (Jenkins y Deuze, 2008: 7). Incluso, aclaran Jenkins y Deuze, aun cuando la mayoría de las corporaciones de medios se consolidó al formar conglomerados en la década de 1990, se ha producido el desarrollo paralelo de desconcentración de medios "*and corporate dysfunctionalism"* (Ibíd.). No obstante, explican, las reconfiguraciones que plantea este nuevo escenario no han cambiado todo. Las grandes empresas mediáticas no han perdido el control sobre el entorno comunicacional, el consumo de medios de comunicación no está aún totalmente fragmentado, y el mercado global no ha abierto del todo sus puertas a los cientos de pequeñas empresas y compañías independientes que pugnan por un lugar (Jenkins y Deuze, 2008: 8). Nos encontramos, aclara Jenkins, en una "era marcada tanto por la expansión del alcance corporativo de la cultura de la mercancía como por la importancia emergente de las culturas del conocimiento populares" (Jenkins, 2009: 182).

El carácter híbrido de esta nueva ecología se visualiza con mayor nitidez cuando reparamos en la considerable diversidad de nuevos "objetos" –por recuperar una noción introducida por Lev Manovich para el análisis mediático (2006: 58-59)– que mantienen distintos grados de relación con los que popularmente han sido considerados como medios masivos de comunicación: la TV, la radio, el cine y, por supuesto, la prensa. En este escenario aparecen los denominados *nuevos medios,* entre los que se encuentran tanto las versiones digitalizadas –y puestas "en línea"– de los medios tradicionales como los diarios nativos de la red, los medios sociales –los bitácoras personales o redes sociales como YouTube, Facebook, Twitter, Flickr, entre otros– y los agregadores o sindicadores de contenido.[3] Como sostiene Jenkins: "Bienvenidos a la cultura de la convergencia, donde chocan los viejos y los nuevos medios, donde los medios populares se entrecruzan con los corporativos, donde el poder del productor y el consumidor mediático interaccionan de maneras impredecibles" (Jenkins, 2008: 14).

---

[3]   Véase la taxonomía propuesta por Roberto Igarza (2008: 176-178).

Acabamos de hacer referencia a un concepto que resuena cada vez con mayor frecuencia en los estudios comunicacionales: el de *convergencia*. Dicha noción, que desde los años ochenta comenzó a circular en los ámbitos académicos para aludir a las transformaciones tecnológicas de las telecomunicaciones (Palacios y Díaz Noci, 2009: 101), es usualmente acompañada por el calificativo "tecnológica", relegándose de un modo automático los demás aspectos a los que ella también apunta. Esos otros "aspectos", que permiten definir y explicar los escenarios convergentes *más allá de lo tecnológico,* pueden sintetizarse, según Ramón Salaverría (2003), en tres dimensiones que por lo general son olvidadas: la dimensión empresarial, la profesional y la comunicativa. La primera comprende las dinámicas de multiplicación de medios en el seno de un grupo de comunicación, así como los modos en los que esos medios se coordinan entre sí en lo económico y en lo editorial;[4] la segunda refiere a las alteraciones que movilizan los nuevos entornos profesionales; y la tercera, finalmente, alude a las

---

[4]   Es interesante ver la relación que establece Salaverría entre *convergencia* y *concentración* en el plano empresarial. En un texto más reciente (Salaverría, 2010), el autor señala que "el proceso de convergencia tecnológica ha desencadenado efectos secundarios de convergencia en el seno de las organizaciones periodísticas" (2010: 34), entre los que se destacan la necesidad –por parte de las empresas de medios– de reconfigurar sus estructuras y los procesos de producción para responder a las nuevas lógicas del mercado. Y si bien esto ha sucedido antes en la historia del periodismo, "la novedad que acarrea la convergencia es que ahora la concentración también comienza a verificarse en los *procesos* productivos" (2010: 35). Se está aquí refiriendo a la reorganización de los equipos de trabajo –por ejemplo, la integración de las redacciones del diario papel y el *online*–, para poder proveer contenidos que cumplan con las demandas de las nuevas multiplataformas. "La fusión de las redacciones es un fenómeno de concentración empresarial, en su fase productiva, que atiende a dos objetivos principales: 1) la modernización de las estructuras de producción, con el fin de satisfacer mejor las demandas de unas audiencias cada vez más multiplataformas; y 2) el incremento de la productividad" (Ibíd.)

posibilidades que la convergencia trae aparejada para el lenguaje periodístico.

Henry Jenkins ha advertido el error de considerar que lo central en el panorama convergente es su aspecto tecnológico, y le ha puesto un nombre: se refiere con la denominación de "falacia de la caja negra" a la idea que reduce el actual cambio mediático al cambio tecnológico, despojándolo de los niveles culturales que también deben ser considerados. En el glosario dispuesto al final de su libro *Convergence Culture*, define a dicha falacia como "la tentativa de reducir la convergencia a un modelo puramente tecnológico para identificar qué caja negra será el nexo a través del cual fluirán en el futuro todos los contenidos mediáticos" (2008: 279). Defendiendo una posición contraria, el autor sostiene que la *convergencia* representa sobre todo un cambio cultural, es decir, una modificación en la lógica con la que opera la cultura, "toda vez que anima a los consumidores a buscar nueva información y establecer conexiones entre contenidos mediáticos dispersos" (2008: 15).

En la descripción de este panorama, se avizora, por otra parte, lo que parecería ser la particular contracara del proceso de convergencia en el nivel de la producción: la *divergencia* en recepción, como resultado de prácticas de consumo cada vez más personalizadas. En línea con esta idea, Eliseo Verón afirma la existencia de ciertas "[...] perturbaciones en la relación pautada entre la producción de los medios y el consumidor" (2007: 39), tendencia que ha estado generándose desde hace ya tres décadas[5] y ha alterando de a poco el vínculo entre producción y recepción que se comenzó a forjar a partir de la época de la prensa de masas de fines del siglo XVIII: "La audiencia, como se

---

[5]   Los primeros síntomas de esta tendencia aparecen, según Verón, en la década de 1980 (Verón, 2002: 66).

dio, acabó y la programación la va a hacer el consumidor
[...] esa convergencia va a hacer que los consumidores de
medios consuman lo que quieran, como quieran, y en el
momento que quieran" (Verón, 2007: 40-41). Seguramente
la anterior afirmación carece de ciertos matices, pero es
ineludible que el tipo de consumo individualizado que
posibilitaron, en el caso de la televisión, la videograbadora
y los sistemas de grabación y programación dispuestos por
la televisión digital (como DirecTV Plus), es de algún modo
continuado y potenciado por ciertos usos[6] que se efectúan
de los dispositivos que permiten al usuario / lector intervenir en la programación del diario *online,* tanto a partir
de la personalización de su espacio de lectura como de la
más concreta posibilidad de participar en la jerarquización
de la información –mediante los *rankings*– e interactuar
con los distintos espacios de opinión.

Dicha divergencia se ve acrecentada por la constante
generación de novedosos artefactos técnicos que permiten
acceder de maneras diversas al contenido de un medio. Un
usuario puede, por ejemplo, leer la información publicada
en un periódico digital ya sea desde su ordenador como a
través de su teléfono celular "inteligente" o de dispositivos
como las tabletas electrónicas o los Kindles.

No obstante, paralelamente a la *divergencia* observada en recepción, emerge cada vez con más fuerza la
tendencia –al menos en ciertas capas más jóvenes de la
población– a establecer nuevos tipos de lazos sociales vía
web. Tal como lo ha notado Roberto Igarza, "la creciente
población de nativos digitales ha dado un *nuevo impulso*

---

[6]   "Las limitaciones técnicas y la construcción social siempre se relacio-
      nan de forma que es imposible separarlas. El estado de evolución de la
      técnica impone limitaciones sobre los posibles usos de una tecnología.
      [...] Sin embargo, dentro de estas limitaciones y tendencias, hay una gran
      variedad de elecciones abiertas a cada cultura o a cada grupo" (Bolter;
      1998: 258-259).

a la grupomanía en Internet" (2008: 185; el resaltado es
nuestro), cambiando incluso el uso de la red de redes.
Se describe así la progresiva predisposición a establecer *comunidades virtuales,* fenómeno que por supuesto
no es nuevo,[7] aunque su impulso es hoy mayor.[8] En este
marco, podemos ubicar desde espacios ya clásicos como
YahooGroups y GoogleGroups –que permiten la generación
de listas de correos–, a aquellos sitios que promocionan el
socialbookmarking –como Digg.com–, o a las más novedosas *redes sociales;* la mayoría de los cuales han dado lugar
al desarrollo de nuevos patrones de interacción social que
repercuten en todos los medios que habitan el ambiente
de Internet, incluidos, por supuestos, los periódicos "en
línea". Como sostienen Shayne Bowman y Chris Willis, "lo
que está emergiendo es un nuevo ecosistema de medios,
donde las comunidades en línea discuten y amplían las
historias creadas por los medios tradicionales" (Bowman
y Willis, 2003: 13).

---

[7]   Ya Esther Dyson describía en 1997 cómo el término "comunidad" se
        había convertido en un término de moda, dentro y fuera de Internet,
        dado que esta última "resulta una tecnología altamente poderosa que
        fomenta el desarrollo de las comunidades, pues ofrece su apoyo al in-
        grediente básico de estas: la interacción humana. Una de las ventajas
        de Internet es que permite la formación de comunidades salvando
        barreras geográficas (1998: 46).

[8]   Según la consultora D'Alessio Irol, "las principales funciones de Internet
        continúan siendo la búsqueda de información y comunicación. Sin
        embargo la posibilidad de 'pertenecer' a una comunidad virtual gana
        protagonismo" (D'Alessio Irol; 2010: 10). De hecho, la "vinculación con
        las redes sociales" fue la actividad que más creció entre el 2008 y el 2010,
        según el informe sobre el uso de Internet en el ámbito argentino. Por
        su parte, en otro informe más reciente sobre el "Estado de Internet en
        Argentina" encargado a ComScore por el Interactive Advertising Boreau
        (IAB; 2011), se señala que en marzo de 2011 nueve de cada diez inter-
        nautas argentinos ingresaron a un sitio de redes sociales, y que el uso
        de redes sociales pasó a ser el principal factor del tiempo consumido
        en Internet.

1.3. Las mutaciones sociotécnicas del texto

Cuando la prensa de masas apareció, el *texto* tal y como era concebido por entonces –su cuerpo y su modo de estructurarse en las páginas de los libros– sufrió una considerable alteración. Como sostiene Christian Vandendorpe (2003), la columna central en la página fue reemplazada por el estilo mosaico y la tabulación que le imprimió el diario:

> [El texto] escapa entonces radicalmente de la linealidad original de la palabra para presentarse en forma de bloques visuales que se responden y completan sobre la superficie tornasolada de la página. Sólo después de la aparición brutal de los titulares a toda página se impondrá una nueva forma de compaginación, guiada no ya por la lógica del discurso sino por una lógica espacial [...] La compaginación aparece entonces como una retórica del espacio que desestructura el orden del discurso (su lógica temporal) para reconstituir un discurso original que, precisamente, es el discurso del diario (Vandendorpe, 2003: 54).

Esta estructuración de la textualidad –aunque con ciertos cambios que se sucedieron en el medio, entre ellos los producidos por el pasaje del formato sábana al tabloide– permaneció sin alteraciones hasta el momento en que el discurso periodístico arribó al ciberespacio. Aunque en un principio los diarios *online* se limitaron a replicar en la versión digital lo publicado en el papel, con el tiempo –haciéndose eco de las posibilidades que el soporte digital habilitó y de los nuevos códigos de comunicación y los hábitos de escritura-lectura y navegación propios del entorno que proporciona Internet– comenzaron a incorporar al discurso noticioso los recursos de la hipertextualidad y la multimedialidad.[9]

---

[9]   La reflexión sobre la *hipertextualidad* en la prensa *online* constituyó uno de los mojones iniciales en la travesía por precisar las nuevas formas

No hay que olvidar, no obstante, siguiendo a Boczkowski, que "los cambios culturales y materiales no se realizan en un vacío histórico, sino que reciben la influencia del legado de procesos que los precedieron" (2006: 28). De modo que es necesario recordar, al menos a vuelo de pájaro, que las alteraciones que ha sufrido el texto a lo largo de la historia han sido variadas, y que estos cambios fueron acompañados por un conjunto de modificaciones en la relación entre texto, lector y lectura. Como ejemplo de esta dinámica, Vandendorpe analiza el pasaje del volumen al códice:

> El elemento nuevo que el códice introdujo en la economía del libro es la noción de página. Gracias a ésta, en el curso de una evolución lenta pero irresistible, será posible manipular el texto mucho más fácilmente. En suma, la página permitirá que el texto escape de la continuidad y la linealidad del rollo: lo hará entrar en el orden de la tabularidad. Por eso, el códice [...] introduce el establecimiento de una nueva relación entre el lector y el texto (2003: 44).

Diversas mutaciones posteriores repercutirán también en esta relación. Estamos aludiendo aquí a las numerosas referencias concebidas para ayudar a que el lector se oriente en su lectura –la numeración, los índices, el sumario y las

---

de presentar la información. Este aspecto fue abordado detenidamente por Marcos Palacios (1999), quien caracterizó al hipertexto como una estructura discursiva multilineal, al considerar que la idea de no linealidad, que detentan la mayoría de las otras acepciones del término, no traduce adecuadamente "*a multiplicidade de possibilidades de construção e Leitura abertas pelo Hipertexto*" (1999: 7). Como afirma João Canavilhas, la hipertextualidad "implica el recurso a nuevas técnicas de redacción adaptadas a una nueva realidad técnica que permite el enlazamiento entre textos y elementos multimedia en diferentes capas de información" (2007: 84). Por su parte, la *multimedialidad* se ha convertido en uno de los términos que más difusión ha tenido en el mundo de la web. De hecho, muchos califican al periodismo *online* directamente como "periodismo multimedia o multimedial". Generalmente, se refiere a la combinación de distintos soportes (texto, imagen, sonido), en el interior de un mismo discurso informativo.

marcas de párrafo-, permitiendo que "el lector escape de la linealidad original de la palabra" (Vandendorpe, 2003: 45).

Tampoco ha sido ni lineal ni progresiva -como muchas veces parecen creer quienes se deslumbran ante las "novedosas" peculiaridades que asume el texto digital- la relación entre la idea de texto como una entidad "cerrada" o protegida contra la intervención de otros y la concepción de que el texto está "desarticulado", es una entidad en la que se puede entrar, manipular y recomponer. Según Raffaele Simone, la idea del texto "cerrado" no es primitiva -ni anterior a la del texto desarticulado-, ya que en la antigua Grecia, por ejemplo, los textos que circulaban eran, generalmente, de naturaleza oral, transmitidos con la mediación de profesionales de la memoria y, por lo tanto, "expuestos a la posibilidad de ser alterados en la transmisión de una persona o una generación a otra" (2001: 124). De modo que la idea de texto cerrado parecería haberse formado con el desarrollo de la escritura y la definición de los derechos de propiedad literaria.[10]

En el presente, nos enfrentamos de nuevo, como bien considera Vandendorpe, a cambios en el estatuto de la textualidad, pero el cambio más radical que provoca Internet sobre el texto tendría relación directa con los parámetros espacio-temporales de su instancia enunciativa:

> Nuestra civilización entró en una nueva edad donde la "tecnologización de la palabra" es llevada al extremo, y donde la referencia se hace todavía mucho más movible y aleatoria que sobre el papel. [...] la instancia del discurso es cercenada de cuantiosos elementos que la caracterizan normalmente

---

[10] El autor aclara, además, que el pasaje de la oralidad a la escritura no bastó, por sí solo, para crear la idea de que el texto es inmutable. Incluso menciona ciertos usos de los textos escritos propios de la Edad Media, que implicaban percibirlo como una entidad que podía ser alterada: tomemos, por ejemplo, el caso de las compilaciones (Simone, 2001: 128-129).

> bajo el régimen impreso [...] el relato está condenado a
> desenvolverse en un eterno presente [...] El hipertexto es
> el sitio donde triunfa por excelencia la ideología "del aquí
> y ahora" (Vandendorpe, 2003: 84-85).

De modo que el texto perdería una buena parte de
sus dispositivos lingüísticos de anclaje autorreferencial.

Pero obsérvese aquí –y este no es un dato menor–
que no se ha utilizado hasta el momento, para calificar y
adjetivar al texto que circula en soporte digital, el término
virtual. Esto es así porque se prefiere recuperar la concepción de *virtual* que detenta Pierre Lévy, ya que ella permite
comprender con mayor precisión cómo las tecnologías
cristalizan ciertas funciones humanas en general y cogniti-
vas en particular. Empecemos por recordar que para Lévy,
lo virtual no está asociado con lo falso ni es opuesto a lo
real, sino que es un modo particular de ser que implica,
a su vez, "un proceso de transformación de un modo a
otro de ser" (1999: 14). Por lo tanto, la oposición corriente
entre real y virtual es equívoca: "Lo virtual no se opone a
lo real sino a lo actual: virtualidad y actualidad sólo son
dos maneras de ser diferente" (1999: 17). Incluso, desde
su postura, el texto mismo es una entidad virtual que es
actualizada por la lectura.[11]

La dinámica de la virtualización no va acompañada,
para Lévy, de una desaparición; no se asocia con la "des-
realización" de algo. Por el contrario, todo proceso de virtualización acarrea un "proceso de materialización" (1999:
69) en el que se da un paso del interior al exterior y vice-
versa: "Una tecnología intelectual casi siempre exterioriza,
objetiva, virtualiza, una función cognitiva, una actividad
mental. De este modo, reorganiza la economía o la ecología

---

[11]   "El texto, desde sus orígenes mesopotámicos, es un objeto virtual,
        abstracto [...] Lo fabricamos, lo actualizamos recorriéndolo, cartogra-
        fiándolo" (Lévy; 1999: 35-36).

intelectual en su conjunto y, en contrapartida, modifica la función cognitiva a la que sólo debía apoyar o reforzar" (1999: 37). He aquí un proceso vital para la hominización, que ha estado presente tanto en la aparición de la escritura como en el desarrollo del hipertexto informático. Con la escritura, se virtualizó la función cognitiva de la memoria, que "permitió los modos de conocimiento teóricos y her-menéuticos y desplazó el lugar de los saberes narrativos y rituales de las sociedades de tradición oral" (Ibíd.). Con el hipertexto también se virtualiza una actividad intelectual, en este caso, ciertos aspectos presentes en toda lectura.[12] Este proceso de exteriorización en que lo privado se vuelve público adquiere su eficacia, según el autor, cuando dicha exterioridad vuelve a interiorizarse, contribuyendo a forjar la subjetividad colectiva.

1.4. Sobre los límites entre el autor y el lector

Al analizar la matriz simbólica e imaginaria de la téc-nica contemporánea, Daniel Cabrera señala "la centralidad constitutiva de lo imaginario del 'sin límite' de las nuevas tecnologías" (2007: 29). Es decir, que los imaginarios que

---

[12] Las disquisiciones de Lévy desnudan la poca fortuna de los planteos de Landow (1995), quien en su entusiasmo casi hipnótico llevó demasiado lejos las asociaciones entre la tecnología del hipertexto informático y las teorías críticas de los procesos de recepción –propuestas por autores como Derrida, Barthes o Foucault–, promoviendo a la primera como "encarnación" de estas últimas. Siguiendo a Lévy, el hipertexto no haría más que exteriorizar algo que está ya presente en la actividad intelectual de cada lectura. La especificidad del hipertexto está, más bien, en el hecho de que introduce una forma de enunciación pionera. En ella, lo que hace que el hipertexto sea hipertexto no es la no linealidad –tan vanagloriada por Landow–, sino la posibilidad concreta de interacción que tiene el lector para determinar cuál de los diferentes senderos disponible es el que tomará en cada momento.

circulan en torno a los últimos avances técnicos se caracterizan por remitir a la creencia del estallido de todo tipo de límites: "El modo de hablar de los límites de las nuevas tecnologías consiste en afirmar que no los tienen y que otorgan al usuario ese horizonte ilimitado" (Ibíd.). Pero esta visión de lo ilimitado –que se reproduce cuando se apela al borramiento de toda frontera entre las funciones del autor y del lector– descuida la complejidad de los actuales cambios sociotécnicos y desatiende su historicidad.

Tal como lo señala Roger Chartier (1997), los interrogantes abiertos por Benjamin en su escrito "La obra de arte en la época de su reproductividad técnica" –publicado en 1936– siguen teniendo hoy una sorprendente vigencia y –agregamos aquí– revelan que el argumento de la disolución de los límites entre el creador de una obra y su receptor no es para nada nuevo.

Es Benjamin quien observa el cambio de la relación entre escritores y lectores que se evidencia con el surgimiento de la prensa, en donde también se puede apreciar la masificación de algo que antes estaba reservado a pocos. Así, por ejemplo, sostiene:

> Con la creciente expansión de la prensa, que proporcionaba al público nuevos órganos políticos, religiosos, científicos, profesionales y locales, una parte cada vez mayor de los lectores pasó, por de pronto ocasionalmente, del lado de los que escriben. La cosa empezó al abrirse su *buzón* la prensa diaria [...] La distinción entre autor y público está por tanto a punto de perder su carácter sistemático. Se convierte en funcional y discurre de distintas maneras en distintas circunstancias. El lector está siempre dispuesto a pasar a ser un escritor (Benjamin, 2007: 167).

Pero este fragmento ha sido muchas veces motivo de malas interpretaciones, sobre todo actualmente, momento en el que, como bien lo arguye Claudia Kozak, "la web

2.0 sigue ocupando el espacio de la novedad tecnológica masiva a digerir rápidamente".

José Luis Brea realiza al respecto la siguiente advertencia:

> Donde se supone reside la mayor fuerza revolucionaria de la técnica (en la extensión de la recepción pública de las obras de arte) es justamente donde se efectúa su más siniestro efecto alienador [...] Cuando les da por defender (a los bienintencionados, digo) que la fuerza revolucionaria de lo técnico en el arte reside "en la interactividad" de una obra que posibilita al receptor no ser puramente "pasivo" [...] Aun cuando sólo fuera porque, a reverso, pretende dejar negado que la lectura (y la contemplación) siempre ha sido un proceso activo, productivo. (Brea, 2001: 118).

A su vez, las reflexiones en torno al desvanecimiento de la distancia entre los roles de autor y de lector en el ámbito de la prensa *online* no han tenido en cuenta que, como afirma Michel Foucault (1985), la "función de autor" no es propia de cualquier texto, sino particularmente de ciertos discursos que detentan un estatuto singular en el interior de una determinada cultura:

> Una carta privada puede muy bien tener un signatario, pero no tiene un autor; un contrato puede tener un fiador, pero no tiene autor. Un texto anónimo que se lee en la calle, sobre un muro tendrá un redactor, pero no tendrá un autor. La función de autor es, entonces, característica del modo de existencia, de circulación y de funcionamiento de ciertos discursos en el interior de una sociedad. (Foucault, 1985: 20).

En el marco de su reflexión acerca del acta de defunción del autor que se firmó desde el tiempo de Mallarmé, Foucault cierra la conferencia que dictó a fines de la década de 1960, bajo el título *¿Qué es un autor?*, con la siguiente rotunda recapitulación:

> La función de autor está ligada al sistema jurídico e institucional que encierra, determina, articula el universo de los

discursos; no se ejerce de manera uniforme ni del mismo modo sobre todos los discursos, en todas las épocas y en todas las formas de civilización; no se define por la atribución espontánea de un discurso a su productor, sino por una serie de operaciones específicas y complejas; no remite pura y simplemente a un individuo real, puede dar lugar a varios ego de manera simultánea, a varias posiciones-sujetos, que pueden ocupar diferentes clases de individuos. (1985: 29).

De esta manera, aun cuando cada vez más las interfaces de los diarios digitales le permiten pasar al lector "del lado de los que escriben", el tipo de discursos que estos producen no los habilita como autores; el discurso de los periodistas y el de los lectores continúan ocupando diferentes estatutos en el marco de nuestra cultura: aún importa "quién habla".

Obviamente, no se trata de negar que los recientes cambios sociotécnicos aparejan modificaciones en las figuras del autor y el lector y en sus funciones, sino más bien, se intenta evitar planteos ingenuos y radicalizados. No es posible omitir, como lo afirma Lévy, que la matriz digital involucra un nuevo universo de gestación y de lectura de los signos.

Ya David Morley (1996) reparó en los riesgos que involucra el extender la aplicación del "modelo de lectura" al análisis del consumo de cualquier medio de comunicación. En el caso del estudio de la recepción televisiva, este cuestionamiento se apoya en un interés por no perder de vista todas las dimensiones de la relación entre TV y audiencia, recordando que "la prensa, la radio, la televisión y la computadora son todos elementos que exigen diferentes habilidades y diferentes modos de atención [...] crean diferentes posibilidades para su uso" (1996: 300). Tal vez estos planteos sean útiles para notar, al menos, que las maneras en que los destinatarios se relacionan con los medios van modificándose no solo de acuerdo al medio del que se trate, sino también conforme van cambiando los hábitos, las habilidades y las competencias puestas en juego. Quizá, en nuestro caso, podremos evitar reificar la metáfora de la lectura –tal es la preocupación de Morley– si tenemos en cuenta que las "posibilidades de uso" que le proponen los diarios digitales a sus audiencias no son completamente idénticas a las que se disponía en la prensa papel. Y esto no solo por las características peculiares del nuevo medio, sino también por la actual configuración de la ecología de medios antes descripta.

En el interior del campo de la comunicación, se han sumado cada vez más voces a las discusiones en torno a la caracterización actual de las "audiencias" o los "públicos", no solo con el afán de discernir si aún existen estos colectivos como tales, sino también para revisar la pertinencia del tradicional modelo de comunicación "E – M – R", como si acaso alguna vez hubiera sido completamente eficaz para explicar los complejos procesos de comunicación. La expansión de la conexión a Internet, la proliferación de los dispositivos tecnológicos que le otorgan cierta autonomía al consumo de medios –desde las videocaseteras o el control remoto a las computadoras portátiles o los novedosos artefactos-pantalla como los *smartphones* o las *tablets*– , y la multiplicación de las plataformas que divulgan *user-genera-ted-content* (tal es el significado de la popular sigla UGC con la cual se designa a aquellos contenidos generados por los usuarios[13] en espacios tan diversos como las redes sociales, los wikis o los weblogs) han propiciado que se pongan en cuestión conceptos como *receptor, consumidor, espectador, audiencia, público* y, por supuesto, *lector.* Para reemplazar a este último, han aparecido otros términos como *usuario*

---

[13]   Al delinear las tendencias globales de los contenidos digitales, Caroli-na Aguirre, Guillermo Mastrini y Martín Becerra afirman que, para el 2012, "el 50% de los usuarios estarán produciendo contenidos" (Baum y Artopoulus, 2009: 166).

o *interagente*,[14] dado que, como sostiene Daniel Mazzone, parece haber consenso en que con relación a la "lectura" del diario digital se deja de ser exclusivamente lector, "no porque se abandone la lectura, sino porque se incorporan otras modalidades de apropiación informativa" (2010: 38). Pensemos, por el momento, algunos de estos cambios en relación con la prensa digital.

Cada vez con mayor frecuencia los diarios digitales disponen en sus interfaces un conjunto de espacios que tienen, como objetivo, canalizar la "opinión" del lector. En muy poco tiempo, dichos sectores se fueron multiplicando progresiva y exponencialmente, diversificándose en cuanto a su funcionalidad y ocupando lugares centrales en casi todos los periódicos *online*. De la solitaria carta de lectores, saltamos a un conjunto diverso y heterogéneo de herramientas que le permiten al lector intervenir en el universo noticioso: comentarios a las noticias, encuestas, *rankings* de lecturas, foros, blogs, etc.

Como se advertirá con más detalle en el capítulo 4, todos los cambios que se evidenciaron en los últimos tiempos –por lo menos en las interfaces de los diarios argentinos que se analizarán en este libro– tuvieron como motivo, explícito o no, otorgarle al lector más espacio en donde intervenir. No obstante, en el marco de este nuevo "orden del discurso", resta dilucidar qué tipo de contenidos produce realmente el lector; la gran pregunta es: ¿qué lugar ocupa la participación de los lectores en los periódicos "en

---

[14]   Este término es una traducción libre de *interactant* y ha sido concebido por Alex Primo para reemplazar el apelativo de *usuario*, por considerarlo más adecuado para el estudio de la interacción mediada por computador. "*O termo 'usuário', tão utilizado nos estudos da 'interatividade', deixa subentendido que tal figura está à mercê de alguém hierarquicamente superior, que coloca um pacote a sua disposição para* uso (*segundo as regras que determina). Isso posta, este trabalho defende o abandono desse problemático conceito e preferirá adotar o termo 'interagente'*" (2005: 2).

línea"? Mientras procuramos encontrarle una respuesta a esta pregunta, recordemos que, como previene Jay Bolter, cuando intentamos pensar en el devenir de un medio, "estamos hablando de interacciones sutiles entre limitaciones tecnológicas cambiantes y necesidades culturales cambiantes" (1998: 259).

Antes de cerrar este apartado, se retomarán algunas de las ideas propuestas por Lev Manovich (2005; 2006), fecundas para justificar por qué al comienzo de este capítulo se sostuvo que en el contexto actual de la prensa, las transformaciones más notorias han tenido lugar a partir de su "puesta en pantalla".

Para describir la identidad de los *nuevos medios*, Manovich distingue cinco principios, entendidos como "tendencias generales de una cultura que experimenta una informatización" (2006: 72): 1) la representación numérica; 2) la modularidad; 3) la automatización; 4) la variabilidad; y 5) la transcodificación. Estos principios le permiten explicar al autor el modo en que la lógica del ordenador ha influido de manera significativa en la tradicional lógica cultural. Por nuestra parte, podemos ver que al menos tres de ellos son de suma utilidad para comprender más cabalmente qué sucedió a partir del surgimiento y consolidación de los periódicos *online*. Si bien es la *representación numérica* –término que el autor prefiere al de digitalización– la que convierte a los medios en datos informáticos, son las nociones de *modularidad* y *variabilidad* las que resultan, en este caso, más provechosas.

Es la *modularidad*, tal como se llama a "la estructura fractal de los nuevos medios [a partir de la cual] los elementos mediáticos [...] son representados como colecciones de muestras discretas" (Manovich, 2006: 75-76), una de las cualidades que se explota al máximo en los diarios digitales, en donde abundan los "elementos que se agrupan en objetos a mayor escala, pero que siguen manteniendo sus identidades por separado" (Ibíd.). Y con esto no se quiere afirmar que la modularidad haya ingresado a la prensa vía digitalización, ya que como sostiene Manovich, "*the modularity has been the key principle of modern mass production*" (2005: 5). Más bien, se propone que es una cualidad clave para comprender el lugar que ocupan, por ejemplo, los paquetes de productos pequeños –elementos discretos– que los periódicos *online* diseñan para llegar a segmentos cada vez más personalizados de la audiencia. Como sostiene Manovich, "*if pre-computer modularity leads to repetition and reduction, post-computer modularity can produce unlimited diversity*" (2005: 3).

A su vez, para comprender la manera en que la lógica de la tecnología de los nuevos medios refleja la nueva lógica social postindustrial,[15] es necesario recurrir al principio de *variabilidad*, según el cual "un objeto de los nuevos medios no es algo fijado de una vez para siempre, sino que puede existir en distintas versiones, que potencialmente son infinitas" (2006: 82). A diferencia de la sociedad industrial de masas –que correspondía a la lógica tecnológica de los *viejos medios*–, en la que todos debían disfrutar de los mismos bienes, "en una sociedad postindustrial, cada ciudadano se puede construir un estilo de vida a medida [...] En vez de machacar los mismos objetos o la misma información a un público masivo, el marketing trata ahora de dirigirse a cada individuo por separado" (2006: 88).

---

[15]   Según Manovich, "la lógica de los nuevos medios corresponde a la lógica de distribución postindustrial: a la 'producción a petición del usuario' y al 'justo a tiempo', que a su vez son posibles en todas las fases de fabricación y distribución" (2006: 83).

1.5. ¿Y después qué? Crisis, cambio, transformación

Como se dijo al comienzo de este capítulo, no se puede cerrar la revisión de la actual articulación que se teje entre el sistema de medios de comunicación y el ambiente tecnológico y cultural de época, sin dedicar, al menos unas líneas, a los –usualmente pesimistas– augurios sobre el futuro de la prensa.

El presente panorama del mercado de las publicaciones periódicas está conformado por un conjunto de características diversas entre las que se destacan: la crisis económica que atraviesa la prensa, las consecuencias del crecimiento de Internet, el envejecimiento del público, las nuevas experiencias de lectura del diario, las alteraciones de las unidades-producto y las incógnitas sobre el modelo de negocio.

En el año 2003, la Fundación Auna publicó un informe sobre el impacto de Internet en la prensa, que da cuenta de algunas modificaciones en la relación consolidada durante décadas entre lectores y editores. Se indica allí a la crisis bursátil que afectó especialmente a las empresas *puntocom* como uno de los hitos a partir de los cuales se comenzó a pensar en el destino del periodismo tradicional: "En este contexto, con una recesión económica en ciernes y una crisis publicitaria que afecta por igual a medios *off* y *on-line*, las cabeceras de los periódicos tradicionales comienzan a ver a sus propias ediciones digitales como competencia que en muchos casos 'canibalizan' posibles fuentes de ingreso" (Cerezo y Zafra, 2003: 11).

Algunos años más tarde, Xosé López y Xosé Pereira Fariña, explican –en el marco de un informe también realizado a pedido de una fundación española, en este caso la Fundación Alternativas– que la crisis que vive actualmente la prensa se apoya en cinco motivos principales, a saber: "Un retroceso general de la difusión, una pérdida de parte del mercado publicitario, un descenso del número de lectores jóvenes, una disminución de la influencia frente a la radio y la televisión y el incremento de los costos de distribución y producción" (López y Pereira Fariña, 2008: 177).

Quienes aventuran que la prensa en papel tiene los días contados son adeptos a las cifras de venta y circulación, que en algunos casos son complemente negativas y en otros marcan solo una tendencia al estancamiento, en el mejor de los escenarios. Situación que es mucho más desalentadora para los periódicos estadounidenses. Según señala Rafael Muñoz:

> Las editoras *New York TimesCo, Gannett* y *McClatchy* –entre las tres suman 135 diarios– han visto caer sus ingresos el 13%, el 16% y el 18%, respectivamente en 2008. *News Corp*, el imperio de Rupert Murdoch, que posee cabeceras como *The Sun, New York Post* o *The Wall Street Journal*, anunció pérdidas récord de 6.400 millones de dólares en el cuarto trimestre de 2008. Y cada vez resulta más amenazador el precedente de *Tribune Company*, el segundo mayor grupo de periódicos del país, propietario de *The Chicago Tribune* y *Los Angeles Times*, que se declaró en bancarrota en diciembre de 2008. (AA.VV., 2009: 7).

Por su parte, el informe anual del *Pew Project for Excellence in Journalism* (2009) señala que según los datos suministrados por el *Audit Bureau of Circulation*, la circulación de los periódicos estadounidenses continuó cayendo en 2009: el 10,6% durante la semana y el 7,1% en las ediciones de los domingos. Sin embargo, aunque en el 2010 las cifras de circulación continuaron en baja (reducciones del 5% los días de semana y del 4,5% los domingos), en el último período se evidencia cierto desacelere de las fuertes pérdidas de ingresos sufridas tanto en 2008 como en 2009 (Edmonds, Guskin y Rosenstiel, 2011).

En cuanto a España, Muñoz arroja los siguientes datos: "En la primera oleada de 2009 de la Oficina de Justificación de la Difusión (OJD), la práctica totalidad de los grandes diarios nacionales y los gratuitos vieron caer sus ventas y lectores, respecto a la misma oleada de 2008. Las cuatro mayores cabeceras generalistas perdieron 129.000 ejemplares" (Ibíd.).

Con respecto al contexto latinoamericano, detengámonos puntualmente en el escenario mediático argentino, retomando algunas cifras suministradas por el Observatorio de Industrias Creativas de la Ciudad de Buenos Aires (OIC). Por ejemplo, el Índice de las Industrias Culturales que publica anualmente dicha institución, muestra en el año 2007 una evolución negativa del 2% del sector comprendido por los diarios y revistas (OIC, 2008), tendencia que continuará durante los registros de 2008, 2009 y 2010. En la última edición de su anuario, el OIC (2011b) señala que según el Instituto Verificador de Circulaciones de Argentina (IVC), la caída en las ventas de diarios impresos en el país se profundizó durante los años 2009 y 2010:

> Si bien durante todo el año 2008 el promedio de venta en todo el país se redujo un 0,9%, en el año 2009 la reducción fue de 4,8% en relación a 2008, y en el año 2010 la reducción total de la circulación de diarios fue del 3,3% respecto de 2009 [...] En el ámbito de la Ciudad de Buenos Aires la reducción de las ventas de los diarios auditados es del orden del 4,3%, mientras que en el interior del país es del 2,2% y un total nacional de merma en la circulación de diarios en el 2010 con relación al año anterior, 2009, de un orden de -3,30%. (OIC, 2011: 54).

La tirada diaria promedio de los principales diarios del país registrados por el IVC también se muestra en claro repliegue, ya que según explica el Sistema de Información Cultural de la Argentina (SINCA, 2010), se observa desde el año 1995 un comportamiento decreciente ininterrumpido. No obstante, advierten:

Los diarios de mayor tirada a nivel nacional muestran comportamientos diferentes. Así *La Nación*, el segundo diario más vendido, tiene a lo largo de estos años un desarrollo estable, con una leve caída en 2010, pero siempre por encima del declive del total de diarios registrados en IVC. En cambio *Clarín*, el principal diario del mercado, disminuye su tirada en un ritmo mucho más pronunciado que el total general, reduciendo en 2002 su tirada en un 40% respecto a 1995, para llegar en 2010 a distribuir la mitad de la tirada promedio de ese año. (SINCA, 2010: 6).

Al respecto, el OIC argumenta que "como los diarios de mayor circulación son los que marcan las tendencias, se puede decir que la pérdida de lectores es similar a lo que ocurre con los principales diarios del mundo, los que están sufriendo una crisis desde hace algunos años. Las causas de esa crisis son, por un lado, la baja de la inversión publicitaria, y por otra, la sostenida reducción de lectores que migran a los diarios *on line*" (OIC, 2009b).

Para las empresas de medios tradicionales –como es el caso de los periódicos de alcance nacional abordados en esta investigación–, los ingresos siguen proviniendo sustancialmente de la prensa papel, aunque se evidencia un constante crecimiento del medio *online* debido, sobre todo, a la difusión de Internet y los nuevos hábitos de consumos culturales. En un informe sobre la situación de las TIC en el país, de diciembre de 2007, se indicaba que la relación entre lectores de diarios digitales y lectores del diario de papel era ya, por entonces, de 5 x 1 (Mateu, 2007: 1). Según el OIC, el negocio de los medios es el más impactado por el desarrollo de Internet; recopilando datos suministrados por el *Interactive Advertising Boreau* (IAB), señalan que para diciembre de 2009, la cantidad de lectores de diarios digitales ascendía a más de 33 millones (OIC, 2010b: 70). Por otra parte, en un estudio llevado a cabo ese mismo año por la consultora Carrier y Asoc., se sondearon

los principales motivos de las preferencias por los periódicos *online,* entre los que se distinguen "la actualización
permanente de la información (60%), el acceso directo a la
noticia (42%) y la gratuidad (40%). [...] Otra de las ventajas
valoradas del formato *online* es que permite a sus lectores
participar opinando, capacidad apreciada por el 15% de
quienes leen *online,* ya sea porque ellos mismos opinan
o, principalmente, porque pueden leer lo que opinan los
demás" (OIC, 2009). No obstante, en el universo de la
prensa argentina "en línea", se observa un claro dominio
de aquellos sitios de información pertenecientes a diarios
en papel, liderados por *Clarín, La Nación* y los diarios del
Interior: "El 91% de quienes consumen noticias *online* acu-
den a este tipo de sitios, lo que demuestra que más allá del
soporte, el peso de la marca y la confianza en los medios
tradicionales son clave, aún en el mundo digital" (Ibíd.).

Por otra parte, si bien en Europa, África y Oriente Medio
se ha experimentado un crecimiento de la facturación en
el sector de la prensa diaria, se observa también el declive
de los activos por circulación de ejemplares como fuente
principal de ingresos (Wyman, 2008). En el *Libro blanco
de los contenidos digitales en España,* editado en 2008, se
señala, además, que la tendencia de alza del número de
lectores que se venía observando desde el año 2002 "se
rompe en 2005 y 2006, en gran parte debido al auge de
los medios *online* [...] Este fuerte incremento de usuarios
de la prensa digital se observa en todo el sector, y así, la
media de usuarios únicos de diarios digitales ha pasado
de 690.443 en 2005 a 1.045.093 en 2006, lo que supone un
crecimiento del 51%" (Wyman, 2008: 77).

Ahora bien, ¿qué podemos decir sobre la difusión
de Internet? En el ámbito argentino, el proceso de expansión de Internet arrojó en marzo de 2010 la cifra de
18.100.000 usuarios, lo que representa el 43% de la población (D'Alessio Irol, 2010). Según el OIC, en diciembre

de 2009 el número de conexiones domiciliarias en el país llegó a un total de 3.914.844 (2010b: 166) y se continúa acentuando el crecimiento de la banda ancha, en detrimento de las conexiones vía dial up o usuarios *free:* "Las conexiones domiciliarias de banda ancha crecieron en todo el país el 23,3% y representan el 91% del total de las conexiones, esto es, 3.558.967 conexiones domiciliaras. Las conexiones de banda estrecha bajaron el 34,3% y representan el 9% del total de conexiones domiciliarias de Internet con un total de 355.877" (OIC, 2010b: 167). En los datos de 2010 publicados por el Instituto Nacional de Estadísticas y Censo (INDEC), se observa la misma tendencia. Según la Encuesta de Proveedores de Servicio de Acceso a Internet, que comprendió el período diciembre 2009-diciembre 2010, "a nivel nacional, las cuentas con abono y los accesos residenciales a Internet crecieron un 20,7% y un 16,7% respectivamente. Asimismo, las cuentas de banda ancha tuvieron un crecimiento del 23,2%" (OIC, 2011). No obstante, vale advertir la desigual distribución de las conexiones en el territorio nacional, dado que según la información suministrada por el INDEC y analizada por el OIC, "la ciudad de Buenos Aires y las provincias de Buenos Aires, Córdoba, Santa Fe y Mendoza concentraron el 82,7% (3.907.790) de los accesos residenciales, 85,8% de acceso con banda estrecha y 82,6% (3.721.213) de acceso con banda ancha" (Ibíd.).

Claro está que son los usuarios más jóvenes los que siguen ganando terreno: de cada diez personas que se conectan a Internet, "5 tienen menos de 24 años y 5 pasaron este límite de edad" (D'Alessio Irol, 2008: 6). Como lo indica también la investigación realizada por ComScore a pedido del IAB, en Argentina son las personas que tienen entre 15 y 24 años quienes más usan Internet, "superando a cualquier otro grupo etareo en América Latina como también el promedio mundial y regional para este grupo"

(IAB, 2011: 12). ¿Cómo repercuten estas cifras en los consumos culturales? Según el OIC, "el consumo de los diarios en papel crece con la edad, marcando de algún modo el envejecimiento del público". También en el informe de la Fundación Auna, ya reseñado, se indica que dentro de la franja de lectores europeos que más consumen diarios digitales –generalmente jóvenes informatizados entre 25 y 44 años– se evidencia un constante decaimiento en la compra de ejemplares impresos. En su informe correspondiente al año 2010, el *Pew Project for Excellence in Journalism* analiza las causas del fuerte declive de la circulación de la prensa papel en Estados Unidos, sosteniendo: "*The losses reported in the fall of 2009 have multiple causes. Most obviously, they represent a continued shift of audiences, especially younger ones, away from print to online as the preferred way of getting the news*" (PEW, 2009).

Paralelamente a lo expuesto, se observaría, según Cerezo y Zafra (2003), una retracción de la credibilidad y afinidad hacia una cabecera concreta. Esto último es posible debido a otra evidencia fuerte: "Los usuarios de medios digitales navegan por Internet de información en información, ajenos, en la mayoría de los casos, a la afiliación o tendencia de las cabeceras de los medios tradicionales" (Cerezo y Zafra, 2003: 6). Según un informe del *Pew Research Center,* solo el 7% de los norteamericanos "continúa siendo fiel a un solo medio y el 59% de la población combina los diarios en papel con los *online* [...]. En el caso de los medios *online,* el estudio señala que la mayoría de los encuestados asegura consultar entre dos y cinco portales de noticia e incluso el 65% de ellos afirma no tener un sitio favorito" (OIC, 2010). Por su parte, Pablo Mancini, gerente de servicios digitales de *Clarín Global,* sostiene que "entre un tercio y la mitad [de la audiencia de un diario digital] no está buscando una publicación concreta y sí un contenido concreto específico [...] no busca diario de cabecera ni a su periodista favorito. Busca contenido. Busca detalle" (2011, 70-71). Mancini argumenta, además, que en el ecosistema mediático actual existen dos nuevos fenómenos que intervienen a la hora de seleccionar el periódico a consumir, más allá de la elección de una marca concreta: el posicionamiento de una determinada información en los resultados de búsqueda vía web y la propagación de contenidos mediante redes sociales (Ibíd.).

Las nuevas experiencias de lectura del diario vendrían acompañadas por ciertas modificaciones en cuanto al contexto de consumo, dentro de las cuales se distinguen dos: el crecimiento de las conexiones a Internet en el ámbito laboral y el alza de las conexiones móviles. Con respecto al lugar de acceso, la consultora D'Alessio Irol (2010) sostiene que "un motor de expansión de Internet es el acceso en el último año, nuevamente, desde el lugar de trabajo" (D'Alessio Irol, 2010: 7), posicionándose en segundo lugar, detrás del hogar. Según Cerezo y Zafra (2003), "el acceso a los diarios digitales coincide en grandes rasgos con el horario laboral", dato que según los autores "pone de manifiesto la demanda creciente de información útil en la web frente a los contenidos más orientados al entretenimiento, al deleite en la lectura, el análisis y la interpretación que se exige en el papel". También Pablo Boczkowski analiza esta nueva modalidad de consumo en su artículo "The consumption of online news at work..." (2010), en el cual señala que existen evidencias de este nuevo patrón de consumo tanto en América del Norte como en Europa o América del Sur (Boczkowski, 2010: 471). Entre los hallazgos más significativos de la investigación llevada a cabo por Boczkowski, se pueden destacar las siguientes marcas de discontinuidad entre las antiguas y las nuevas formas de lectura de un diario:

- la peculiar dinámica de lectura del diario *online* que se efectúa en horario laboral: en la cual, a su vez, se puede distinguir entre la primera visita a un sitio, que según el autor es habitual, comprensiva y metódica, y las subsiguientes, mucho más puntuales y asistemáticas que la anterior (Boczkowski, 480);

- el consumo de noticias durante el período laboral tiene consecuencias en el consumo fuera de él, ya que *"who get the news online in an office space are not highly likely to do so before or after the time of work"* (Ibíd.);
- durante las horas de trabajo se evita el consumo de tópicos "sensibles" –como por ejemplo, algunos temas relacionados con la política nacional–, lo cual orienta la lectura de una manera particular, *"contributing to steer news consumption towards either light or work-related topics"* (Ibíd.).

Por otra parte, en cuanto a las conexiones mediante tecnologías móviles, se puede observar el correlato entre su crecimiento y la penetración de equipamiento (notebooks, netbooks, celulares 3G) que ya no necesita una conexión fija –sobre todo, en los sectores con mayor manejo de Internet y mayor capacidad económica para la compra de equipos–, así como también el alza de la oferta de lugares con Wi Fi.

Al analizar los últimos cambios que experimenta la prensa, Igarza afirma que "las unidades-producto tal cual las hemos conocido hasta ahora se modifican en el pasaje al *online*. Se compra un periódico entero porque el quiosquero no vende unidades menores a la unidad-periódico" (2009: 168), unidad que en la red se desagrega en unidades-producto más pequeñas. Recuérdese aquí lo que se exponía más arriba, siguiendo a Manovich, con respecto al aprovechamiento de la *modularidad* por parte de los medios *online;* no porque la segmentación sea novedosa en sí misma, sino porque dicho proceso –que como bien señala Boczkowski "comenzó con el crecimiento de las secciones de los diarios impresos hace unas pocas décadas"

(2006: 94)– se ha profundizado notoriamente. Como nos recuerda Muñoz, las empresas discográficas han sufrido el hecho de no adaptarse a tiempo: "No se han preguntado si tal vez ese modelo estaba agotado o si sus clientes estrellas –los jóvenes, tan ávidos de ilustración cultural como mileuristas– se han cansado de pagar 18 euros por un CD del que sólo quieren escuchar una canción" (AA.VV., 2009: 7). También Mancini afirma, siguiendo ciertos planteos de Igarza, que el tiempo de atención de la audiencia se encuentra cada vez más atomizado y el público consume "en píldoras, en todo momento y en cualquier parte" (2011: 24) y, por lo tanto, "el terreno de batalla por el tiempo de la audiencia es *in between time*" (2011: 29). De modo que una posible estrategia de negocios consistiría en "producir brevedades, cápsulas y píldoras de contenido" (2011: 35). Y esto nos lleva al punto de quiebre: el modelo de negocios que detenta actualmente la prensa.

Pasaron muchos años desde que apareció el primer periódico en la web, pero las empresas de medios tradicionales no han encontrado aún una estrategia que les permita hacer rentable a largo plazo la dinámica *off-line / online*. El foco de las controversias en las discusiones sobre el futuro del modelo de negocio es el pago por los contenidos. Al comienzo de la historia de los diarios en la web, una considerable cantidad de periódicos intentaron cobrar por los contenidos ofertados –como casos paradigmáticos suelen destacarse el *New York Times* y el *The Wall Street Journal*–, pero se vieron ante la necesidad de revisar esta estrategia de negocio en un momento en que la gratuidad parecía ser una cualidad intrínseca a Internet (Albornoz, 2003: 127). Pasó el tiempo y hoy los puntos de vista al respecto son diversos. Aunque cada vez son más las empresas de medios, sobre todo aquellas provenientes del ámbito anglosajón, que están dispuestas a ensayar –nuevamente, en algunos casos– distintas políticas de cobro por parte de sus contenidos –mediante micropagos, suscripciones o la creación de comunidades de usuarios, entre otras alternativas–, que tal vez podamos presenciar en breve. Algunos auguran que son los nuevos lectores electrónicos, como las tabletas electrónicas o los Kindles, los que les darán a las empresas de medios las posibilidades de ampliar la puerta de entrada para el cobro de los contenidos.

Como afirman López y Pereira Fariña, es claro que en este contexto "cada medio ha iniciado cambios de estrategias para garantizar su futuro en un escenario muy poco regulado, marcado por la multiplicación de la oferta y con nuevas formas en la relación con los usuarios" (2008: 181).

CAPÍTULO 2. LA PARTICIPACIÓN DEL PÚBLICO EN LA PRENSA ONLINE: HACIA UN NUEVO SUBCAMPO DE ESTUDIO

2.1. Una "posible" reseña de los estudios de referencia sobre el tema

Online Journalism, jornalismo digital, ciberperiodismo: cualquiera sea la denominación que se elija, el universo de aquello a lo que refieren dichas expresiones –en su patrón inglés, portugués o en español– es el marco en el cual se inscribe la investigación expuesta en este libro. Un universo que en muy poco tiempo –aún no hace veinte años del primer periódico puesto "en línea"– ha ampliado sus fronteras constantemente, nutriéndose de un sinnúmero de producciones académicas –libros, *papers,* investigaciones, publicaciones en congresos especializados, entre otros– que en su totalidad son, literal y empíricamente, inabarcables. Quizás haya quien intente emprender la épica labor de recopilar "todo" lo que se ha dicho hasta el momento sobre el periodismo digital.[16] No obstante, el objetivo del presente capítulo es seguramente menos heroico, pero posible: consiste en realizar una reseña de aquellos trabajos en donde se señalan aspectos que devinieron significativos

---

[16] Ni siquiera el trabajo mancomunado de cinco personas ha sido suficiente, tal cual lo demuestra la reseña realizada por Pere Masip, Javier Díaz Noci, David Domingo, Joseph-Lluis Micó-Sanz y Ramón Salaverría (2010). Dicho artículo, producto de años de lectura y trabajo por parte de cada uno de los integrantes del grupo, hace un repaso del vasto cosmos de producción acerca del periodismo digital, pero presenta, inevitablemente, algunas omisiones y pierde en profundidad lo que gana en extensión. No obstante, se recomienda la lectura del texto, útil como listado del "estado del arte" sobre el tópico que aquí nos convoca.

para el "estado de la cuestión" de nuestro problema de investigación, el análisis de los *espacios de intervención y participación del lector* en la prensa digital.

Como señalan Marcos Palacios y Javier Díaz Noci (2009), la fecha clave para indicar el inicio de los estudios sobre periodismo en Internet es el año 1996. Las publicaciones que tuvieron un pronto impacto en Argentina fueron, en primer lugar, aquellas provenientes del ámbito académico español, encabezado por algunos profesores de la Universidad del País Vasco (Armañanzas, Díaz Noci y Meso Ayerdi, 1996). Paralelamente, adquirieron cierta repercusión los nacientes trabajos en portugués a cargo de docentes de la Universidad Federal de Bahía (Machado y Palacios, 1996), que conformaron el Grupo JOL,[17] primer equipo de investigación sobre el tema en Brasil. Asimismo, aunque en menor medida, comenzaron por entonces a penetrar algunos *papers* en idioma inglés (Schultz, 1999; Deuze, 2001). Todos estos primeros estudios sobre el nuevo entorno noticioso se mostraron interesados por las características generales y distintivas de los periódicos "en línea" –*key characteristics,* como las denomina el investigador holandés Mark Deuze (2001)–, dentro de las que se destacan: la *hipertextualidad,* la *multimedialidad* y la *interactividad,* que permiten que se comience a gestar "una nueva manera de transmitir la información" (Díaz Noci, 1997: s/n). En un segundo momento, comenzaron también a ocupar la escena los trabajos que recaen en las alteraciones generadas tanto en el proceso de producción de la noticia como en las rutinas periodísticas, área de estudios en la cual se destacan las investigaciones –generalmente de corte etnográfico– dirigidas por Pablo Boczkowski

---

[17]   *Grupo de Pesquisa em Jornalismo On-Line,* con sede en la UFBA (http:// www.facom.ufba.br/jol/), formalmente instituido en el año 1999.

(Cfr. Boczkowski, 2006; Boczkowski y Mitchelstein, 2010; Boczkowski, Mitchelstein y Walter, 2010).

Ahora bien, en comparación con los dos prolíficos subcampos mencionados, son –aún hoy– escasas las investigaciones que tienden a desentrañar las nuevas lógicas de participación del público, tan centrales para comprender las peculiaridades del sistema mediático actual. En este contexto, recién a principios del año 2000 y muy gradualmente, comenzaron a aparecer algunos pocos estudios sobre este último aspecto de la prensa *online,* los cuales marcarían la última gran tendencia en la evolución del periodismo digital (Masip *et al.,* 2010).

2.2. De la interacción a la participación

Podría decirse que los trabajos que reflexionan sobre las nuevas lógicas de participación del público en los periódicos *online* son el resultado de la evolución de las anteriores cavilaciones sobre la interactividad, y la gestación de un subcampo de estudio que trasladó sus interrogantes del ámbito de la *interacción* a la esfera más concreta de la *participación.*

La *interactividad* es definida de muy distintas maneras y ha sido ubicada en el altar del ideal al que debe arribar todo periódico digital, pero paralelamente se ha convertido en un término "saco".[18] La mayoría de los trabajos sobre el tema parten de la definición y clasificación de la noción y llegan, casi todos, a una misma conclusión: los periódicos

---

[18]   Como sostiene Manovich, es un "concepto demasiado amplio como para resultar útil de verdad" (2006: 103).

"en línea" no son lo suficientemente interactivos, no utilizan todas las potencialidades que les suministra Internet.[19]

Uno de los primeros estudios que recayó sobre este aspecto fue el realizado por Tanjev Schultz a fines de la década de 1990. Considerando a la interactividad como "una variable de reacción y respuesta en la interacción personal y social" (Schultz, 1999: s/n), realizó un estudio cuantitativo –utilizando la técnica del análisis de contenido– sobre los espacios de interacción de cien periódicos digitales estadounidenses, para analizar el "grado de interactividad" que estos propiciaban para con sus lectores. La interactividad fue así medida teniendo en cuenta la presencia o ausencia de un conjunto de *opciones interactivas,* cada una de las cuales posibilita un distintivo *grado o nivel de interacción* –que puede ir desde el mínimo de "comunicación meramente reactiva" al máximo de "comunicación completamente interactiva"–, lo cual determinará el *nivel de comunicación interactiva* de cada periódico. El investigador norteamericano sostenía que "se supone que hay una relación entre el estado de democracia y las comunicaciones interactivas propiciadas por las organizaciones de los medios de comunicación" (Ibíd.): de ahí su interés por la consideración de los mecanismos y técnicas que favorecen la comunicación interactiva. Su fuerte impronta cuantitativista le permitió "mapear" exhaustivamente las interfaces de los diarios digitales analizados, pero sin poder ir más allá del impulso descriptivo.[20]

---

[19]   Generalmente, estos trabajos padecen el "determinismo tecnológico" que intentamos sortear en el capítulo 1 de este libro, dado que descuidan la compleja relación que puede establecerse entre lo técnico y lo social.

[20]   Existe un abismo entre las conclusiones de dicha investigación que versan sobre las posibilidades que facilitaría Internet –que de por cierto eran escasas por entonces– y aquellas que refieren a las probabilidades de que las mismas contribuyan a "mejorar la comunicación pública" (Schultz; 1999) de la audiencia. Es ingenuo considerar que Internet permite, por sí sola, dar un salto desde una comunicación asimétrica

Otra de las primeras contribuciones al respecto fue la del holandés Mark Deuze, quien subdividió las opciones interactivas en tres tipos: *navigational interactivity, functional interactivity* y *adaptive interactivity* (Deuze, 2001: s/n). La primera remite a las opciones de navegación de un sitio; la segunda, a herramientas como las que permiten el envío de *e-mails* a periodistas o discusiones moderadas; la tercera, a las posibilidades de personalización de la interfaz. Esta última, a su vez, está en clara conexión con lo que para Deuze era por entonces el siguiente escalón del periodismo en el *"converged and networked digital environment"*: la *hiperadaptivity* o *"content in an environment which interacts with its surroundings without limitations of media formats"* (Ibíd.).

En el ámbito académico argentino, podemos citar, entre los primeros estudios sobre la *interactividad* en los periódicos *online,* el realizado por José Lemos (2002) en el marco de la cátedra de Periodismo Digital de la Universidad de Lomas de Zamora (ULZ). Con un enfoque cercano al análisis de contenido, el examen de la interactividad en diez periódicos argentinos llevado a cabo por Lemos tiene la fisonomía habitual de aquellos trabajos que se preguntan si los nuevos medios digitales utilizan todas las potencialidades –hipertextuales, multimediales e interactivas– que les ofrece Internet, y tal como anticipamos, llega siempre a una misma conclusión. No obstante, ofrece un avance en la exploración de los *recursos interactivos* incorporados por algunos diarios nacionales y del interior del país.

Casi al mismo tiempo, y en este caso en el marco de un proyecto de investigación que se inicia en el año 2001 en la Universidad Nacional del Comahue (UNCOMA),

---

a otra más igualitaria e interactiva. Una conjetura similar sería imposible sin analizar el uso concreto que hacen los públicos de los espacios mencionados.

comienzan a publicarse un conjunto de trabajos que tienen como finalidad avanzar en la caracterización de los periódicos digitales desde el estudio de caso de ejemplares argentinos.

Este equipo de investigación ha sido tal vez el más prolífico dentro del campo de interés del periodismo digital en Argentina, sobre todo a partir de la difusión que adquieren los textos de Alejandro Rost (2003, 2006, 2008). El mayor aporte de este autor a nuestro terreno de estudio ha sido su definición y clasificación de la noción de *interactividad*. Así, distingue la *interactividad selectiva* que se da entre el usuario y los contenidos, de la *interactividad comunicativa* que se establece entre individuos (Rost, 2003: s/n); ambas con implicaciones muy diferentes: "Con la primera, el lector interactivo es principalmente un receptor, con la segunda, es también emisor. Con una, el lector actúa en un proceso de recepción individual, con la otra el lector produce contenidos que adquieren una relevancia pública" (Ibíd.). Un aporte valioso en este sentido es su tesis doctoral dedicada al estudio de la interactividad en el periódico digital (Rost, 2006), que incluye el análisis de dos diarios españoles (*El País* y *El Mundo*) y dos argentinos (*Clarín* y *La Nación*). Allí, define a la interactividad como "una capacidad gradual y variable que tiene un medio de comunicación de darle un mayor poder a sus usuarios / lectores en la construcción de la actualidad ofreciéndoles tanto posibilidades de selección de contenidos como de expresión y comunicación" (Rost, 2006: 15). Los planteos de Rost han sido también continuados y profundizados en otros trabajos posteriores (Bergonzi *et al.,* 2008; Rost, 2008) que se inscriben en la misma línea. Asimismo, en el marco de las investigaciones de la UNCOMA, se procedió al examen de 107 diarios digitales del interior del país, con el objetivo de indagar el uso que ellos hacen de los recursos interactivos (Bernardi y Bergero, 2006). Dicha pesquisa presenta ciertas similitudes con el estudio de Tanjev Schultz glosado más arriba, dado que en ella se intentó precisar el grado –alto, medio o bajo– de "aprovechamiento" de dichos recursos interactivos, con la única diferencia de que el "puntaje" a partir del cual se establece el nivel de interactividad es "sencillamente una suma de los recursos interactivos [...] de cada medio sin una valoración de cada recurso en sí mismo" (Bergero y Bernardi, 2006: 72). No es de extrañar que la conclusión a la que arriban los argentinos sea casi la misma que aquella señalada por el investigador norteamericano: "La mayoría de los emprendimientos en la web no aprovechan aun todo el potencial que les ofrece la red de redes" (2006: 77).

No obstante todo lo reseñado y tal como se anticipó unos párrafos más arriba, difícilmente las reflexiones sobre las peculiaridades del periodismo digital han podido escapar de lo que Manovich denomina el *mito de la interactividad,* ya que olvidan que esta cualidad estaba también presente en los viejos medios[21] y corren el peligro de "interpretar la interacción de manera literal, haciéndola equivaler a la interacción física que se da entre un usuario y un objeto mediático [...], a expensas de la interacción psicológica" (Manovich, 2006: 105). Para el autor ruso, este es un error estructural de la historia de los medios modernos, de la tendencia moderna a "exteriorizar la vida

---

[21] Manovich recuerda, por ejemplo, que "todo el arte clásico, y más incluso el moderno, es 'interactivo' de varias maneras. Las elipsis en la narración literaria, los detalles ausentes en los objetos de arte visual, y otros 'atajos' de la representación requieren del usuario que complete la información que falta [...] En el caso de la escultura y la arquitectura, el espectador ha de mover todo su cuerpo para experimentar la estructura espacial [...] A partir de los años veinte, nuevas técnicas narrativas, como le montaje cinematográfico, forzaron al público a llenar con rapidez los vacíos mentales entre imágenes inconexas" (2006: 103-104). Como bien ya afirmó Umberto Eco (1982), todo texto es un "mecanismo perezoso" que requiere de la "cooperación" del lector.

mental" (Ibíd.). La consecuencia de dicha exteriorización pareciera ser la necesidad de estandarización, "lo privado y lo individual se trasladan a lo público y quedan regulados [...] Lo que estaba oculto en la mente individual se volvió algo compartido" (2006: 108).

2.3. La participación del público y los espacios de su aparición en los diarios digitales

Acercándonos al primer decenio de producción sobre periodismo digital, el año 2005 parece ser una fecha clave para la difusión de trabajos sobre participación en la web, en parte debido a la creciente proliferación de contenido generado por usuarios (UGC, en inglés) que se amplificó significativamente con la consolidación del imperio de los blogs.

Una de las publicaciones que marca un antes y un después es el libro que Shayne Bowman y Chris Willis escriben en 2003 –y se edita en español en 2005–, por encargo del *The Media Center* (*The American Press Institute*), en el cual se interrogan acerca de cómo la "audiencia empoderada" (2005: 40) está modelando el futuro de las noticias y la información. Esta, junto con las producciones de Dan Gillmor –entre las que se destaca el libro *We the Media: Grassroots Jornalism by the People, for the People*–, son las impulsoras de lo que se denominó *periodismo participativo*, tópico emparentado con el periodismo cívico o ciudadano sobre el cual no nos detendremos, porque eso nos llevaría a adentrarnos en un fecundo universo, próximo pero diferente al de nuestra investigación.[22]

---

[22]   El periodismo participativo es, sucintamente, aquel en el cual la audiencia es quien produce la noticia y suministra el material informativo (fotografías, videos, etc.) y, como tal, constituye un fenómeno particular.

Lindante con el trabajo antes reseñado se encuentra la definición de *periodismo 3.0*, propuesta por Juan Varela (2005). Este último autor es quien populariza la clasificación que distingue entre las tres versiones del ciberperiodismo: el *periodismo 1.0*, que se encarga meramente de traspasar el contenido de los medios tradicionales a Internet; el *periodismo 2.0*, que genera contenido específico para la red con las potencialidades de que esta dispone; y el *periodismo 3.0*, que entraña "la socialización de la información a través de una conversación virtual en la que los participantes intervienen en el propio mensaje" (Varela, 2005: s/n).[23] Como lo explica Varela, este nuevo tipo de periodismo se refiere a aquellos medios sociales (weblogs, wikis, foros, etc.) que abordan información de actualidad por lo general especializada temática y geográficamente y que, a su vez, es "fronterizo con el activismo político y social" (Ibíd.).

En relación con estos planteos, en el ámbito académico brasileño es de destacar el trabajo presentado por Claudia de Quadros, en el *III Encontro de Pesquisadores en Jornalismo* que llevó a cabo a fines de 2005, y en cual se aborda el impacto de la participación del público sobre los medios tradicionales. La autora se detiene aquí especialmente en el denominado *open source journalism*, que evidencia cierta autonomía en el marco de la cual *"surgem novos projetos que priorizam a participação do público, às vezes por uma questão de sobrevivência e outras, ainda que*

Como se verá en el capítulo 5, si bien algunos periódicos digitales han incluido en sus estrategias de participación la generación de espacios en donde el lector puede hacer las veces de periodista –como es el caso del sitio "Soy corresponsal" de *La Nación* o del blog "Testigo Urbano" de *Clarín*–, ellos han sido confinados a sectores específicos del diario que difícilmente –por no decir nunca o casi nunca– se tocan con el resto del universo informativo del medio.

[23] Ana Quiroga (2008) aclara que el término "periodismo 3.0" habría sido utilizado por primera vez en 2002 por el estadounidense Dan Gillmor, pero en su acepción en inglés ("journalism 3.0").

raras vezes, por entender que o envolvimento do público está diretamente relacionado às exigências de uma sociedade contemporânea" (Quadros, 2005: 15).

Por otra parte, en 2005 también se publica el libro *El ecosistema digital: modelos de comunicación, nuevos medios y público en Internet*, que contiene un nutrido capítulo dedicado a pensar la participación de los usuarios en los contenidos periodísticos de la web (Martínez Rodríguez, 2005), cuyo rasgo más notable es la disposición de un conjunto de interesantes clasificaciones. En ese libro se establece una tipología de usuarios, considerando el rol que desempeñan en su relación con el contenido –en donde se distingue a los *usuarios lectores* de los *usuarios productores*– y el nivel de participación que desarrollan (que marca las diferencias entre *usuarios reactivos* y *usuarios proactivos*). Siguiendo esta clasificación, según entendemos, los lectores que participan en los periódicos en línea podrían ser considerados como *usuarios productores reactivos,* dado que las distintas intervenciones que realizan (tanto a partir de las encuestas como los foros, comentarios, etc.) estarían respondiendo a una iniciativa propuesta por otro (en este caso, el medio). La categoría de *usuarios productores proactivos,* al menos en el perímetro impuesto por los diarios digitales, quedaría relegada solo a aquellos lectores que deciden generar sus propias bitácoras, como sucede por ejemplo en la sección Clarín Blogs de *Clarín*. Como afirma la autora: "En general, en las vías de participación habilitadas por los medios periodísticos hay casi una total directividad por parte del medio. En su mayor parte representan formas de participación reactiva, aunque con distintos grados de iniciativa por parte del usuario" (2005: 326).

Entre otras cosas, Lourdes Martínez Rodríguez se pregunta si los aportes de los usuarios pueden ser considerados como "contenidos periodísticos", cuya respuesta implicaría, según la autora, revisar la "finalidad" y el "tratamiento" de los contenidos generados. Asimismo, se dedica a categorizar, desde la perspectiva de la división clásica entre hechos y opinión, las contribuciones de la audiencia, segmentándolas en *aportaciones de datos* y *aportaciones de comentarios*. Dentro del primer tipo, ubica el envío de textos, testimonios, fotos, audio, video, direcciones y datos útiles; dentro del segundo, incluye los contenidos generados gracias a los foros, chats, blogs, encuestas y cartas al director. También, y en este caso teniendo en cuenta la referencia temporal, en el interior de las "formas de participación de los usuarios en los contenidos periodísticos de los cibermedios" (2005: 321) es posible encontrar:

- *participación posterior,* es decir, aquella que los usuarios producen "una vez generados y publicados los contenidos periodísticos [...] como complemento o 'añadido' al texto original" (2005: 321-322);
- *participación previa,* anterior a la generación de los contenidos, que da pie después a la elaboración de noticias por parte del medio;
- *coparticipación,* que implica la "elaboración conjunta de los contenidos" (Ibíd.).

Otro momento que pareciera marcar un nuevo pliegue en las reflexiones sobre la participación del público en la prensa es aquel que podemos ubicar entre finales de 2010 y comienzos de 2011, período en el cual se comienzan a sentir con más fuerza las repercusiones del sismo producido por las *redes sociales.*

Uno de los trabajos en donde se mapear la nueva cartografía es el informe "Understanding the Participatory News Consumer" producido en el marco del *Pew Project for Excellence in Journalism* (Purcell *et al.*, 2010), en el cual se sostiene que "*the internet is at the center of the story of how people's relationship to news is changing*" (2010: 2). Según señala esta investigación, la relación entre el público y las noticias se está volviendo *portable, personalizada* y *participativa,* al menos tal como lo indican los siguientes datos:

> *[...] 33% of cell phone owners now access news on their cell phones [...]; 28% of internet users have customized their home page to include news from sources and on topics that particularly interest them [...]; 37% of internet users have contributed to the creation of news, commented about it, or disseminated it via postings on social media sites like Facebook or Twitter* (Ibíd.).

En este sentido, se afirma que según la encuesta realizada, el 44% de los consumidores de noticias en línea manifiestan que uno de los factores por los cuales seleccionan un diario *online* es el hecho de que disponga de vías que faciliten el compartir las noticias con sus respectivas comunidades de amigos (2010: 41). Por último, con respecto a los datos que arrojan acerca de la participación de los usuarios en la generación o circulación de contenido informativo, se puede advertir la escasa relevancia –al menos en términos de cantidad– que detentan ciertas prácticas de la audiencia. Por ejemplo, solo el 9% de los usuarios de Internet ha contribuido alguna vez con el envío de un artículo, opinión, foto o video a un sitio de noticias (2010: 44).

Con la consolidación de los espacios de participación que les permiten a los lectores comentar el contenido de las noticias, aparecen poco a poco las investigaciones que tienen a esta herramienta como objeto. Un aporte reciente de circulación internacional es el análisis de los comentarios generados por los lectores en siete diarios digitales catalanes,[24] llevado a cabo por Carlos Ruiz, Pere Masip, Josep Lluis Micó, Javier Díaz Noci y David Domingo (2010), para el *Consell de la Informació de Catalunya*. Los

---

[24]   El corpus delimitado está compuesto por *Lavanguardia.es, Elperiodico.com, Avui.cat, Elpunt.cat, Segre.cat, Diaridegirona.cat* y *Diaridetarragona.com.*

autores consideran que "los nuevos espacios propiciados por la tecnología se han convertido en avenidas por donde transitan inmensos caudales de opinión que posibilitan la impunidad desde la participación muchas veces anónima" (Ruiz *et al.*, 2010: 10). En dicha investigación, se estudiaron las normas –jurídicas, éticas, deontológicas y de participación– que regulan el espacio de los comentarios, se describieron los mecanismos de control por parte del sitio y se examinaron –cuantitativa y cualitativamente– los contenidos de una muestra de comentarios. En la síntesis de los aspectos más sustanciales del trabajo, se destaca que en cuanto a los mecanismos de control, "las actitudes ante la participación de la audiencia y la disponibilidad de recursos humanos definen las estrategias del diario" (2010: 22), lo cual incide, por ejemplo, en la petición de un registro previo o en la decisión de si la moderación de los comentarios se realiza antes o después de su publicación.

En cuanto al análisis del contenido de los comentarios, los autores indican que "la sección con más comentarios es Política, con un 53,18% del total. A mucha distancia se encuentra Sociedad (14,43%), Opinión (8,79%) y Deportes (8,46%)" (2010: 26). Según prosiguen, el 25% de los comentarios incluye algún tipo de descalificación hacia los actores principales de las noticias u otros actores indirectos. Y a su vez, aclaran que "con frecuencia, las conversaciones son polarizadas: el punto de vista mayoritario y el minoritario, cada uno encerrado en sus propios argumentos, lo que lleva a una radicalización de los comentarios, y a las descalificaciones" (2010: 33).

La investigación que el periodista uruguayo Daniel Mazzone (2010) realizó en el marco de la Maestría en Periodismo de la Universidad de San Andrés tiene para nosotros un especial valor, dado que analiza –desde una mirada sociosemiótica– las modificaciones en la relación entre editor y usuario, originadas por las nuevas condiciones en la producción discursiva. Mazzone definió su objeto de estudio como "la gestión del vínculo editor-lector en entornos de participación colectiva con nuevas técnicas y actores en producción" (2010: 10), y se abocó al análisis comparativo de la discursividad de *The New York Times* y *The Huffington Post*.

Mazzone sostiene que aun cuando no es certero hablar de "gestión colaborativa"[25] entre el editor o periodista y el lector *online,* "personaje con un poco de lector, otro poco de usuario y de interagente en proporciones variables" (2010: 81), existen tensiones y modificaciones en la relación de estos actores, que proyectan variaciones en las imágenes y posiciones atribuidas al lector, cambios en el establecimiento de la agenda y la complejización de las condiciones para establecer contratos de lectura. Con respecto a esto último, el autor aclara que "si bien se puede saber cuáles son los artículos más leídos y también se puede cuantificar el tráfico total sobre los contenidos de un medio, cada vez se hace más complejo determinar los lazos que unen individualmente a los usuarios con cada medio en particular, debido a las nuevas formas de consumo, complementarias, fragmentarias, aleatorias y entrecruzadas" (2010: 127).

De igual forma, vale la pena reseñar algunos de los artículos publicados en el libro *La investigación en el periodismo digital,* que se editó con motivo del XII Congreso de Periodismo Digital que se llevó a cabo en Huesca en marzo

---

[25] Nada indica que los públicos masivos aspiren a ser "neoperiodistas": "Atribuir un interés desmedido a los públicos en los medios se parece más a un efecto de la nueva autonomización, todavía sin comprender, que a un problema real que deba atenderse específicamente [...] Los usuarios no aspiran a descentralizar, ni a intervenir en procesos en los que no podrían jugar con eficacia. Pero saben –y sabemos que lo saben por las cosas que hacen– que la situación ha cambiado. La reubicación les ha costado menos que a los medios" (2010: 114-116).

de 2011, y en todos los cuales se observa un interés por ver de qué modo el *boom* de las redes sociales repercute en el universo de la prensa.

En el texto titulado "Renovarse o morir: la transformación de la prensa tradicional con presencia en Internet hacia un modelo más participativo", Terese Mendiguren, Jesús Pérez Dasilva y Simón Peña examinan las formas de "participación ciudadana" que paulatinamente se han ido integrando con los periódicos tradicionales en línea, deteniéndose en algunas de las "herramientas de colaboración". Los foros, las encuestas y los chats serían los tres primeros recursos incorporados por los diarios gracias a los cuales la "participación ciudadana" comenzó a penetrar en el terreno de la prensa. Entre 2003 y 2004, se sumaron los blogs y más tarde los comentarios de los lectores a las noticias y los espacios de periodismo ciudadano. En la actualidad, diversos medios de comunicación han abierto una cuenta en las redes sociales Facebook y Twitter "generando una comunidad participativa en torno a las informaciones que los medios sociales trasladan a estas redes" (Mendiguren *et al.*, en Verón Lassa y Sabés Turmo, 2011: 428).

La incursión de los medios en las redes sociales también ha sido abordada en la ponencia "El papel de las redes sociales en el proceso hacia una nueva arquitectura de los medios de comunicación social", escrita por Mendiguren y Pérez Dasilva, con la colaboración de Koldo Meso (en Verón Lassa y Sabés Turmo, 2011: 432-444). En ella se dedica un apartado al análisis del caso comprendido por el diario *El País* y su propia red social, Eskup; mecanismo a través del cual "se pulsa la opinión de los lectores" (Mediguren, Meso y Péres Dasilva, en Verón Lassa y Sabés Turmo, 2011: 441). El diario *El País* también es estudiado por José Romero Portillo en "Redes sociales: un nuevo entorno de trabajo para los medios de comunicación tradicionales" (en Verón Lassa y Sabés Turmo, 2011: 248-260).

Por último, no podríamos terminar este apartado sin mencionar el avance significativo en el conocimiento de la relación entre el sistema de medios masivos de comunicación y el novel universo de las redes sociales, que están forjando las investigaciones que se llevan a cabo a nivel internacional y que, por lo general, se encuentran recién en sus inicios. Dentro de este grupo, podemos ubicar, entre otros, trabajos como el de José Manuel Noguera (2010) en España, el de Wilma Stassen (2010) en Sudáfrica, el de Pedro Jerónimo y Ángela Duarte (2010) en Portugal o el de Marcus Messner, Maureen Linke y Asriel Eford en Estados Unidos (2011). En este sentido, sobresale la investigación que dirige la española Elvira García Torres y que cuenta con la participación de destacados investigadores de distintos países, con la finalidad de estudiar el uso de las redes sociales Facebook y Twitter por parte de 27 periódicos *online* regionales distribuidos en Argentina, Colombia, México, Perú, Portugal, España y Venezuela. Los primeros resultados han sido expuestos con motivo del *12 International Symposium on Online Journalism* que se realizó durante los primeros días de abril de 2011 en Estados Unidos (García de Torres *et al.,* 2011).

Otra investigación que hace foco en la repercusión de las redes sociales sobre el ecosistema mediático actual es la que dirige el académico portugués João Canavilhas, cuyos resultados fueron presentados en ocasión del *4to Foro de Periodismo Digital* que se llevó a cabo en Rosario, en junio de 2011. En su conferencia, Canavilhas analiza "el potencial de las redes sociales en la redistribución de las noticias, en particular en lo que concierne al aumento del número de lectores y en la transformación de las audiencias en comunidades de usuarios" (Canavilhas, 2011: 122). En los resultados de la pesquisa se destaca que la redistribución de las noticias a través de las redes sociales como Facebook o Twitter impacta tanto en la cantidad de visitas como en el nivel de interacción de las notas analizadas: "La actividad del *gatewatcher* puede representar un promedio de 26% de las lecturas registradas de una noticia. [...] De las diez noticias observadas, tres aumentaron el número de comentarios después de la referencia del *gatewatcher*" (Canavilhas, 2011: 130-131). Es así como Canavilhas llega a la siguiente conclusión, a nuestra vista, demasiado optimista y un tanto apresurada para un panorama tan inestable como el actual: "Las redes sociales facilitan un cambio en las formas como los usuarios se relacionan con los medios de comunicación, fortaleciendo los vínculos. Este enfoque mejora la transformación de las audiencias en comunidades, situación que tiende a generar lealtad de los consumidores por el desarrollo de los sentimientos de pertenencia a una comunidad" (Canavilhas, 2011: 131-132). Si bien es cierto que los periódicos digitales están orientando todos sus esfuerzos por generar este tipo de lazo comunitario, no siempre los resultados de dichas estrategias se traducen en el afianzamiento del vínculo entre un medio concreto y su público.

2.3.1. Las investigaciones argentinas sobre participación en diarios digitales

El primer aporte a reseñar en este apartado es el suministrado por una serie de trabajos –con un enfoque sociolingüístico y pragmático– que el investigador tucumano Julio Cesar Sal Paz llevó a cabo en el marco de su tesis doctoral y en los cuales se destacan sus reflexiones sobre la *competencia lectora,* el análisis de foros *online* tucumanos y el estudio de los comentarios generados por lectores en las noticias del diario regional lagaceta.com. En un artículo publicado en 2005, sostiene que "los cambios introducidos por el periodismo electrónico obligan a actualizar, a enunciador y destinatario, sus competencias comunicativas para lograr un mejor aprovechamiento de los recursos que brinda la Red" (Sal Paz, 2005: s/n); competencia comunicativa que en su condición de "conjunto de habilidades y aptitudes que permiten a un sujeto comunicarse eficazmente en situaciones culturales específicas" (Ibíd.) debe corresponderse ahora con las posibilidades de interacción que Internet ofrece. Aquí se infiere que "probablemente, uno de los rasgos más distintivos de la relación comunicativa entre los usuarios de la Red sea el ambiente de simulaciones en el que se presentan los intercambios textuales [...] el *contexto virtual de la enunciación*" (Ibíd., el subrayado es nuestro).

Por su parte, los foros de discusión de *La Gaceta On Line* fueron también abordados para estudiar tanto las representaciones sociales de los usuarios (Sal Paz, 2006) como los rasgos de oralidad que se avizoran en ellos (Sal Paz, 2007). En este último caso, al indagar las cualidades de los intercambios verbales producidos en un foro, afirma que los usuarios construyen enunciados que se inscriben en la modalidad del "escrito hablado" o "coloquial escrito", asunto que ya había despertado el interés de otros investigadores locales (Cfr. Borda, 2002). En las reflexiones que Francisco Yus condensa en su *Ciberpragmática,* el autor observa cuáles son los aspectos de la oralidad que se reflejan en las interacciones virtuales propias de los foros, deteniéndose en las constantes retóricas y en los niveles fónico, léxico semántico y morfosintáctico. No obstante, las conclusiones a las que arriba parecen dar cuenta de qué tipos de intercambios tienen lugar en los foros en general, pero no de las peculiaridades de los dispuestos en el interior de los periódicos en línea.

Las disquisiciones más recientes del autor (2009; 2010) acerca de la sección de *comentarios de lectores* detentan, sin embargo, un considerable interés para nuestra investigación. Sal Paz entiende a esos comentarios como un "género discursivo medular [...] puesto que organiza y re-significa otros géneros cuando se incrustan en su interior" (Sal Paz, 2009: 342). Según el autor, se trata de un género dialógico, breve, dinámico y conversacional en el que se distinguen tres características: la sujeción a un mensaje anterior; la exposición de un punto de vista; la apelación a otros comentaristas (2009: 350).

En clara conexión temática, aunque desde otro enfoque, podemos ubicar también la investigación que lleva a cabo Jorge Gobbi en el seno del Doctorado en Ciencias Sociales de la UBA (Gobbi, 2008 y 2010). En una ponencia presentada en el año 2008, se enfocó en la reformulación de la relación que se establece entre los discursos de lo público y lo privado en Internet, a partir del examen de los textos publicados por periodistas y lectores comentaristas en *Clarín, La Nación, Infobae* y *Crítica Digital* (Gobbi, 2008). Así, se atiende a dos "tipos" de discurso –construidos de acuerdo a reglas diferentes– que conviven en el interior de las fronteras de los periódicos en línea. El autor observa, entre otras cosas, que la disposición del espacio de los comentarios significa la "reaparición, de manera parcial, del modelo dialógico en la comunicación mediática" (2008: 5); "parcial" porque existen ciertas restricciones impuestas por el medio que no estaban presentes con anterioridad en el espacio público. Gobbi advierte, a su vez, que las opiniones privadas que comienzan a aparecer en el espacio público de la prensa "conservan, en muchos casos, las características que tenían en el espacio privado" (2008: 6).

Por otro lado, en el libro en donde se mixturan las reflexiones que tuvieron lugar en el 2º y en el 3º *Foro de Periodismo Digital de Rosario* (Irigaray, Ceballos y Manna, 2010), se publicaron las presentaciones de dos referentes argentinos que merecen ser revisadas en este apartado (Piccato, 2010; Rost, 2010).

Franco Piccato, especialista en medios y coordinador de proyectos digitales de *La Voz del Interior* –el diario digital regional más visitado en Argentina, según el *Interactive Advertising Boreau*–, analiza la experiencia de dicho diario en "su proceso de inserción en el universo 2.0 y los resultados preliminares de la propuesta interactiva lanzada el 15 de marzo de 2010" (2010: 89). *La Voz* fue rediseñada en 2010 bajo el asesoramiento de Juan Varela, momento en que se sumaron novedosas funcionalidades de participación e incluso un "prototipo de sitio social". Piccato sostiene:

> La principal vía de participación entre febrero y mayo [de 2010] han sido los comentarios en artículos y blogs, con un total de 133.000 comentarios. En segundo lugar, se encuentra la publicación de fotografías en las comunidades (5.458 imágenes fueron enviadas al sitio en el periodo mencionado, concentrándose principalmente en el segmento deportivo), y en tercera posición se ubica la publicación de noticias ciudadanas (1.048 piezas informativas). (2010: 96).

Por su parte, es posible apreciar en el artículo de Alejandro Rost (2010) un corrimiento con respecto a sus anteriores trabajos. Aunque la interacción sigue ocupando un lugar importante en sus reflexiones, toman mayor relevancia las preguntas que se abren en torno a la "participación" del público en la prensa.[26] Según Rost, habría "dos momentos clave en el camino hacia una mayor interactividad comunicativa: el 2006 y el 2009" (2010: 102), al tiempo que sería posible identificar cuatro etapas en la incorporación de las opciones de "interactividad comunicativa":

- *etapa de presencia corporativa* (1994-1999), en la que los medios disponen pocas herramientas para la participación;

---

[26]   Incluso, por primera vez admite que las cuestiones ligadas con la "interactividad comunicativa" y la "interactividad selectiva" deben ser tratadas en forma separada.

- *participación marginal* (1999-2006), en la cual se consolidan las encuestas y los foros, pero aún no se observa la hibridación de dichas instancias con los contenidos periodísticos del medio;
- *participación asincrónica, en espacios compartidos* (2006-2009), en la que se incorporan los weblogs, los comentarios debajo de cada noticia y los sitios de periodismo ciudadano;
- *participación sincrónica, codo a codo* (2009), que se inicia cuando los periódicos comienzan a incorporar a las redes sociales –Facebook y Twitter, sobre todo– dentro de sus interfaces (2010: 104-106).

Obsérvese que los dos hitos temporales que señala este autor, y que se corresponden con las dos últimas etapas de incorporación de opciones interactivas –el del año 2006 y el 2009–, se aproximan a los dos momentos que antes hemos marcado para destacar períodos distintivos en la reflexión sobre la participación. Se ha indicado, en este sentido, que los años 2005 y 2010 han sido particularmente copiosos en cuanto a producción sobre el tema en cuestión.

2.4. El impacto de la participación del público en las rutinas productivas

Antes de cerrar este capítulo, pasaremos a reseñar tres trabajos que si bien no se inscriben directamente en el subcampo de estudios sobre las lógicas de participación en la prensa *online* –sino, más bien, se ubican en el área de estudios sobre las alteraciones acaecidas tanto en el proceso de producción de la noticia como en la práctica periodística–, han sido de interés para nuestra investigación.

En el último tiempo, el trabajo del equipo dirigido por Pablo Boczkowski en la Universidad de Northwestern se ha orientado a examinar las relaciones que se establecen entre la selección y jerarquización de la información que realizan, por un lado, los periodistas, y por otro, el público de los diarios *Clarín* y *La Nación* (Cfr. Boczkowski y Mitchelstein, 2010). Dicho estudio se asienta en una metodología "mixta" que articula el análisis de contenido de las noticias ponderadas por los periodistas en las interfaces de clarín.com y lanacion.com y del *ranking de noticias* –en el que se materializa la elección de la audiencia–, con una serie de "entrevistas en profundidad" realizadas tanto a periodistas como a lectores de los periódicos estudiados. Estos investigadores pretenden así advertir si existe o no "*a gap between the news choices of mainstream journalists and consumers*" (Boczkowski y Mitchelstein, 2010: 421). A partir de las evidencias que les suministra su trabajo de campo, llegan a la conclusión de que efectivamente la brecha existe, pero que esta no es estática sino dinámica: "*First, during periods of relatively normal political activity, journalists choose public affairs news substantively more than consumers. Second, during periods of heightened political activity, consumers increase their interest in public affairs news, and the gap with the choices of journalists either disappears or narrows*" (Ibíd.). Como es posible inferir, esta investigación tiene para nosotros un particular interés, porque nos proporciona datos relevantes sobre la actividad de lectura que se cristaliza en uno de los *espacios de intervención del lector:* el ranking de noticias más leídas. Por ejemplo, la pesquisa revela que el porcentaje de distancia –entre la selección de los periodistas y la de los consumidores– de *La Nación* es el doble que en *Clarín,* lo cual nos brinda ciertas pistas acerca de las distintas relaciones que podrían establecerse, en cada caso, entre la línea editorial del medio y el perfil de su audiencia, ya que como afirman Mitchelstein y Boczkowski: "*This gap is robust enough to be present in sites with markedly different editorial and audience profiles*" (2010: 426). La información procurada por esta investigación ha sido posteriormente comparada con los datos que arrojó otro estudio que el mismo grupo efectuó, en este caso, sobre un corpus de once diarios de América Latina y Europa Oriental (Cfr. Boczkowski, Mitchelstein y Walter, 2010) –*Clarín* y *La Nación* de Argentina, *Folha* de Brasil, *Welt* y *Tagesspiegel* de Alemania, *El Universal* y *Reforma* de México, *El Mundo* y *El País* de España, y *The Guardian* y *The Times* del Reino Unido–, para corroborar que los datos obtenidos en torno a los casos de los periódicos argentinos no obedezcan a las condiciones particulares del ecosistema mediático local. A partir de ese último estudio, los autores sostienen que "*there is a sizable and significant thematic gap between the news choices of journalists and consumers that cuts across the 11 media of six countries included in this study*" (Boczkowski, Mitchelstein y Walter, 2010: 12).

El trabajo emprendido por Edgardo García, en el marco de sus estudios doctorales en el *Communication and Research Institute de la University of Westminster* de Londres, es también un valioso antecedente en el tema. García llevó a cabo un estudio etnográfico de los diarios *Clarín* y *La Nación,* cuyo interés se centró en analizar el proceso de producción de la noticia, los lazos entre las salas de redacción del diario impreso y *online,*[27] y el lugar que la última ocupaba en la estructura general de las organizaciones de medios mencionadas.

En un artículo publicado en la revista *Zer* en el año 2007, García analiza las formas en que los periodistas de clarín.com conciben la interactividad, y su investigación revela tres obstáculos con respecto a su aplicación: las condiciones de trabajo, el escaso contacto entre los productores

---

[27]   García llevó a cabo su estudio en el año 2004, momento en que aún las salas de redacción no se habían integrado.

del medio y los lectores, y ciertos aspectos culturales y organizacionales. Como afirma el autor, "*just like many new technological inventions, this one requires adoption adjustments that are not limited to organisational charts and routines. It also needs a cultural change*" (2007: 8). En cuando a las restricciones impuestas por las condiciones de trabajo, García sostiene que estas no favorecen la interacción, dado que, por ejemplo, la lógica temporal que rige la publicación del diario *online* les impide a los periodistas tener el tiempo suficiente para responder los correos que llegan de la audiencia o para leer lo que el público opina en los foros. El contacto vía *e-mail* con los lectores queda, a su vez, reducido a un grupo particular de periodistas, generalmente pertenecientes a las secciones de "*warm content*".[28] Por último, en relación con el modo en que la cultura de la organización pone límites a la interacción con el medio, sobresale la manera negativa en que los periodistas conciben a las posibilidades de coproducción con la audiencia: "*The co-production not only forces, according to the interviewees, the journalistic quality and objectivity, but it would also put at risk the professional identity of online journalists and their own ambitions and egos*" (2007: 22). Según el autor, quien llevó a cabo su investigación antes de que los diarios abrieran las notas a los comentarios de los lectores, es posible que las organizaciones periodísticas, motivadas por criterios de rentabilidad,[29] permitan

---

[28]   García explica que las notas en que se publica el e-mail del autor son aquellas que presentan producción propia u opinión personal. Las noticias que son construidas casi exclusivamente a partir de un parte de agenda, como generalmente ocurre en la sección de "Último momento", no son firmadas y, por lo tanto, no hay manera de que el lector acceda al correo de los periodistas involucrados en ellas.

[29]   Tal como se señala en Masip *et al.* (2010: 570), las investigaciones empíricas sobre redacciones online –usualmente del tipo de la socioantropología del trabajo–, generalmente concluyen que la incorporación de los espacios de participación ha sido motivada por los intereses

cierta coproducción en algunas secciones *"soft"* –como Turismo–, pero *"will hardly do the same in hard news sections like National news or Economy&Business, because in those sections the editorial line and interests of newspapers as political actors, block the access of those who could hardly reproduce these editorial lines and their incidental changes"* (2007: 20). Todo esto le lleva a concluir que la relación entre productores y consumidores de la información no debe ser, al menos por el momento, puesta en duda.

Como puede fácilmente comprenderse, el impacto de las nuevas lógicas de participación del público tanto en las rutinas de la prensa como en la práctica periodística no solo ha despertado la atención de la academia, sino también el turbado interés de los responsables de medios que intentan tomar la mayor distancia posible para comprender qué está sucediendo y hacia dónde van los cambios, antes de que el naufragio sea irremediable. En este contexto, Pablo Mancini, periodista con trayectoria en la dirección de medios digitales y gerente de Servicios Digitales en *Clarín Global* –unidad de negocios que administra los sitios web del grupo, entre ellos, clarin.com– hace una interesante lectura de situación en su reciente libro *Hackear el periodismo* (2011). Allí formula la tétrada "tiempo / audiencia / valor / organización", que le permite pensar la mutación actual de la prensa *online,* deteniéndose en los cuatro factores que considera clave. La mutación del tiempo de consumo –la decadencia del tiempo de atención exclusivo y la preeminencia del atomizado *in between time*– y la conformación de audiencias "híbridas, aleatorias, fluidas y participativas" (2011: 55) que ahora también cumplen la función de agentes de distribución de noticias requieren, ineludiblemente, repensar la cadena de valor de los medios

---

económicos del medio, "e intentan minimizar su incidencia en los procesos de producción informativa" (Ibíd.).

y sus modelos organizacionales. Mancini afirma que en la nueva coyuntura, la calidad "desborda al producto y al productor, y empieza a explicarse a sí misma en tanto y en cuanto agrega valor a la experiencia de postconsumo" (2011: 66), ámbito en el que comienzan a jugar un rol central los *paratextos* que forman parte de las "propuestas periféricas a los relatos madre" (2011: 67), y entre los cuales podríamos ubicar también la producción del público. Así, "la cadena de valor se desplaza hacia afuera de las redacciones. La gestión de contenidos y la emergencia de prácticas participativas desbordan las plataformas y soportes de las marcas de los medios" (2011: 123).

CAPÍTULO 3. UNA MIRADA SEMIÓTICA DE LOS PERIÓDICOS DIGITALES

3.1. Sistema y producción de sentido: un estudio sociosemiótico de la prensa

En el primer capítulo de este libro se comenzó a introducir un enfoque sistémico que permite caracterizar el escenario mediático actual en términos ecológicos. Para esclarecer aun más este punto de vista, y explicar su conexión con la perspectiva semiótica de nuestra investigación, se empieza este tercer capítulo recordando que fue Niklas Luhmann quien consideró la cualidad sistémica[30] de los medios masivos de comunicación en su obra *La realidad de los medios de masas* (2000). De acuerdo con su mirada, en tanto *sistema social autopoiético*, "que se reproduce a sí mismo y que ya no está orientado a la comunicación entre presentes" (Torres Nafarrate, en Luhmann, 2000: XXI), los *mass media* son una galaxia de comunicación con código propio, cuya característica principal es la de crear una "ilusión trascendental", dado que "la información proveniente de los medios es necesariamente una construcción de la realidad" (Torres Nafarrate, en Luhmann, 2000: XXII).[31]

---

[30] Luhmann define al *sistema* de la siguiente manera: "En general, se puede hablar de sistema cuando se tiene ante los ojos características tales que, si se suprimieran, pondrían en cuestión el carácter de objeto de dicho sistema" (1998: 27).

[31] En el tratamiento de los *mass media*, el sociólogo alemán opta por lo que se denomina un *constructivismo operativo* o *constructivismo de las operaciones*, que "no conduce a una negación del mundo y no discute que no haya realidad. Sin embargo, no presupone que el mundo sea un objeto, sino más bien lo considera como lo reflexionó ya la fenomenología: como horizonte inalcanzable" (Luhmann; 2000: 9).

Según esta teoría, los *sistemas sociales* –económico, político, de derecho, científico, massmediático– se diferencian por sus *funciones*; es decir, la diferenciación de un sistema parcial de la sociedad requiere, necesariamente, de la identificación de una *diferencia directriz,* de un código propio.[32] En el caso del sistema de los medios masivos de comunicación, dicho código es "información / no información" (2000: 33). A su vez, los criterios a partir de los cuales se discrimina lo informable de lo no informable varían de acuerdo al *campo programático* del que se trate, ya que según Luhmann, es posible distinguir –en el interior de este sistema– tres campos de programas: noticias y reportajes, publicidad y entretenimiento (Ibíd.).

Por otro lado, nos interesa señalar que la diferenciación entre los distintos *sistemas sociales* sería, desde este punto de vista, producto de la creciente complejidad de las sociedades, de su *evolución.* Así como la invención de la moneda o la concentración de poder en los cargos públicos habrían aparejado el proceso de diferenciación del sistema económico y el sistema político, respectivamente, la emergencia del sistema de medios responde al "descubrimiento de las tecnologías expansivas de la comunicación" (Luhmann, 2000: 23), cuyo primer exponente fue la imprenta.

Jean-Jacques Boutaud y Eliseo Verón recuperaron la importancia de la teoría sistémica luhmanniana –que como afirma el mismo Luhmann, es una teoría social que "requiere de formas conceptuales ubicadas en la relacionalidad de las relaciones" (Luhmann, 1998: 34)– para la consolidación

---

[32]   En *Sistemas sociales*, Luhmann aclara: "La teoría de sistemas autorreferenciales sostiene que la diferenciación de los sistemas sólo puede llevarse a cabo mediante autorreferencia; es decir, los sistemas sólo pueden referirse a sí mismos en la constitución de sus elementos y operaciones elementales [...] por lo menos tienen que ser capaces de utilizar, al interior del sistema, la diferencia entre sistema y entorno como orientación y principio del procesamiento de información" (1998: 33).

de lo que Verón denomina como *semiología de tercera generación* (Boutaud y Verón, 2007: 9), cuyo objeto de estudio es, justamente, la "articulación" entre producción y reconocimiento del sentido: "La observación de la interfaz producción / reconocimiento como un proceso no lineal alejado del equilibrio hace de esta puesta en relación, en tensión, entre el campo de la semiótica y de la teoría de los sistemas complejos auto-organizantes y auto-poiéticos un acercamiento, por así decir, bastante natural" (2007: 10).

La teoría sociológica antes explicitada les permite a Boutaud y Verón encontrar un camino para articular los procesos autopoiéticos de dos sistemas considerados autónomos: el sistema de los medios y el sistema psíquico o *sistema del actor* (Boutaud y Verón, 2007: 11). Dado que como para Luhmann los individuos no forman parte del sistema,[33] sino que están en el *entorno humano,* toda semiótica que pretenda articular los sentidos producidos en cada uno de estos sistemas debe, necesariamente, considerar dicha diferencia y, al mismo tiempo, generar los mecanismos teóricos y metodológicos que le permitan estudiar las posibles articulaciones. Es así como Boutaud y Verón sostienen: "El desfasaje producción / reconocimiento no es otra cosa que la *interfaz* donde *el sistema de los medios, que opera como entorno de los actores, pone su propia complejidad a disposición de estos últimos, y recíprocamente: el sistema del actor, que opera como entorno del sistema de los medios, pone su complejidad a disposición del sistema de los medios"* (2007: 11, el resaltado es de los autores).

Se define, de este modo, una perspectiva semiótica particularmente fértil para el campo de los estudios sobre

---

[33]   Aunque sí puede encontrarse en el interior del sistema de medios lo que Luhmann denomina como *motivos personales,* que no se entienden de manera psíquica sino como representaciones de comunicación que implican "procesos de atribución comunicacional referida a individuos" (Luhmann; 2000: 105).

los medios de comunicación, por lo común denominada como *sociosemiótica*,[34] que parte de concebir al discurso como sistema organizado de significaciones articuladas y articuladoras del sentido social, y que abre paso a una *teoría de la discursividad* o *teoría de los discursos sociales* (Verón, 1998). Desde este punto de vista, se plantea el análisis discursivo de la prensa más allá de lo eminentemente temático, intentando un abordaje que supere este primer nivel en pos de indagar acerca de las *modalidades de enunciación* y de las *estrategias discursivas* de producción de significados.

Desde una perspectiva discursiva, la noción de *modalidad* ha sido trabajada, en una primera y determinante aproximación, por Emile Benveniste (1976) y desarrollada y/o reelaborada por distintos autores como Catherine Kerbrat Orechioni (1986) o Antoine Culioli (1990). En síntesis, es un funcionamiento muy significativo de la dimensión enunciativa, que remite directamente a las posiciones de los sujetos respecto a sus discursos, entendiendo al sujeto "no como un sujeto efectivo o 'real' (que reenvía a una teoría 'empirista' de la enunciación, condenada a permanecer encerrada en el universo del habla) sino como sujeto 'teórico' o, más precisamente, como un modelo metalingüístico" (Fisher y Verón, 1986: s/n). Dichas modalidades representan un aspecto central a dilucidar dentro del estudio –más general– de lo que se denomina

---

[34] Esta rúbrica vendría a marcar el interés que dicha perspectiva ostenta respecto del funcionamiento social del lenguaje. En uno de sus textos inaugurales, Verón (1985) advierte la insuficiencia de la lingüística y la sociología para explicar ciertos fenómenos de consumo mediático. Dichas disciplinas habrían producido saberes empíricos –acerca de los textos y sus lectores– que han estado históricamente separados. Tal como afirma Verón: "Conocemos bien *quién* lee *qué*. Sin embargo, nos vemos enfrentados, generalmente, a problemas cuya solución no parece ser abordable en base a la acumulación de estos dos tipos de información" (1985: s/n).

como *estrategias discursivas,* a las cuales nos abocaremos en el próximo apartado de este capítulo.

En este marco, nuestra investigación se centró en analizar de qué manera se relacionan dos instancias que devienen centrales para abordar el análisis de los *espacios de intervención y participación del lector* en los diarios argentinos *Clarín* y *La Nación:* por un lado, las *condiciones de posibilidad* de la participación del lector usuario que cada una de las interfaces de los diarios digitales propicia; y por el otro, ciertas *gramáticas de reconocimiento* presentes en la manera en que, efectivamente, los lectores hacen uso de esos espacios de intervención.

3.2. Las estrategias discursivas desde el punto de vista no intencional

En el ámbito de los estudios sobre procesos de *mediatización,* se distingue una noción que tempranamente se posicionó como categoría nodal para abordar el análisis de los discursos sociales: la categoría de *estrategia discursiva.* Este concepto desencadenó, en su recuperación sociosemiótica, una serie de discusiones respecto del rescate o no de la dimensión "intencional" de los discursos.

La "estrategia" se presenta etimológicamente asociada al ámbito militar y, por lo tanto, alude a operaciones y procedimientos que se llevan a cabo para la consecución de algún fin propuesto. Por lo cual, al pensar en términos de estrategias, sobre todo en el terreno del análisis discursivo, es muy fácil ceder a la tentación de imaginar la siguiente situación prototípica: existe un sujeto (empírico) que produce un discurso con cierta "intención" (consciente o inconsciente). Ergo, vislumbrar la estrategia de ese discurso implica inferir qué se propuso ese sujeto al pronunciarse de determinada manera y no de otra. Es decir, a simple vista la noción de estrategia parecería estar emparentada con la idea de que la puesta en escena del "decir" se desprende de una actividad estratégica y, por lo tanto, supone la comprensión del acto de comunicación como un juego de significación particular, como una interacción de intencionalidades.[35]

No obstante, recordemos que para Verón, las *estrategias discursivas* se definen como "las variaciones atestiguadas en el interior de un mismo tipo de discurso" (Verón, 2004: 197) o de un mismo tipo de producto. En este sentido, la "estrategia" que lleva adelante cada periódico contribuye a construir su "personalidad" –personalidad que es diferencialmente distinta que aquella que asumen los otros periódicos con los que el anterior compite– y, por lo tanto, a modelar la manera en que el medio se "vincula" con sus destinatarios, en este caso, sus lectores. Aquí vemos cómo la noción de *estrategia discursiva* se enlaza con otro término que detenta para nosotros la misma relevancia: el concepto de *contrato de lectura*. Dice Verón: "Lo que crea el *vínculo* entre el soporte y su lector es el contrato de lectura" (2004: 174); "el contrato de lectura corresponde al orden de la estrategia" (2004: 199). Como podemos ver, además, ambos conceptos están asociados con la manera en que cada medio logra construir su singularidad frente a sus "competidores": la *estrategia enunciativa* vendría a

---

[35]   Julio C. Sal Paz y Silvia Maldonado (2009) han rastreado el modo en que la noción de "estrategia" es recuperada y definida por diversos autores en el marco del análisis textual o discursivo. Allí sostienen que "el término 'estrategia' [...] ha sido ampliamente utilizado por los estudios lingüísticos para referirse a los usos intencionados de procedimientos encaminados a conseguir los objetivos comunicativos que se propone el enunciador" (2009: 8). De hecho, esta misma égida es la que detenta la definición que presentan los autores: "Consideramos las estrategias como mecanismos y procedimientos lingüísticos (sintácticos, semánticos, pragmáticos, estilísticos) y extralingüísticos que de modo intencional emplea un enunciador para incrementar la efectividad de la interacción comunicativa" (Ibíd.).

ocupar el lugar de "lo que lo singulariza en relación con sus competidores. [...] La singularidad es lo que permite justificar, a los ojos de los inversores publicitarios, el hecho de anunciar en esa publicación antes que en su competidora" (Verón, 2004: 200). La noción de *contrato* "pone el acento en las condiciones de construcción del vínculo que *en el tiempo* une a un medio con sus consumidores [...]. Un medio debe administrar ese vínculo en el tiempo, mantenerlo y hacerlo evolucionar [...] El objetivo de este contrato [...] es construir y conservar el hábito de consumo" (2004: 223).

Por lo que contrariamente a lo que puede suponerse, para la mirada sociosemiótica no debe ser preocupación del analista observador "ponerse en el lugar de" agente creador del discurso (de hecho, el lugar del sujeto empírico queda completamente desdibujado). Aquí radica el nudo problemático sobre el que nos detendremos en este apartado, para revisar las objeciones que se han formulado a la noción de "intención",[36] desde el ámbito de estudio de la circulación del sentido opuesto a la visión racionalista instrumental.

3.2.1. Ocaso del modelo intencional

La pragmática de los "actos de habla" postula un modelo de análisis según el cual deben contemplarse tanto los elementos de naturaleza "material" –entidades objetivas tales como la dupla emisor-destinatario, el enunciado y la situación espacio-temporal en que se realiza

---

[36] Para no complicar el feliz desarrollo de nuestro argumento, no nos detendremos a explicar el sentido que dicho término recubre para el pensamiento filosófico. Solo recordamos que la noción de *intencionalidad,* considerada como fenómeno mental, debe su origen a los planteos de Brentano, que son luego recuperados por Husserl. En su aspecto filosófico, la *intencionalidad* remite tanto al contenido de la mente (en su "tender hacia") como a la relación entre dicha conciencia y el mundo. Este concepto de *intencionalidad* es, a las claras, más amplio que el de la "intención" de voluntad.

la acción– como los de naturaleza "inmaterial". Dentro de este último conjunto, que comprende los diferentes tipos de relaciones que se establecen entre los elementos "materiales" de la actividad lingüística, se ubica la *intención* (Escandell Vidal, 1996). Todo discurso implica una acción –aseverar, preguntar, cuestionar, prometer, ordenar, etc.– cuya intención puede ser recuperada por el analista gracias a sus marcas presentes en el enunciado. Esta mirada supone considerar, en cierto modo, la actividad discursiva como un acto voluntario y consciente, "como reflejo de una determinada actitud de un sujeto ante su entorno" (Escandell Vidal, 1996: 34). Por lo tanto, si se desea arribar a la correcta interpretación de un enunciado, deberá reconocerse la intención de su interlocutor. He aquí un postulado pragmático que ha cosechado varias críticas, de las cuales se pretende aquí recuperar solo algunas que se consideran significativas.

Cuando Karl Otto Apel construye los cimientos de su *pragmática trascendental del lenguaje,* manifiesta la necesidad de polemizar con autores como Paul Grice o John Searle, quienes, según su visión, elaboraron teorías que recuperan las bases corroídas de los presupuestos de la filosofía de la conciencia (y por lo tanto, de sus intenciones prelingüísticas, dado que se concibe al lenguaje como instrumento de acción del sujeto sobre otros[37]). En Apel,

---

[37] Searle realiza una revisión crítica de la teoría austineana sobre la dimensión realizativa de los enunciados, que publica en su libro *Actos de habla.* Más tarde, edita otra obra, *Intencionality,* mediante la cual incurre, según Apel, en un "giro intencionalista" que lo llevaría a "retomar los estados intencionales prelingüísticos y precomunicativos de la representación del mundo" (Apel, 2008: 192) y, consecuentemente, a recaer en "el 'solipsismo metodológico' de la filosofía del espíritu o de la conciencia desde Descartes hasta Husserl" (Ibíd.). Una idea similar sobre el trabajo de Searle puede verse en Martínez Guzmán (1992), que será abordado más adelante.

el sujeto cartesiano es desterrado por la recuperación del sujeto trascendental kantiano.

Así, Apel se propone desarrollar una concepción del lenguaje que se aleja completamente de la abogada por la lógica de la racionalidad instrumental, aunque no desecha la noción de intencionalidad. Al proponer la integración de la semántica y la pragmática, llega a considerar posible la *comprensión comunicativa de las intenciones de sentido*, pero no a partir de hipótesis sobre las *intenciones perlocutivas de la acción* –esto es, mediante explicaciones de comportamientos estratégicos comprendidos de acuerdo a la racionalidad teleológica en el sentido de Max Weber–, sino gracias a considerar que la fuerza ilocucionaria puede estar convencionalmente predeterminada[38] y que, por lo tanto, podría ser inferida de las huellas presentes en las notas semánticas (que ya no son solo semánticas, sino semántico-pragmáticas). Según Apel, el contenido semántico que pueda atribuírsele a una unidad de sentido es necesariamente trascendental.

Este tipo de críticas tiene también sus fuentes latinoamericanas, abocadas al estudio de fenómenos complejos de producción de sentido, como los que tienen lugar en el marco de las actuales sociedades mediatizadas. Este es el caso tanto del académico brasileño Antonio Fausto Neto como del semiólogo argentino Eliseo Verón.

Fausto Neto (2008) revisa el funcionamiento del concepto de *enunciación* en el ámbito de los medios de comunicación, proponiendo alejarse de una concepción de enunciación ligada a la actividad u operaciones que desencadena un sujeto, en virtud de que la idea de "sujeto hablante" no sería útil para pensar los discursos mediáticos, absolutamente polifónicos. Para el autor, el análisis

---

[38]   Dice Austin: "El acto ilocucionario es un acto convencional; un acto hecho en conformidad con una convención" (2008: 149).

de los discursos periodísticos, por ejemplo, debe sortear
los cánones impuestos por las teorías conciencialistas
del sujeto y del lenguaje, centradas en ver de qué modo
la materia significante es puesta al servicio de una intencionalidad estratégica, y que ponen al lenguaje en el lugar
de una especie de instrumento adecuado a la voluntad del
sujeto. Se expresa también una impugnación explícita al
concepto de *intención:*

> *Formulada no final dos anos 60, vai se apresentando como*
> *um conceito central, pelo fato de sua manifestação se com-*
> *plexificar no interior das práticas discursivas midiáticas, em*
> *decorrência da emergência de novos dispositivos de produção*
> *de sentidos, no âmbito da sociedade da midiatização. [...]*
> *Este conceito veio para tensionar, particularmente o modo*
> *de entender de outra forma a problemática da produção de*
> *sentido, não calcada na noção de intenção, e na performance*
> *do sujeito que fala, e que controlaria o seu próprio discurso*
> *–e o do seu destinatário, mas atravessada por problemáticas*
> *de indeterminações. Ou seja, a questão do sentido resultaria*
> *de feições de enunciações e não no poder específico de um*
> *ato enunciativo em si mesmo* (2008: 7).

Superada la cuestión de la "intencionalidad", la enunciación mediática es concebida como coenunicación, ya
que gracias a su inherente complejidad –dada no solo por
el hecho de que su discurso remite al producido desde
otros campos, sino también porque en ella se manifiestan
operaciones de reenvío interdiscursivo entre los mismos
medios–, se constituye y funciona en el ámbito de una
red interdiscursiva, *"e não apenas por força do trabalho*
exclusivo e determinado pelo 'sujeito falante'" (Fausto Neto,
2008: 10). Incluso, el modo de ser y de enunciar de campos
sociales distintos a los medios también se ve afectado;
la mediatización convierte a las prácticas mediáticas en
macroprocesos de funcionamiento discursivo, *"operando*
em transversalidade e permeando o modo de enunciar,

enquanto operações significantes, de diferentes práticas sociais" (2008: 13). Se recupera así lo propuesto un tiempo antes por Eliseo Verón: la unidad mínima de análisis debe ser la interdiscursividad (2008: 12).

Verón dedicó una parte de su *Semiosis social* (1998) a cuestionar los presupuestos deterministas que sostienen los modelos pragmáticos centrados en la cuestión del enunciado, con un conjunto de textos escritos durante la primera mitad de la década de 1980. No obstante, algunos de sus planteos ya habían sido formulados por él en el transcurso del período que va de 1962 a 1965,[39] y se vieron sistematizados con la publicación de su libro *Conducta, estructura y comunicación* (1968), cuando dirigía el Centro de Investigaciones Sociales del Instituto Torcuato Di Tella. En la introducción de dicho libro, aclara que sus reflexiones se orientan a "elaborar las bases de una teoría de la comunicación social", pero ubicando su escrito en el marco de la "literatura sociológica", pues, argumenta, representa un aporte al "tratamiento científico de los fenómenos de significación", lo cual requiere, desde su punto de vista, revisar algunos de los supuestos teórico-metodológicos de la teoría sociológica imperante. Allí comienza a esbozar los fundamentos de su crítica a la intencionalidad, en los que puede ya observarse el cuestionamiento a la "acción socialmente orientada", porque en ella subyacería "una concepción subjetivista del sentido" que considera al significado como

---

[39] Verón mismo comenta (1968: 20) que los ensayos que tuvieron lugar en ese momento son fruto, de alguna u otra manera, de la experiencia que le brindó su estadía en el Laboratorio de Antropología Social del *Collège de France,* que realizó bajo la tutela de Claude Lévi-Strauss. Sobre su residencia en París y el influjo del estructuralismo levistrausseano en su pensamiento, véase Verón (2008). Recordemos que por entonces es, justamente, el momento en que se está refundando la semiología de la mano de Barthes, Metz, Kristeva, Eco y Fabri, entre otros.

una propiedad intrínseca de la acción.[40] Como se ve, sus argumentos están por entonces centrados en despegarse tanto de la cuestión del "sujeto"[41] como de la lógica de la "inmanencia" del sentido. Sin embargo, a diferencia de lo que se evidenciaría luego en la *Semiosis social*, aún no tenía cabida la invectiva que más tarde emprenderá contra los representantes de la pragmática.[42]

Desde su perspectiva, recuperar la "intención" implicaría adoptar "el punto de vista del actor", arribar a su "fin consciente". Pero según Verón:

---

[40]   "Es necesario entonces eliminar de la teoría sociológica la concepción subjetivista del sentido que, heredada del idealismo filosófico, cristalizó en Max Weber, persistió sin modificaciones en la teoría de la acción de Talcot Parsons y, en general, contaminó el sentido común sociológico sobre la acción social. La teoría subjetivista del sentido se introdujo también repetidas veces en el pensamiento marxista" (Verón, 1968: 12-13).

[41]   Tal como sucede con otros autores, su aproximación estructuralista al lenguaje lo lleva a negar la existencia del sujeto. Es interesante, en este aspecto, considerar los planteos que le permiten pasar del concepto de sujeto al de "actores de la comunicación" (Boutaud y Verón; 2007). Posteriormente, seguirá sosteniendo esta descentración del sujeto gracias a los planteos peirceanos que permiten, también, enfrentar el *ego cogito* cartesiano, a partir de la trascendentalización del sentido en la que la concepción comunitaria del logos y la significación ocupan un lugar nodal. Para esclarecer la concepción sobre el sujeto en Peirce, cfr. Romé (2009). "Para Peirce [...] la conciencia supone la comunidad de *enquirers,* en su infinitud trascendental, en la medida en que la propia existencia de la conciencia está condicionada por su cognoscibilidad, y esta es, a su vez, comunitariamente mediada. El dominio subjetivo de la conciencia es, para Peirce, desbordado por el propio talante comunitario de la representación" (Romé, 2009: 102).

[42]   Incluso denuncia expresamente la necesidad de recuperar esta dimensión o nivel de análisis: "El estructuralismo ha tendido a concentrarse en el análisis semántico de los mensajes, sin preocuparse demasiado por los problemas de la *pragmática* de la comunicación". Además, afirma que "uno de los intereses básicos que están detrás de los trabajos reunidos en este volumen es en cambio el de la pragmática: el estudio de la relación de los mensajes con emisores y receptores" (Verón, 1968: 14-15).

Resulta claro que sólo el actor tiene acceso a sus intenciones (a condición, por supuesto, de que sean conscientes). Más allá del acceso a la representación del objetivo de la acción (que es privilegio sólo del agente), para que la intención se convierta en un fenómeno de "comunicación" [...] hace falta que el actor "exprese" su intención de una manera u otra. En otras palabras: para un *observador*, el problema planteado por el empleo de la noción de "intención" sólo es el de la *atribución* de intenciones a los actores sociales. Dicho de otra manera: *para un observador, la noción de "intención" sólo tiene sentido en el marco de una gramática de reconocimiento*. (1998: 192).

Es decir, no alcanza con la verbalización explícita de una intención, dado que "resulta claro que el problema ya no es saber cuál es la intención del actor [...] cuando dice o hace x, pues este problema es, hablando con propiedad, indecidible, salvo para el actor mismo y a condición de que se trate de una intención consciente; el problema es determinar cómo, sobre qué bases, un actor A2 –es decir, otro actor– atribuye intenciones a un actor A1, a partir de lo que hace o dice A1" (Verón, 1998: 193). Condición que, por lo tanto, implica necesariamente una situación de *intercambio* entre dos actores. He aquí un nuevo principio: "El sentido de una enunciación está dado por la respuesta que provoca" (Ibíd.); principio que permite reubicar el lugar del analista observador como "tercera posición". Este tercer actor –que no es ni el sujeto enunciador ni el destinatario del enunciado– no haría conjeturas sobre las "verdaderas" intenciones del enunciador. De hecho, parte de la confusión a que nos ha llevado la pragmática de los actos de habla radicaría, según Verón, en que ella no se ha preguntado jamás por el lugar que ocupa el analista de las enunciaciones, "porque la pregunta entraña consecuencias que son, a sus ojos, desagradables" (1998: 194). Interrogarse por el estatus del observador requiere aceptar la imposibilidad que tiene una persona de atribuir sentido a un enunciado considerado aisladamente. Si todo discurso es *reconocimiento* de otro discurso, no puede ser el enunciado la unidad mínima de estudio, sino el *interdiscurso,* es decir, el intercambio discursivo entre actores.[43] Toda esta reflexión lleva al semiólogo argentino a sostener que la noción de intención –y los inconvenientes que ella genera– debe ser enmarcada en una problemática más amplia: la de la "teoría de la acción social" que durante mucho tiempo reinó en los dominios de la sociología. En una teoría de los discursos sociales como la propuesta en la *Semiosis social,* "el modelo de la acción orientada no tiene ningún papel teórico que jugar [...] Si permanecemos en la posición del enunciador, es decir, 'si adoptamos el punto de vista del agente', estamos condenados a la tautología" (Verón, 1998: 204-205), a limitarnos a la mera y trivial posibilidad de repetir la expresión de la intención según su autor.

Podríamos sostener, entonces, que la diferencia central entre Karl-Otto Apel y Eliseo Verón radica en que, aun cuando en ambos se observa la recuperación de la teoría de la semiosis peirceana para pensar la producción de sentido, cada uno de ellos considera de una manera completamente

---

[43] En cierto modo, podía anunciarse ya en los ensayos publicados en 1968 su defensa por la "interdiscursividad" (aunque todavía no era tal porque, como él mismo lo expresa en Verón 2008, tenía por entonces puesto el sombrero de "sociólogo" y no el de "semiólogo") al considerar el carácter "supraindividual" del sentido. La infertilidad de la teoría de la acción para el pensamiento sociológico radica en la imposibilidad de extrapolar sus planteos sobre la acción del individuo a la acción colectiva, es decir, para poder dar cuenta de formas más complejas de organización social, en las que "los contenidos de conciencia individual se han perdido, porque se habla de la acción social colectiva" (Verón, 1968: 86). El análisis sociológico exige gestar un concepto de sentido de la acción aplicable a la acción "de muchos", tarea para la cual serían de utilidad ciertas características presentes en los modelos que usan los lingüistas para estudiar el lenguaje (1968: 120-122); he aquí otra vez su deuda estructural. Aquí Verón afirma: "El sentido es 'supraindividual', social y objetivo, y no subjetivo" (1968: 93).

distinta el postulado pragmático de la *convencionalidad*. Como vimos al comienzo de este apartado, el primero asocia la *convencionalidad* con la posibilidad de arribar a la validez intersubjetiva –trascendental– del sentido. El segundo, en cambio, afirma que conceptos como el de *norma* o *convención* "no parecen proveer un buen modelo de la necesidad que rige una gramática. Decir que la lengua es una institución social no resulta, en efecto, muy útil, dado que ella no se parece a ninguna otra institución social" (Verón, 1998: 161). Esto es así porque en la discusión que Verón realiza sobre la naturaleza de las reglas que determinan la significación lingüística –su disquisición sobre si ellas son sociales o naturales– puede observarse explícitamente la influencia de la teoría lingüística de Noam Chomsky.

A su vez, Verón funde a la "teoría de los actos de habla" y a la "teoría de la acción orientada" bajo el rótulo de "funcionalismos" (1998: 162), explicando que ambas pretenden recuperar el sentido a partir de la "función" (del para qué), y lo hacen, de un modo ineludible, restaurando las "intenciones conscientes del actor". No obstante, este último argumento de Verón es erróneo al menos en parte, si recuperamos algunos aspectos de la teoría austineana y la diferenciamos de lo propuesto por Searle.

Es verdad que tal como el mismo Austin lo admite, su doctrina de las *fuerzas ilocucionarias* es una "doctrina de los distintos tipos de función del lenguaje" (Autin, 2008: 144) y, por lo tanto, se acusa el carácter instrumental del lenguaje que subyace a la filosofía del teórico de Oxford.[44] Pero queda bastante claro que para la égida convencionalista de los actos de habla, la *fuerza* de una expresión está incluida "totalmente" en el acto ilocucionario mismo (Austin, 2008: 32). Es decir, que la "intención" se ubica en

---

[44]   Véase al respecto la nota preliminar a la edición de 2008 realiza por Genaro R. Carrió y Eduardo A. Rabossi (Austin, 2008: 7-35).

este caso como parte de las circunstancias necesarias para llevar a cabo un acto (2008: 56). Pero lo central de la fuerza ilocutiva no está en la conciencia del agente locutor. Veamos cómo funciona esta teoría en el análisis que Austin realiza del tipo de *infortunio* que representa el "abuso" en el caso de los actos de habla que él denomina "comportativos",[45] específicamente del acto de prometer. Según Austin, "quien usa la fórmula 'te prometo que...' *promete*" (2008: 52), más allá de cuál sea su verdadera intención (si bien "lo apropiado", diría el autor, sería que quien expresa la promesa tenga esa intención), e incluso el acto, la promesa, nunca es siquiera *nulo,* sino cuanto mucho se considera que fue hecho de "mala fe". Pero ¿cómo inferir la *fuerza* del acto mismo? Porque existirían ciertos "recursos lingüísticos" (Austin, 2008: 118) que nos permiten captar –sobre todo para el caso más complejo de los "realizativos implícitos"–, es decir, inferir a partir de la expresión misma –y no de las suposiciones sobre la conciencia del sujeto creador– la fuerza de la expresión: modo, tono de voz, cadencia, énfasis, adverbios y frases adverbiales, partículas conectivas, elementos que acompañan a la expresión (tales como gestos, guiños, encogimiento de hombros, ceños fruncidos, etc.) y las circunstancias de la expresión. Sin embargo, la teoría de John Searle plantea ciertas diferencias en este aspecto, que le valieron, entre otras, la crítica de Apel que más arriba hemos considerado.

Según Martínez Guzmán (1992), la reelaboración de los actos de habla que realiza Searle distorsiona ciertos aspectos de la teoría de Austin, sobre todo a partir de su obra *Intencionality* y de la recuperación de la noción de "contenido

---

[45] Se denomina como "comportativos" a "un tipo de realizativos que [...] se refieren a reacciones frente a actos humanos y a comportamientos hacia los demás, y que están dirigidos a exhibir actitudes y sentimientos" (2008: 127).

proposicional" de Frege: "Hace pensar que los 'enunciados de intención' [como es el caso de la expresión 'te prometo que...'] son signos externos y visibles de un acto espiritual interno" (1992: 70), es decir, que lo dicho remitiría a –sería la expresión de– una dimensión intencional interior a la conciencia del sujeto generador del acto. Con la creación de la noción de *estados intencionales*,[46] dentro de la que podríamos ubicar, por ejemplo, la "intención" de cumplir una promesa, se imputa a Searle de caer en un "modo psicológico" e incrementar el peligro de "mentalismo". Guzmán afirma que en el caso de Austin, en cambio, la intencionalidad no remite al *estado intencional* expresado, sino a la intención con que se ejecuta el acto de habla, que tiene que ver con la *fuerza* de la emisión y con la comprensión por parte del oyente de esa intención del hablante. No obstante, vale advertir que la lectura de Guzmán no recupera toda la obra de Searle y lo lee prejuiciosamente. Por ejemplo, ignora lo expuesto por el autor en *¿Qué es un acto de habla?*:

> El significado es más que un asunto de intención, es un asunto de convención [...] En nuestro análisis de los actos ilocucionarios debemos capturar tanto los aspectos convencionales como los intencionales y especialmente las relaciones entre ellos. En la realización de un acto ilocucionario el hablante intenta producir un cierto efecto, haciendo que el oyente reconozca su intención de producir ese efecto, y por lo tanto, si está usando las palabras literalmente, intenta que este reconocimiento se logre en virtud del hecho de que las reglas para el uso de las expresiones que emite asocien las expresiones con la producción de ese efecto. Es esta *combinación* [el resaltado es del autor] de elementos la que necesitaremos expresar en nuestro análisis del acto ilocucionario. (Searle, 1977: 8).

---

[46] Que serían "estados mentales" con directividad (por ejemplo, el amor, el odio, la creencia, el deseo), es decir, que están dirigidos a objetos o estados de cosas.

Por otro lado, la embestida que realiza Verón contra la mirada pragmática de la atribución de sentido recae también en la desconsideración que ella ha mostrado con respecto al estudio de los *efectos* de los actos de habla, al pensar que la dimensión perlocutiva es no convencional y, por lo tanto, que las "consecuencias" de los actos de hablar son completamente "imprevisibles".[47] Denuncia, incluso, a la teoría de los actos de habla de haberse abocado –en su interés por realizar una limpieza de los medios de expresión– a la definición de un modelo "que permitiera *anular* la indeterminación entre producción y reconocimiento, es decir, que le permitiera *deducir* el efecto de sentido (un solo efecto de sentido) a partir de la descripción de enunciados aislados considerados como producidos por medio de actos de enunciación" (Verón, 1998: 189).

Es cierto que cuando Austin sostiene la importancia de la remisión al *contexto* en que se realiza el acto para "explicar" la expresión emitida,[48] puede deducirse que propone la posibilidad de encontrar un sentido ("el" sentido) de la expresión. También se entrevé allí que su planteo se centra en la actividad que debe llevar a cabo un destinatario (el actor A2 para Verón) para tratar de comprender "el" sentido de lo dicho por el emisor (el actor A1) y que, por lo tanto, no se ocupa del análisis de la significación que podría realizar un observador en su condición de tercera posición (como actor A3). Este último, desde la mirada veroniana, no debe interesarse por el sentido que le atribuye A1 a lo dicho, sino más bien por lo que sucede en la *circulación*. La teoría de la semiosis social considera que en un análisis en *producción* puede distinguirse, al menos, un *campo*

---

[47] De hecho, Austin afirma (2008: 145-148) que su interés consiste en aprehender el acto ilocutivo, porque prefiere centrarse en lo que puede inferirse de la propia expresión o, cuanto mucho, de la relación entre esta y su contexto de realización.
[48] Cfr. Austin (2008: 144-145).

de efectos de sentido. De ahí que se ocupe justamente por tratar de elucidar lo que ha denominado de tantas diversas maneras: el desfase, desajuste, la relación, la circulación, la interfaz que se da entre la *producción* y el *reconocimiento* de los discursos sociales.

El ocaso del modelo intencional acarrea el desafío de abandonar de un modo definitivo la conciencia ingenua de la actividad de lenguaje, reconsiderando el lugar que ocupa el investigador del discurso y las condiciones de su observación. Porque como concluye Verón, "el universo del sentido es, felizmente, mucho más complicado; lo cual hace que nuestra tarea sea, desgraciadamente, mucho más difícil" (1998: 207). El análisis de los discursos mediatizados requiere un modelo teórico-metodológico que permita explicar el proceso de significación que tiene lugar no gracias a la actividad de un sujeto individual, sino a partir de organismos colectivos mucho más complejos. Desde este punto de vista, las *estrategias discursivas* organizan el texto mismo más allá de las intenciones del o los actores que lo formulan.

3.3. De la recepción al reconocimiento: modos de pensar la relación de los medios con su público

El ámbito de la recepción es, desde hace tiempo, uno de los tópicos privilegiados de aquellos que se interesan por los distintos y diversos fenómenos de comunicación que tienen lugar en nuestras sociedades. Casi al unísono, tanto la semiótica de aspiración *posestructuralista* como los *cultural studies* se pusieron a la cabeza del debate sobre qué sucede con el polo más inasible de toda instancia comunicativa: el público, la audiencia, el lector, los espectadores, los usuarios han sido desde entonces fuentes de serios desvelos. En nuestro caso particular, la necesidad de dotar de sentido a una problemática tan peculiar como compleja –el vínculo entre diario y lector en los periódicos *online*– nos lleva, de modo tangencial pero obligado, a preguntarnos sobre esta dimensión.

Bajo el rótulo de "recepción", que tanto quiere decir sin esclarecer demasiado, se han abordado fenómenos relacionados con la actividad de las audiencias, lo que "ellas hacen" con los medios. Este tópico predilecto está presente, por ejemplo, en la conferencia que Stuart Hall presentó para el *Council of Europe Colloquy*, que se llevó a cabo en 1973 –y que siete años después fue compendiada en el volumen del *Hutchinson-Centre for Contemporary Cultural Studies*–, en la cual planteó la asimetría entre los procesos de codificación y decodificación. No obstante, el "Enconding / Decoding" de Hall (1980) no se encontraba solo en el espíritu de época. Por entonces, la semiótica francesa ya había abandonado el modelo estructural y reconocía a la lectura como una instancia productiva. También, desde el campo de los estudios literarios, la Escuela de Constanza pregonaba, desde 1966, que el sentido de un texto se encuentra en el cruce de *horizontes*, en el que no solo tienen lugar los efectos propiciados por la obra, sino también el punto de vista posible de cada *comunidad de lectores* (Cfr. Jauss, 1981). Asimismo, desde el ámbito académico e intelectual local –aunque en constante contacto con la semiología francesa de la revista *Communications*–, en la década de 1970 se iniciaron los pioneros escritos de Eliseo Verón, que inauguraron la directriz sociosemiótica ya mencionada y, con ella, los estudios que analizan la *discursividad social* e indagan, en ese marco, sobre las *condiciones de reconocimiento* de los discursos. Este último antecedente consolidó, según Florencia Saintout y Natalia Ferrante (2006) una de las "líneas" que –antes que la última dictadura provocara el exilio de una masa crítica de intelectuales– se dedicó a problematizar la relación –el *vínculo*– de los medios con el público.

Es así como, recapitulando lo antes expuesto, nuestra investigación –o al menos parte de ella– procura desentrañar no "la" recepción de los diarios digitales nacionales, sino más bien una de las aristas de ese fenómeno, que es posible abordar desde el punto de vista de la sociosemiótica: "ciertas" *gramáticas de reconocimiento* presentes en la manera en que, efectivamente, los lectores hacen uso de los espacios de intervención y participación del lector.

Se hace aquí necesario retomar la distinción, planteada por Gastón Cingolani (2004), entre *recepción, consumo* y *reconocimiento*. Este autor separa aquellos estudios centrados en los *consumos* mediáticos –abordados como procesos relativamente autónomos, a veces resistentes– de otros cuyo interés recae en indagar sobre la producción de sentido implicada en las *condiciones de reconocimiento* de los discursos. Condiciones que remiten a "una instancia de puesta en relación de un discurso o conjunto discursivo con otro u otros, relación que hay que probar, y cuya naturaleza condicionante no siempre resulta 'visible' para los actores sociales, es decir, no es imprescindible que socialmente sea caracterizada como un acto de 'recepción de mensajes'" (2004: 4). Preguntarse así por el "reconocimiento" de un determinado discurso es interrogarse por "las lecturas de que ha sido objeto el discurso, es decir, por sus efectos" (Verón, 2004: 41), e intentar, por lo tanto, desentrañar cuáles son las determinaciones que definen las restricciones de su recepción. Este análisis implica una operación metodológica que consiste en ir de lo discursivo a lo extradiscursivo, ya que como señala Verón:

> Un conjunto discursivo no puede jamás ser analizado "en sí mismo": el análisis discursivo no puede reclamar "inmanencia" alguna. [...] Los "objetos" que interesan al análisis de los discursos no están, en resumen, "en" los discursos;

tampoco están "fuera" de ellos, en alguna parte de la "realidad social objetiva". Son *sistemas de relaciones*: sistemas de
relaciones que todo producto significante mantiene con sus
condiciones de generación por una parte, y con sus efectos
por la otra. (1998: 127-128).

No obstante, en nuestro caso se hace necesaria una
salvedad: mirando a la prensa tradicional, Verón sostenía
que estudiar el reconocimiento de estos discursos mediatizados requería realizar un abordaje sincrónico que
permitiera analizar el discurso de los lectores, el cual solo
podía ser recuperado –como única manera de acceder a
ellos– en situación de entrevistas abiertas (Verón, 2004: 207).
Hoy, en la prensa *online,* son numerosos los espacios del
diario que permiten la emergencia de la discursividad del
lector, recuperable gracias a la propia interfaz del periódico.
Consideramos, por lo tanto, que las características distintivas
de la materialidad significante propia del corpus digital nos
permiten recuperar, al mismo tiempo y en un mismo espacio
–el de la *interfaz*–, no solo la *gramática de producción* de los
discursos generados por el diario, sino también ciertas *gramáticas de su reconocimiento*. Esto último es posible gracias
a la presencia de indicios de la actividad de "lectura" –como
huellas de las condiciones productivas– que se evidencian
en los espacios que permiten que efectivamente emerja la
intervención, la programación y la participación del lector.
Como es evidente, la puesta en pantalla del diario –y con
ella, el surgimiento de los espacios a partir de los cuales se
materializa el discurso del lector– trae aparejada nuevas
posibilidad de reconocer el *reconocimiento*.

También es de interés hacer algunos señalamientos
sobre el modo en que Verón teoriza acerca del desfase
existente entre los dos polos del sistema productivo del
sentido: *producción* y *reconocimiento*. Ese proceso de divergencia adquiere el nombre de *circulación*: "Generados
bajo condiciones determinadas, que producen sus efectos

bajo condiciones también determinadas, es entre estos dos conjuntos de condiciones que *circulan* los discursos sociales" (Verón, 1998: 127). Tanto en las condiciones de producción como de reconocimiento, operan siempre otros discursos de los que podemos encontrar *huellas* en la materialidad significante a analizar.

Podría decirse que algunos de los postulados teóricos de Verón han ido cambiando o evolucionando conforme fue complejizándose, en nuestras sociedades, el *proceso de mediatización*.[49] Este es el caso de sus disquisiciones sobre la posibilidad o imposibilidad del estudio concreto de la *circulación,* que podría ser considerada como una de las zonas más difusas de su planteo teórico. En sus primeros trabajos, podía entreverse que dicha zona de pasaje entre producción y reconocimiento no dejaba *marcas* y, por lo tanto, no podía ser abordada empíricamente. Por ejemplo, en la *Semiosis social,* Verón admite la inexistencia de "huellas de la circulación: el aspecto 'circulación' sólo puede hacerse visible en el análisis como diferencia, precisamente, entre los dos conjuntos de huellas, de la producción y del reconocimiento. El concepto de circulación sólo es, de hecho, el nombre de esa diferencia" (1998; 129). También en *Espacios mentales* y en *Fragmentos de un tejido* plantea algo similar (Verón, 2001b: 129-130; 2004: 42-43). No obstante, en algunos de sus más recientes escritos puede observarse un giro significativo en este aspecto. En el trabajo realizado junto a

---

[49] Para caracterizar la noción de *mediatización,* puede verse Verón (2001, 2004 y 2008) y Valdettaro (2007). En *Fragmentos de un tejido,* el semiólogo explica el pasaje de las denominadas *sociedades mediáticas* a las *sociedades mediatizadas:* "La sociedad mediatizada emerge a medida que las prácticas institucionales de una sociedad mediática se transforman en profundidad *porque existen los medios* [...] El paso de las sociedades mediáticas a las sociedades mediatizadas expresa en realidad la adaptación de las instituciones de las democracias industriales a los medios, que se transforman en los mediadores insoslayables de la gestión de lo social" (Verón, 2004: 224).

Boutaud en *Sémiotique ouverte,* afirma que la prueba de la no linealidad de la comunicación resulta, justamente, "del estudio empírico de la circulación discursiva" (Boutaud y Verón, 2007: 1), aceptando, así, la posibilidad de un análisis de las "lógicas en interfaz", que como dijimos al inicio de este capítulo, activa procesos autopoiéticos de dos sistemas distintos, el de los medios y el del actor. Sería en esta *zona de contacto* entre ambos sistemas, que a su vez funcionan respectivamente como entorno del otro, en donde se da lo que Luhmann define como *interpenetración.* Tal es lo que puede observarse en los *espacios de intervención y participación del lector* que proliferan hoy en la prensa digital. Como afirma Fausto Neto:

> Nestas condições, remodela-se a compreensão do conceito de circulação: este deixa de ser um conceito associado à defasagem – ou simplesmente de diferença – e passa a ser compreendida como "pontos de articulação" entre produção e recepção. Avança como um novo objeto, pois a circulação é transformada em lugar no qual produtores e receptores se encontram em "jogos complexos" de oferta e de reconhecimento (Fausto Neto y Valdettaro, 2010: 11).

3.3.1. La noción de "texto"

En el capítulo 1 hemos reflexionado acerca de las modificaciones sociotécnicas que sufrió el texto a lo largo de la historia. Llegó ahora el momento de centrar nuestra atención en la relevancia que adquiere la noción de *texto* –tal como es resignificada a partir de los años sesenta–, especialmente en aquellas investigaciones que recuperan la tradición semiótica posestructuralista, y pensar de qué modo dicha noción debe ser reconsiderada a la luz de los cambios sociotécnicos ya mencionados.

A partir de la década de 1970, se comenzaron a multiplicar –dentro del campo de la semiótica– las voces que cuestionaban el concepto de *signo* legado por Ferdinand de Saussure y su incapacidad para la comprensión de los sistemas complejos de significación. Así, acaece un cambio epistemológico que permite el pasaje de la semiótica entendida como estudio de los signos a la semiótica considerada como estudio de los *sistemas de significación*. Este deslizamiento llevó, por otro lado, a que se centrara la mirada en el *texto*, entendiéndose por él al "lugar donde el sentido se produce y produce (práctica significante)" (Lozano, Peña-Marín y Abril, 1982: 16). El concepto de texto, así concebido, se aplicará tanto para referirse a los mensajes como a cualquier fenómeno social portador de significados.

Pensar el texto como proceso semiótico impide, por otra parte, soslayar su aspecto discursivo. Es decir, requiere evitar –tomando distancia de la tradición que antecede a esta lógica– la búsqueda de la significación en unidades más pequeñas, como la palabra o la frase.

Lo expuesto en este apartado adquiere relevancia en nuestra investigación porque es esta perspectiva la que nos permite abordar, desde el *análisis de los discursos* (Verón, 2004: 48),[50] las *interfaces* de los diarios digitales como si fueran textos. Vale distinguir aquí entre dos concepciones de la noción de interfaz; una más general (o ampliada) y otra más particular (o restringida). La primera tendría que ver con todo aquello que gestiona el "entre" entre las dos instancias mediante las que circula el sentido –la producción y el reconocimiento– y que está presente en toda situación de comunicación: desde una conversación cara a cara hasta la relación entre una persona y un ordenador.[51] La segunda acepción, mucho más restringida, estaría específicamente

---

[50] "[...] sólo en el nivel de la discursividad el sentido manifiesta sus determinaciones sociales y los fenómenos sociales develan su dimensión significante" (Verón; 1998: 126).

[51] Tal es el uso que Eliseo Verón le da al término *interfaz* cuando se refiere al desfase o la circulación que se da entre producción y reconocimiento.

relacionada con lo que se denomina como *interfaz gráfica de usuario* utilizada para mediar –también operando como "entre"– entre el ordenador –u otros artefactos con pantalla– y el usuario. Nosotros utilizaremos aquí esta última acepción para referirnos a ese *texto pantalla* a analizar.

Según Lev Manovich, cada interfaz desarrollaría "su manera singular de organizar la información, presentarla al usuario, relacionar el tiempo con el espacio y estructurar la experiencia humana en el proceso de acceder a la información" (2006: 122).

El *texto* es para nosotros el lugar donde el sistema de relaciones –que se da entre el texto y su producción, circulación y reconocimiento– "se constituye como producción discursiva de sentido" (Verón, 2004: 79). Aunque, vale aclarar, nuestro texto es un texto en parte diferente al que en su momento teorizó Verón: es un *texto penetrado* por la producción discursiva del lector.

Si bien Verón considera en su definición de *soporte* tan solo las distinciones que se establecen entre el texto lingüístico y otras materialidades significantes –otros soportes– como la imagen o el cuerpo (Cfr. Verón, 1998: 127), es necesario advertir que los cambios sociotecnológicos que se han dado en el pasaje del texto lingüístico impreso al texto digital –el texto creado gracias a la representación numérica que permite un ordenador, para utilizar la terminología de Manovich (2006)– afectan, aunque Verón pareciera no admitirlo,[52] las gramáticas de producción, circulación y

---

[52] En la entrevista que el semiólogo sostuvo con Scolari y Bertetti (Verón; 2007), el mismo desmerece las reflexiones acerca de los "medios digitales", sosteniendo que la digitalización es un "aspecto técnico de las condiciones de producción [y que] [...] eso no cambia nada en las condiciones de percepción-recepción: para los sujetos receptores que somos cada uno de nosotros, un texto sigue siendo radicalmente diferente de una imagen fotográfica, que sigue siendo radicalmente diferente de la secuencia oral de la una voz humana ..." (2007: 9).

reconocimiento. En este punto, volvamos a pensar lo propuesto por Raffaele Simone (1998; 2001), de algún modo ya introducido en el primer capítulo de este trabajo.

Simone sostiene que el texto, en su condición de "cuerpo discursivo organizado según leyes propias" (2001: 115), ha sido percibido, a lo largo de la historia occidental, de dos diferentes maneras: como *texto protegido* o como *texto desarticulado*. Y aclara que la relación entre estas dos convenciones culturales acerca del texto ha sido oscilante; es decir, ninguna ha llegado a imponerse de modo definitivo, sino que han ido alternándose: "Siempre ha habido momentos en los que el texto ha sido tratado como un cuerpo que podía ser tranquilamente penetrado, mientras que en otros momentos, en cambio, su intangibilidad ha sido preservada con respeto y hasta con veneración. Se podría indicar la primera clase de fases con el término *momentos de interpolación,* la segunda con el término *momentos filológicos...*" (Simone, 2001: 117).

En la actualidad, nuestra idea acerca del texto se ha vuelto a modificar, y el pivote se inclina esta vez a favor del texto desarticulado, ya que según el lingüista italiano, nos encontramos en un nuevo *momento de interpolación*.

> [Esta desarticulación] del cuerpo del texto ocurre cuando el texto generado por un autor no se percibe como cerrado a intervenciones externas, [...] sino como una entidad abierta a la que se tiene acceso, con el propósito tanto de leer como de escribir. Cuando se desarticula el texto, se percibe como una entidad que se puede disgregar (separar), manipular y reagrupar de nuevo (reunir) sin dañar el texto en sí ni al autor. (Simone, 1998: 244).

Póngase aquí en consideración, si no, las alteraciones que se producen en la circulación de los textos que constituyen las noticias de los diarios *online,* que ya no solo pueden ser consumidas en el marco establecido por el ejemplar del periódico, si tenemos en cuenta que los sitios de estos medios posibilitan el envío y la sindicación –vía *e-mail* o redes sociales– de estas unidades producto, en forma aislada.

Por otra parte, la presente "conciencia de la textualidad" no solo habilita su desarticulación, sino también permite que los "predadores del cuerpo del texto" (Simone, 2001: 139), en nuestro caso, los lectores usuarios, dejen en él las marcas de su apropiación; una actividad que ya no se limita al "acto inmaterial" de la interpretación que no toca el cuerpo físico del texto, dado que ahora se permiten y "habilitan" nuevos grados de penetrabilidad.

Así como en la Edad Media la glosa y los comentarios de los eruditos se interpolaban[53] con el texto del autor, hoy las interfaces de los diarios digitales admiten –al menos en ciertos espacios– que los comentarios de los lectores se interpolen en la noticia y produzcan en conjunto un texto que nos permite a nosotros observar la circulación que allí se establece entre producción y reconocimiento. Como afirma Jenkins (2008), el trabajo de los consumidores ya no es más silencioso e invisible; al menos es posible advertir la existencia de ciertos "consumidores empoderados" –esa "audiencia activista" (Jenkins, 2009: 166) dentro de la cual podríamos incluir a los lectores usuarios que intervienen y participan en los diarios– que han devenido "críticos mediáticos".[54] Esto último puede colegirse con los planteos teóricos de José Luiz Braga (2006) acerca del *sistema social de respuesta*.

---

[53] Con el término *interpolación,* Simone recupera ciertos procedimientos ya estudiados por la ecdótica. La Real Academia Española define a la interpolación como la "palabra o fragmento añadido en la transmisión de un texto" (cfr. http://www.rae.es); Simone agrega que consiste en "penetrar en el texto introduciendo sus propios fragmentos o los de otro: el resultado seguirá siendo un texto" (1998: 253).

[54] Jenkins aclara que está haciendo referencia solo a un tipo de consumidor: "He de reconocer que no todos los consumidores tienen acceso a las habilidades y los recursos precisos para ser plenos participantes en las prácticas culturales que estoy describiendo" (Jenkins, 2008: 33).

3.4. Sistema, respuesta, interpenetración

Tal como venimos trabajando a lo largo de este capítulo, dado que junto a la indagación de la *gramática de producción* pretendemos analizar "ciertas" *gramáticas de reconocimiento* activadas por discursos mediáticos específicos, como es el caso de aquellas que pueden estudiarse a partir de la observación de los espacios de participación del lector, consideramos pertinente retomar aquí lo propuesto por José Luiz Braga (2006) con respecto al *sistema de interação social sobre a mídia*[55] o *sistema social de respuesta*.

En su libro *A sociedade enfrenta sua mídia,* Braga describe un sistema social que no es habitualmente percibido y cuya peculiaridad no podría ser subsumida ni por el *"subsistema de produção"* ni por el *"subsistema de recepção"*; se trata de un tercer sistema propio de los procesos mediáticos que concentra las actividades de respuesta, es decir, aquellos discursos producidos por la audiencia a partir de los *"estímulos produzidos inicialmente pela mídia"* (Braga, 2006: 28) y que, al hacer circular las reacciones sociales sobre los procesos y productos mediáticos, cumplen una determinada función sistémica de retroalimentación. Se contempla así un conjunto de dispositivos que *"participam, pela natureza mesmo de suas atividades, de um sistema social mais amplio, caracterizado pelo fato de fazer circular idéias, informações, reações e interpretações* sobre a mídia e seus produtos e processos" (2006: 30) y dentro del cual podríamos ubicar a los espacios de intervención y participación del lector. Como sostiene el mismo Braga (2006: 40), los dispositivos sociales generados para organizar lo dicho

---

[55]   Vale advertir que Braga no utiliza el término *interacción* para referirse específicamente a la "interacción estricta" o directa que puede establecerse entre un medio y sus destinatarios, sino a un proceso social más amplio, diferido y difuso.

y las reacciones sobre los medios de comunicación utilizan, con frecuencia, a los propios medios como vehículos.

Retomando este punto de vista, es posible inferir que algunos de los discursos de los lectores publicados en los espacios de participación dispuestos por los diarios[56] –en las cartas de lectores, foros, blogs o en los comentarios a las noticias– podrían, como "manifestación" del *sistema de respuesta,* ser considerados a partir de la noción de *crítica mediática:*

> *Podemos dizer que críticas midiáticas são trábalos explícitos sobre determinadas produções da mídia, baseados em observação organizada de produtos, com objetivos (expressos o implícitos) determinados por motivações socioculturais diversas e voltados para o compartilhamento, na sociedade, de pontos de vista, de interpretações e/ou de ações sobre os propios produtos (ou tipo de produtos), seus processos de produção e/ou seu uso pela sociedade* (Braga, 2006: 71).

Retorno, respuesta y *crítica mediática* no funcionan, en este modelo teórico, como sinónimos, sino que hay entre ellos distintos niveles de conexión. Se considera *respuesta* a aquellos discursos de la audiencia –que pueden ser o no una *crítica mediática–* cuya producción ha sido motivada por un discurso previo del medio; no obstante, solo en algunos casos dicha *respuesta* retorna al interlocutor –es decir, al medio–, del mismo modo que ciertos procesos de *retorno* –por ejemplo, los datos de venta o índices de audiencia– no han sido generados por lo que Braga considera, precisamente, como *respuesta.* La noción de *crítica mediática,* que como veremos al final de este capítulo es central para comprender la delimitación de nuestro corpus de estudio, es una

---

[56] Si bien podemos sostener que todos los discursos de la audiencia que se materializan en los espacios de participación del lector pueden ser considerados como "*iniciativa do usuario-receptor do jornal, direcionada para um sentido inverso da mesagem original*" (Braga; 2006: 135) –una respuesta–, pueden diferenciarse, preferencialmente, en este ámbito aquellos discursos en que el propio medio y sus productos son objeto de referencia expresa.

respuesta que efectivamente deviene *retorno* y que tiene por peculiaridad versar sobre el medio, sus productos o procesos.

Creemos, a partir de todo lo expuesto en este apartado, que los planteos de José Luiz Braga son pasibles de ser articulados tanto con nuestra mirada sociosemiótica como con la perspectiva sistémica luhmanniana también referida. Si bien el autor brasileño se ha distanciado explícitamente de la teoría social de Luhmann, consideramos que dicho alejamiento radica en una lectura en parte inadecuada de lo propuesto por el sociólogo alemán. En un artículo de reciente publicación, Braga (2010) ha manifestado su desacuerdo con la posición sistémica de Luhmann, arguyendo que este último propondría una teoría para la cual los sistemas sociales son cerrados, ya que "*tais sistemas não se comunicam com o 'mundo externo', o que é exterior apenas irrita o sistema. Como o processo principal do sistema é a busca da auto-regulagem, diante da irritação contínua reformulações são realizadas apenas pelo próprio sistema, com seus critérios internos. Os sistemas sociais comunicam internamente, mas não se comunicam com o mundo externo*" (Braga, 2010: 68). No obstante, como lo explica el mismo Luhmann en *Sistemas sociales,* con su teoría de los sistemas autorreferenciables pretende sustituir la clásica distinción entre sistemas "cerrados" y sistemas "abiertos", deteniéndose en ver "cómo la clausura autorreferencial puede producir apertura" (Luhmann, 1998: 33). Tal es así que se considera la sensibilidad de los sistema ante el entorno, sistemas que en su proceso autopoiético "tienen que ser capaces de utilizar, al interior del sistema, la diferencia entre sistema y entorno como orientación y principio del procesamiento de la información [...] El entorno es un correlato necesario para las operaciones autorreferenciales, ya que precisamente esa producción no se puede llevar a cabo bajo la premisa del solipsismo" (Ibíd.). También en *La realidad de los medios de masas,* Luhmann explica: "La tesis de la clausura operativa de los sistemas autopoiéticos no afirma que estos sistemas puedan existir sin entorno. [...] existen acoplamientos estructurales (compatibles con la propia autopoiesis) entre el sistema y aquellos sistemas situados en su entorno" (2000: 155).

3.5. Definición y clasificación de los espacios de intervención y participación del lector

Caracterizaremos ahora el modo en que se decidió definir y clasificar los sectores del diario a estudiar, distinguiendo entre:

* *espacios de intervención del lector:* aquellos sectores del diario que de algún modo se encuentran "intervenidos" o "penetrados" por la actividad del lector, a partir de algún tipo de acción por él ejecutada que ha dejado una huella en la interfaz del periódico (con excepción de la producción de enunciados): por ejemplo, los *rankings* (de notas más leídas, más comentadas o más votadas y de usuarios destacados), las encuestas, la votación de notas, el reporte de abuso en comentarios, y el listado de lecturas relacionadas;
* *espacios de participación del lector:* aquellos espacios del diario donde el lector puede manifestarse discursivamente produciendo enunciados: las cartas de lectores, los foros de discusión, los blogs, los comentarios de lectores a las noticias, los espacios relacionados con redes sociales, las entrevistas en línea, las páginas de periodismo ciudadano, las páginas de perfil de usuario, entre otros (cuadro 1).

La clasificación presentada no comprende todas las instancias de *interacción* o *interactividad* que las interfaces de los diarios proponen a sus usuarios. A diferencia de lo que plantean otros autores (Deuze 2001; Rost 2006; Albornoz

2007), no se han tenido en cuenta en esta investigación los espacios que apelan a aquellas actividades de los lectores que no dejan rastro alguno. De modo que quedan fuera de nuestra mirada aspectos como la publicación de correos electrónicos de los periodistas (que Mark Deuze, Luis Albornoz y Alejandro Rost incorporarían en sus respectivos inventarios de "áreas" u "opciones" de participación[57]). Tampoco se tienen en consideración las posibilidades de "customización" que propone cada interfaz.[58] Por lo tanto, lo que denominamos como *espacios de intervención y participación* comprende todos los sectores de un diario *online* en donde se cristaliza, materializa, manifiesta la actividad del lector.

---

[57] Tal como lo hemos desarrollado en el capítulo 2, el investigador holandés dividió las opciones interactivas en: "*navigational interactivity*", "*functional interactivity*" y "*adaptive interactivity*" (Deuze; 2001; s/n). Es la correspondiente al segundo tipo –la denominada "*functional interactivity*"– la que permite el envío de *e-mails* a periodistas o las discusiones moderadas. Albornoz contempla el correo electrónico como medio de "contacto con el diario" en su repertorio de "áreas de participación de lectores" (2007: 106), que se encuentran "a medio camino entre contenidos y servicios [y comprenden] [...] aquellos espacios donde los lectores tienen algún grado de interacción con la cabecera y/o con otros lectores" (Ibíd.). Por su parte, cuando Rost realiza su clasificación de las "opciones de participación" de clarín.com (Bergonzi *et al.*, 2008: 97), incluye la publicación de *e-mails* de periodistas, porque tiene en cuenta todas las herramientas que permiten lo que denomina como la "interactividad comunicativa" de un medio, una de las dos modalidades de interactividad que él propone. Como también lo hemos trabajado en el capítulo 2, Rost afirma que "la interactividad es la capacidad gradual y variable que tiene un medio de comunicación para darle a los usuarios / lectores un mayor poder tanto en la selección de contenidos (interactividad selectiva) como en las posibilidades de expresión y comunicación (interactividad comunicativa)" (Rost, 2006: 195).

[58] Tal como la define Deuze cuando analiza las peculiaridades del periodismo *online,* la customización es un tipo de interactividad entre el usuario y la interfaz, que él denomina como "*adaptive interactivity*" (Deuze, 2001). Esta cualidad consiste en la capacidad que tiene una interfaz de permitirle al usuario (*customer*) adaptar o personalizar el contenido que se le ofrece (cambiar el tamaño de un texto, por ejemplo) y, por lo tanto, de poder participar activamente en el resultado final del producto que va a consumir.

Cuadro 1. Clasificación de espacios de intervención y participación del lector

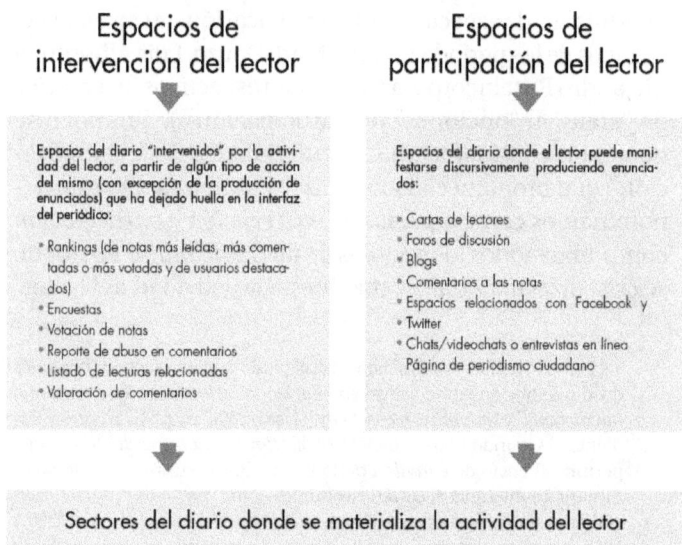

Espacios de   Espacios de
intervención del lector   participación del lector

Espacios del diario "intervenidos" por la activi-   Espacios del diario donde el lector puede mani-
dad del lector, a partir de algún tipo de acción   festarse discursivamente produciendo enuncia-
del mismo (con excepción de la producción de   dos:
enunciados) que ha dejado huella en la interfaz
del periódico: » Cartas de lectores
                                                         » Foros de discusión
» Rankings (de notas más leídas, más comen-   » Blogs
  tadas o más votadas y de usuarios destaca-   » Comentarios a las notas
  dos)   » Espacios relacionados con Facebook y
» Encuestas   » Twitter
» Votación de notas   » Chats/videochats o entrevistas en línea
» Reporte de abuso en comentarios   Página de periodismo ciudadano
» Listado de lecturas relacionadas
» Valoración de comentarios

Sectores del diario donde se materializa la actividad del lector

3.6. Precisiones acerca del corpus analizado

Esta investigación se circunscribió al análisis de las ediciones digitales de dos diarios de información general de "alcance nacional": *Clarín* y *La Nación*. Ambos periódicos son parte de los denominados diarios de *referencia dominante*,[59] al tiempo que se encuentran entre los sitios más visitados de Argentina[60] y marcan "tendencia" a la hora de fijar pautas de diseño y funcionalidad.

---

[59]   Entendiendo el sintagma "de referencia dominante" según lo han desa-
        rrollado oportunamente Oscar Traversa y Oscar Steimberg (1997: 78-79).
[60]   Según las métricas registradas en 2011 por el *Interactive Advertising
        Boureau* (IAB, 2011), ambos diarios se encuentran a la cabeza –*Clarín*

En una primera etapa, se llevó a cabo un trabajo exploratorio cuyo objetivo fue identificar y describir los diferentes *rediseños* de las interfaces de lanacion.com y clarín.com, realizando un recorrido histórico, de carácter descriptivo, de la incorporación de cada uno de los *espacios de intervención y participación del lector* en los diarios digitales, así como también de las distintas alteraciones que ellos han sufrido a lo largo del tiempo.

Cabe aclarar que se consideró como *rediseño* a toda alteración sustancial de la diagramación de las portadas –de *Clarín* y *La Nación*– que modificaron la organización topográfica y taxonómica de la portada de los diarios estudiados;[61] diferenciando este tipo de alteración entre las variadas modificaciones y ajustes que todos los sitios realizan constantemente sobre sus interfaces.

Sorprendentemente, los diarios digitales estudiados no cuentan con un archivo sistemático de todos sus rediseños –en muchos casos, no disponen de las fechas precisas en que ellos se produjeron ni han almacenado los diferentes ejemplares de las portadas[62]–, por lo que se debió llevar adelante un arduo trabajo de reconstrucción y recopilación.

---

en el primer puesto y *La Nación* en el segundo– de la mayoría de los *rankings* de audiencia de sitios argentinos en Internet. Asimismo, según las mediciones llevadas a cabo por Alexa (2011), *Clarín* y *La Nación* son los dos únicos diarios de "información general" que se encuentran entre los primeros quince sitios más visitados en Argentina (incluyendo en el recuento, en este caso, a sitios internacionales como Google, Facebook, etc.).

[61] Recordemos, siguiendo a Verón, que la diagramación resulta de la combinación de dos modos de organización: "Uno, topográfico, atañe a la presentación, la fragmentación y el relacionamiento de los espacios. Otro, taxonómico, a los sistemas de significación utilizados por cada diario como un tablero semántico, cuyos casos serían llenados por los acontecimientos del día" (1983: 94).

[62] Esto mismo se ha podido constatar en las distintas conversaciones llevadas a cabo con miembros de las ediciones online de *Clarín* y *La Nación*.

Para poder identificar los distintos rediseños que sufrió la interfaz del diario *La Nación* desde que fue puesto en línea el 17 de diciembre de 1995, se tuvieron en cuenta tanto el registro sistemático derivado de la observación de los distintos ejemplares almacenados en la base de datos de web.archive.org[63] y de un registro propio que se llevó adelante desde que se inició esta investigación en el año 2007 como también a partir de un especial multimedia que publicó el diario el 17 de diciembre de 2010, con motivo de cumplirse quince años de su lanzamiento en el ciberespacio.[64] Se identificaron, así, los siguientes rediseños, algunos, con fechas aproximadas:

- 30 de abril de 1996;
- 6 de octubre de 1999;
- 2001;
- 16 de agosto de 2004;
- entre 12 de abril y 19 de octubre de 2005;
- 10 de julio de 2007;
- 28 de junio de 2008;
- 11 de enero de 2010;
- fines de 2010 y principios de 2011.

En el caso de clarin.com, se tuvieron en cuenta, por un lado, las fechas distinguidas por Alejandro Rost y Viviana García (2008) en su revisión sobre los primeros doce años de *Clarín* en la red. Los autores mencionados identifican los siguientes rediseños de la interfaz del diario que fuera puesta en línea el 10 de marzo de 1996:

---

[63] Se trata de un archivo digital realizado y sostenido por Internet Archive, organización sin fines de lucro, con sede en San Francisco (EEUU), que fue fundada en 1996 para crear una biblioteca de Internet. Desde allí se puede ingresar a una base de datos que contiene distintas versiones de los sitios web que han sido almacenados, ordenados por meses y años.

[64] Puede accederse al especial multimedia en: http://www.lanacion.com.ar/nota.asp?nota_id=1334355 (consultado el 7/02/2011).

- 20 de agosto de 1997;
- 1º de julio de 1999;
- 4 de noviembre de 2000;
- 11 de septiembre de 2002;
- 3 de mayo de 2004;
- 9 de marzo de 2006, y
- 3 de octubre de 2007.

A estos datos se suman los obtenidos a partir del registro propio efectuado desde 2007, que permitió distinguir también los dos últimos rediseños dispuestos por el periódico:
- el del 14 de diciembre de 2008;
- el del 29 de mayo de 2010.

A su vez, se procuró recuperar todas aquellas noticias redactadas por ambos periódicos que estuvieran emparentadas con los cambios en las interfaces analizadas.

Una vez diferenciados todos los rediseños del diario, se procedió a examinar los respectivos ejemplares de las distintas interfaces, poniendo especial atención en la indagación de los *espacios de intervención y participación del lector* que fueran dispuestos en el cuerpo central de ambos diarios. Asimismo, para el análisis específico de las últimas interfaces de *Clarín* y *La Nación* –es decir, las que se pusieron en línea con posterioridad al último rediseño indicado para cada uno de estos diarios–, durante los meses de enero y febrero de 2011 se exploró el interior de las secciones y los suplementos que se publican durante la semana, para poder tener una mirada más acabada de la disposición actual de los *espacios de intervención y participación del lector.*

La observación de las respectivas interfaces se completó con una serie de entrevistas informales realizadas a referentes de *Clarín* y *La Nación*. En el caso del primero, se entrevistó a Darío D'Atri, editor jefe de clarín.com; para el segundo, se contactó vía correo electrónico y telefónicamente a Rodrigo Santos, *Community Manager* de *La Nación Digital.*

Finalmente, y a partir de todo lo antes expuesto, se decidió analizar detenidamente dos *espacios de participación del lector* –uno para cada diario– que, a partir de la indagación ya realizada, se consideraron centrales en el *contrato de lectura* que cada medio propone y que, por lo tanto, fue distinto en cada caso. Como se verá en el capítulo 4, el espacio de participación privilegiado en la estrategia propuesta por *La Nación* es el de los *comentarios de lectores a las noticias.* Por su parte, *Clarín* le ha otorgado un lugar predilecto a los *blogs.* En uno y en otro, nuestro interés se centró, principalmente, en analizar la articulación que se establece entre la *gramática de producción* del discurso que propone el medio y ciertas *gramáticas de reconocimiento* presentes en los discursos de los lectores que se materializan en el espacio de los *comentarios* (comentarios a las noticias en *La Nación;* comentarios a los posteos de un blog en *Clarín*). Como puede advertirse, en este momento de nuestro trabajo decidimos circunscribirnos a los *espacios de participación* –recayendo específicamente en los *comentarios del lector,* en particular– porque es precisamente en ellos –y no en los denominados *espacios de intervención*– donde el lector se manifiesta discursivamente produciendo enunciados y, por lo tanto, en donde se hace visible un tipo de *respuesta* del público que es posible de ser analizada desde el punto de vista enunciativo.

Por otro lado, el análisis de los *comentarios* se llevó a cabo considerando el período establecido entre los años 2007 y 2010.

Para el caso de *La Nación,* se conformó un corpus compuesto por doce noticias –cada una con sus respectivos comentarios, que en total suman 3.578 posteos– que

tienen una característica peculiar: son noticias que de
alguna manera versan sobre el diario o sus productos. A
continuación, se hace una lista de ellas, especificando las
fechas de publicación de cada una, título y cantidad de
comentarios que obtuvo (señalada entre paréntesis):

- 15 de julio de 2007: *La Nación abre todas sus páginas
  a los lectores* (224)
- 10 de octubre de 2007: *Premian a La Nación por la
  creación de comunidades online* (4)
- 28 de noviembre de 2007: *El futuro de la prensa está
  atado al futuro de Internet y a la innovación* (8)
- 28 de junio de 2008: *El nuevo lanacion.com* (592)
- 6 de julio de 2008: *Como aprovechar mejor el nuevo
  lanacion.com* (47)
- 23 de noviembre de 2008: *Los lectores de lanacion.com
  rechazaron la estatización de las AFJP* (419)
- 15 de agosto de 2009: *El futuro de los diarios en Internet*
  (18)
- 23 de septiembre de 2009: *Los usuarios de lanacion.
  com destacados de la semana* (140)
- 27 de diciembre de 2009: *La Nación estrenó su Redacción
  integrada* (42)
- 23 de abril de 2010: *Cumpleaños del suple en el país
  de Twitter* (19)
- 29 de abril de 2010: *La batalla cultural* (231)
- 18 de noviembre de 2010: *Calificación de usuarios en
  lanacion.com* (1834)

En el caso de *Clarín*, se decidió limitar nuestro análisis al weblog "Novedades", gestionado por "Clarín Blogs",
dado que dicha bitácora era, precisamente, el espacio en
el cual este diario difundía las noticias relacionadas con
novedades "de la comunidad de blogs". De modo que se
indagaron la totalidad de las 253 notas –y sus respectivos
comentarios– que fueron publicadas desde el 8 de enero

de 2008 –fecha en que se puso en línea esta bitácora– al 10 de diciembre de 2010. Los comentarios suman un total de 4.308 posteos.

Como puede verse, tanto en el caso de *La Nación* como de *Clarín* se seleccionaron, por un lado, un conjunto de notas, y por otro, ciertos discursos de lectores usuarios en los cuales el propio medio y sus productos son objeto de referencia expresa y que, por lo tanto, podrían ser incluidos dentro de lo que José Luiz Braga (2006) denomina como *crítica mediática*.

CAPÍTULO 4. LOS ESPACIOS DE INTERVENCIÓN Y PARTICIPACIÓN DEL LECTOR: CLASIFICACIÓN Y DISPOSICIONES

4.1. Contrato, intervención y participación

"Si el trabajo de los consumidores mediáticos fue antaño silencioso e invisible, los nuevos consumidores son hoy ruidosos y públicos. Los productores mediáticos están respondiendo a estos consumidores recientemente empoderados de maneras contradictorias, unas veces alentando el cambio, otras veces resistiéndose a lo que consideran un comportamiento renegado".
Jenkins, H. (2008)

Desde que la prensa diaria arribó al *ciberespacio,* los diarios digitales han multiplicado sus esfuerzos por construir un *contrato de lectura* que les permitiera sostener en el tiempo el vínculo con sus lectores. Prisioneros de los cambios que Internet ha propiciado en casi todas las facetas de la vida cotidiana, se han visto ante la necesidad de seguir los desplazamientos de un público cada vez más inasible. A medida que los usuarios van adquiriendo nuevas habilidades o "practicando" otros espacios o medios –la blogósfera, YouTube, Facebook, Twitter, por nombrar los más notorios–, los grandes diarios, los que tienen tanto las posibilidades económicas de adaptarse a las circunstancias como la necesidad y responsabilidad de retener el capital que les ingresa por la publicidad (ambos factores del todo interdependientes), han ido incorporando dichas modificaciones de alguna u otra manera. En este contexto, en el presente capítulo se realiza la descripción, a modo de crónica, del desarrollo de los *espacios de intervención y participación del lector* en clarin.com y lanacion.com, con el objetivo de responder a los siguientes interrogantes: ¿qué espacios del diario permiten la intervención u opinión del lector? ¿Cuántos espacios están disponibles en cada medio? ¿Cuándo fueron incorporados a la interfaz del diario? ¿Quiénes pueden participar allí? ¿Qué requisitos deben cumplir? ¿Qué operaciones exigen por parte del lector? ¿Qué actividades pueden realizarse en dicho espacio?

Antes de comenzar este recorrido, vale advertir que los *espacios de intervención y participación* son centrales para pensar el vínculo que se establece entre los diarios digitales y sus lectores. Por lo cual, dar cuenta de la manera en que un periódico "pone en página" los espacios de intervención y participación sería, a su vez, reponer una parte importante del tipo de *contrato de lectura* que proponen.

Si observamos, por ejemplo, el crecimiento y desarrollo de las interfaces de los diarios digitales de alcance nacional –sobre todo en los cambios que tuvieron lugar en los últimos tres años en *Clarín* y en *La Nación*–, se puede advertir que ellos tuvieron como objetivo optimizar el "contacto" entre el diario y su público, adecuándose a las características del nuevo ambiente digital de Internet y a las maneras que tienen los usuarios de habitar y vivenciar dicho entorno. Todos los cambios que se evidenciaron en los últimos tiempos en estos periódicos tuvieron como motivo –explícito, en ciertos casos, tácito en otros– otorgarle al lector más espacio en donde intervenir. Es por esto que a partir de la consolidación de las interfaces digitales y motivados por la necesidad creciente de fidelizar a la audiencia –o seguir sus desplazamientos[65]– para captar más

---

[65]   Para ampliar la discusión entre las visiones que consideran que la generación de herramientas de participación obedece a la lógica de la "fidelización" y aquellas que niegan esta afirmación, comparar las propuestas de Luis Albornoz (Albornoz, 2007: 240-242) con las de Fogel y Patiño (Fogel y Patiño, 2007: 169).

publicidad, los grandes diarios coincidieron en fomentar la interactividad del medio.

4.2. Los espacios de intervención y participación del lector en lanación.com

4.2.1. Del silencio a los comentarios

Con la marca LA NACION LINE, *La Nación* fue el primer diario argentino en habitar el ciberespacio, el 17 de diciembre de 1995. Sin embargo, lo hizo sin incorporar ni una sola instancia de intervención o participación del lector en su versión inaugural. Ni siquiera más tarde, en su primer rediseño llevado a cabo en abril de 1996, se publican las cartas que los lectores envían a la edición impresa del medio y, por lo tanto, en la sección Opinión solo aparecen las notas editoriales (ilustraciones 1 y 2).

Recién en 1997 se visualizan dos sectores, creados especialmente para la edición digital, donde se materializa la presencia del lector: las secciones *Usted opina* y *La foto que habla por usted...* (ilustración 3). Al primer espacio de participación se accede por un botón ubicado en el menú lateral izquierdo. Según el diario, está "dedicado especialmente a recoger opiniones y comentarios de actualidad", pero parecería estar reservado a un tipo de público específico –al menos a la clase de lectores que por esos años tenían acceso a Internet–, dado que el periódico aclara como norma que los mensajes deberán contener la dirección electrónica del remitente.[66] No obstante, se observa la reminiscencia del vínculo que los lectores establecen con el diario a través de las *cartas de lectores*. Por ejemplo, en el hecho de que mu-

---

[66]   Si por entonces no eran aún altas las tasas de conexión a Internet ni de alfabetización digital, tampoco era habitual disponer de una cuenta de correo electrónico.

chos de los correos publicados se encuentren encabezados
por el tradicional "Señor director:", se manifiesta el respeto
de las denominadas *restricciones de género* o *restricciones
temático-retóricas* (Kerbrat-Orecchioni, 1986: 25), propias
de la sección Cartas de Lectores o Cartas al Director.

Ilustración 1. Portada de *La Nación*, versión 1995

Ilustración 2. Portada de *La Nación*, versión 1996

martes

30 de abril de 1996 - Año 1 número 118

YPF

LA NACION LINE

http://www.lanacion.com.ar Buenos Aires Argentina

YPF

COMO NAVEGAR ESTE WEB

PORTADA

SERVICIOS

ONLINE CLUB

SUPLEMENTOS

SECCIONES

OPINION

COLUMNAS

EDITORIALES

CULTURA

POLITICA

GENERALES

ECONOMIA

ESPECTACULOS

DEPORTES

FERIA DEL LIBRO

REVISTA

TURISMO

Decibe quiere limitar el ingreso universitario

Con alzas de hasta el 6.7% la nafta se sumó ayer a la seguidilla de ajustes que siguieron a la reforma impositiva decidida por Cavallo.

ACTUALIDAD

Pedirían perpetua en el caso Gorriarán Merlo

Argumento: la medida se funda en que fue el mentor y el jefe del grupo de 70 subversivos que coparon a sangre y fuego el Regimiento de Infantería 3 de La Tablada, el 23 de enero de 1989, que causó 34 muertos y 44 heridos.

Menem quiere modificar otra vez la ley de patentes

Insistencia: el Presidente volverá a la carga ante los legisladores y consideró que el reclamo de Clinton fue muy tenue.

ECONOMIA

Virtual Plan Brady para 12 provincias endeudadas

Estrategia: el gobierno nacional prestará asistencia para que los Estados del interior que pongan en marcha un ajuste fiscal puedan reprogramar sus obligaciones con tasas más bajas y plazos más amplios.

DEPORTES

Copa Libertadores: San Lorenzo venció a Peñarol por 3 a 2

Anoche, en su estadio, consiguió una ajustada diferencia en el primer partido por los octavos de final.

EXO

PREVINTER

SIEMENS

LA NACION awards

REVISTA

Luciano Benetton
el hombre que compró la patagonia

De profesión detectives
émulos de Humphrey Bogart, viven y trabajan en Buenos Aires

LA NACION

INSTITUCIONAL

HISTORIA

EDICIONES ANTERIORES

EMAIL

REVISTA

TURISMO

© Copyright 1996 La Nación On Line All rights reserved

Ilustración 3. Portada de *La Nación*, versión 1997

viernes

Viernes 6 de junio de 1997 - Año 2 número 522

LA NACION LINE

www.lanacion.com.ar Buenos Aires Argentina

PREVINTER

CLASIFICADOS ON LINE
PORTADA DEL DIA
ED. ANTERIORES
SUPLEMENTOS
OPINION
ECONOMIA
GENERAL
POLITICA
EXTERIOR
DEPORTES
TORNEO APERTURA
ESPECTACULOS
USTED OPINA
SERVICIOS
SUPLE INTERNET
CARTELERA DE ESPECTACULOS
COCINA
BUSQUEDA POR TEMAS
INFORMIX
Sun
STARTEL

El asesinato del gerente de la Anses

Pochat seguía la pista de 400 casos de corrupción

Se referían al cobro de fuertes retornos en la Administración Nacional de Servicios Sociales para aprobar jubilaciones.

Choque frontal en Córdoba : 17 muertos. Un ómnibus con jubilados y una camioneta Trafic se embistieron en el kilómetro 511 de la ruta nacional 9, cerca de Bell Ville.
Foto: Irma Montiel

G E N E R A L

Decibe insiste: la solución es el arancelamiento
Reiteró a los rectores que es la forma de mejorar el presupuesto universitario.

E C O N O M I A

Se evade más en el sector comercial
Cárcel: el juez Roberto Marquevich condenó a cuatro empresarios a cumplir prisión efectiva por violar la ley tributaria.

G E N E R A L

Cabezas: amenazan a un periodista
Anónimo: la madre de Antonio Fernández Llorente, quien trabaja para Canal 13 y TN, recibió un mensaje telefónico en el que reclaman que el periodista abandone la cobertura del caso.

LA FOTO QUE HABLA POR USTED...

OPINION
Editorial: Un impuesto inadmisible
La insólita propuesta de imponer un gravamen a los avisos publicitarios para solventar un [illegible] para los docentes atenta contra la racionalidad de la política tributaria.

COLUMNAS
Temas de la Justicia
Frío y tormentoso
Por Adrián Ventura

ECONOMIA
Visa operará negocios vía Internet
Control: constituyó en EE.UU. una firma que certifica las transacciones comerciales vía Internet y planea incursionar con el sistema en la Argentina.

LA FOTO QUE HABLA POR USTED...

USTED OPINA

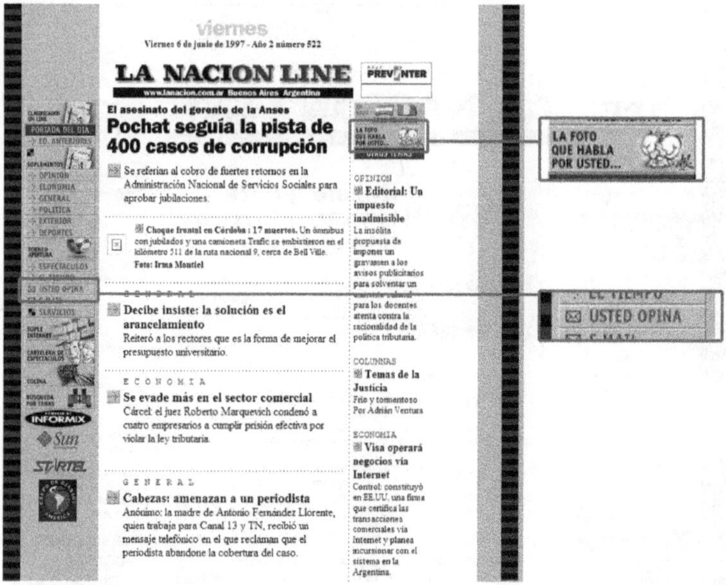

Por su parte, a *La foto que habla por usted...* se accede mediante un banner publicado en la columna derecha. Desde allí se interpela al lector con frases como "¿sabe que ahora puede colaborar con Nik, uno de los humoristas gráficos más jóvenes y conocidos de la Argentina?"; o "haga hablar la foto enviando su mensaje a olnik@lanacion.com.ar". Así, el diario utiliza, para realizar una especie de concurso y establecer un contacto con su audiencia, el clásico espacio de la edición impresa en el cual se publican los fotomontajes de humor político de Nik. En este espacio de participación -que sigue, al menos, durante 1998-, el medio propone semanalmente una foto y convoca a los lectores a enviar un texto que la haga "hablar". El texto ganador será publicado en la web del diario (ilustración 4).

Ilustración 4. Ejemplar de *La foto que habla por usted*..

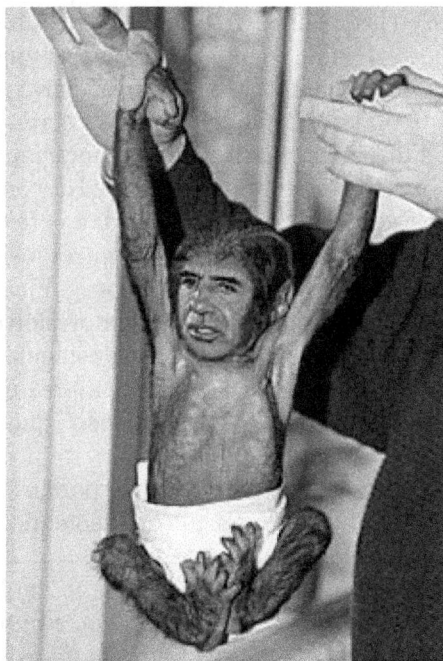

-Y aquí tenemos este curioso ejemplar de
 simio "monarca" encontrado en la Rosada...
- ¿Por qué "monarca"?
- Mitad mono y mitad garca...

Además, en noviembre de 1997 se agrega un conjunto
de espacios de participación en el interior del suplemento
Informática, que se entrega semanalmente con el diario
impreso desde abril de 1996. Por sus características particulares, nos explayaremos sobre este suplemento más
adelante y lo compararemos con su símil de *Clarín*.

En 1998, se digitalizan otros dos espacios de participación que vienen de la edición papel. El 4 de mayo de

ese año *La Nación* inaugura, dentro de la sección Opinión de la edición impresa, la subsección *Diálogo semanal con los lectores,* en la que exhiben todos los lunes una serie de comentarios del público ("opiniones, quejas, sugerencias y correcciones de los lectores") y la respectiva respuesta por parte de un periodista del medio. El diario presenta de la siguiente manera esta nueva incorporación: "En este espacio los lectores tendrán la oportunidad de conocer más profundamente a su diario, la de ayudar a perfeccionarlo con sus críticas e iniciativas, la de recorrer los distintos niveles que ofrecen los textos de la prensa gráfica. Podrán, al leerlo con ojo severo, disfrutar de la impresión de que lo están haciendo y completando".[67] Esta instancia de intercambio fue reemplazada el 28 de septiembre de 2009 por otra similar con el nombre de *Línea directa*[68] que continúa hasta la actualidad.[69]

También, a mediados de 1998, se ponen "en línea" las *cartas de lectores*, pero se sigue manteniendo, de todos modos, el espacio *Usted opina*.

En 1999, se realiza un nuevo rediseño del *home* del sitio, y ese año se comienzan a publicar, aunque no de manera sistemática, algunas *encuestas online* (ilustración 5). Por ejemplo, el 6 de octubre de 1999 se les pide a los lectores que intervengan en un sondeo con motivo de las elecciones. Un año más tarde, se establece la categoría de usuario "premium" para quienes se registren en el sitio, que les permite a los lectores recibir titulares por *e-mail* y acceder de manera "ilimitada" a los buscadores, archivos y *foros* que más tarde tendrán lugar en el sitio.

---

[67]   Nota "Diálogo semanal con los lectores" (4 de mayo de 1998).
[68]   Nota "Diminuta copia de jardín" (28 de septiembre de 2009).
[69]   Al menos eso se evidencia a fines de enero de 2011.

Ilustración 5. Portada *La Nación*, versión 1999

No obstante, es el rediseño subido en 2001 el que detenta el primer gran cambio en cuanto a política de participación del lector (ilustración 6). Como sostiene el diario en el especial multimedia por el 15º aniversario del sitio, por primera vez "se incorpora material audiovisual a la actualización de noticias, desarrolla nuevos espacios interactivos y comienza a jerarquizar la información en función de los intereses de los lectores". Aparece en ese momento, en el menú lateral izquierdo, un sector que bajo el rótulo "Participar" incluye acceso a *Foros*,[70] *Encuestas*,

---

[70]   El primer foro de *La Nación*, "¿Menem debería ser indagado por el juez Urso?", se puso en vigencia el 27 de abril de 2001.

Chats y a los ya clásicos *Usted opina* y *Carta de lectores*. La columna derecha del sitio es también utilizada para promocionar estos nuevos espacios. Un banner de los foros reenvía a una página que contiene "Los más visitados" y "Los recomendados"; desde allí se puede participar en los foros ya existentes o proponer uno nuevo sujeto a decisión de un moderador.

En la página de las *encuestas,* se listan las que se encuentran "activas", organizadas según las secciones de pertenencia, se publican los resultados de las encuestas anteriores y el *ranking* de "Las más votadas". Se puede observar que todavía, por entonces, el vínculo enunciativo que *La Nación* mantenía con su lector no le permitía el tuteo. Aun en las encuestas ligadas con temas de secciones como Deportes o Espectáculos se establecía un trato formal con preguntas como "¿cree que Pellegrini es el técnico indicado para Boca Juniors?" o "¿qué opina sobre los programas de la productora de Marcelo Tinelli?".[71]

A todos los últimos cambios mencionados, se suma a finales del 2001 otra instancia de intervención del lector: el *Ranking de notas*. Desde el sector superior del menú izquierdo, se ingresa a las quince notas más leídas de cada jornada.

---

[71]   Enunciados de encuestas activas al 17 de diciembre de 2001.

Ilustración 6. Portada de *La Nación*, versión posterior a 2001

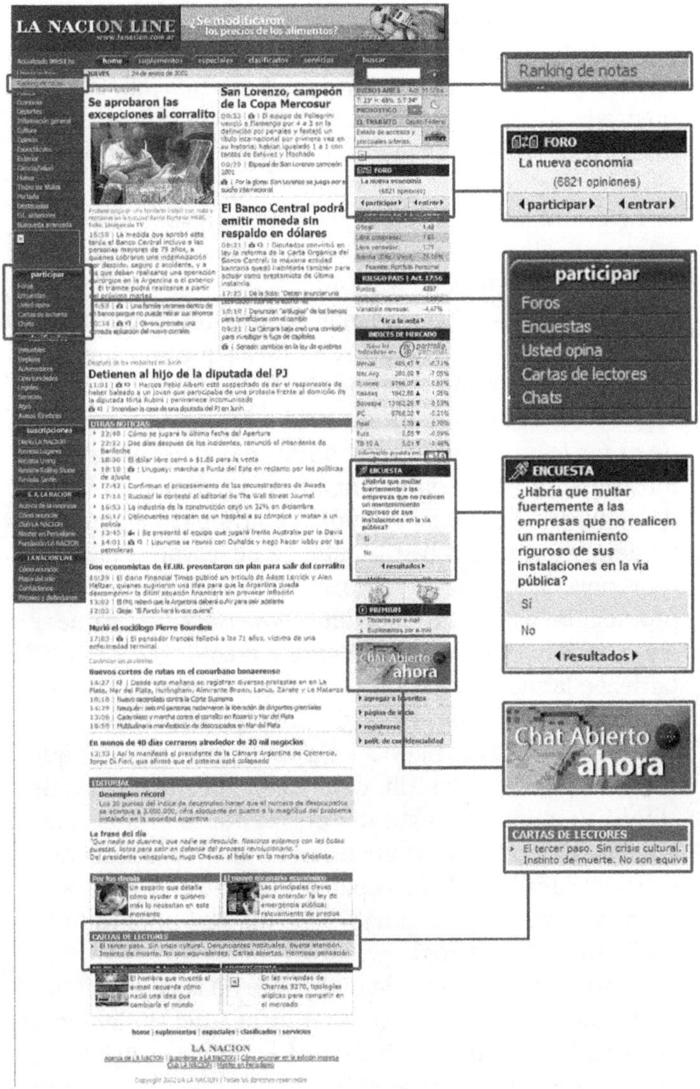

En 2004 y 2005, se producen cambios de gran impacto estético -que involucran, entre otras nuevas funcionalidades, la incorporación de herramientas de *customización* de la interfaz-, pero no se realizan alteraciones significativas en los *espacios de intervención y participación del lector*. Si bien vale advertir que es a partir de agosto de 2004 cuando do *La Nación* comienza a permitir, de forma gradual y aislada, que los lectores comenten algunas noticias -en principio, algunas pocas notas circunscriptas a Deportes o Espectáculos-, el salto cualitativo y cuantitativo en este aspecto se dará recién en 2007.

Tal vez la modificación más importante de este período, en lo que aquí nos atañe, sea aquella que tuvo lugar en abril de 2005 cuando se preparó el *home* para el estándar de resolución de monitor de 1024 x 768 px, y el *ranking de notas leídas* comienza a cobrar mayor relevancia, al mostrarse un listado directamente en la portada. En el mes de octubre de ese mismo año, el diario pasó a llamarse lanacion.com y, a partir de allí, se observaron algunas otras novedades. Por ejemplo, el 24 de octubre de 2005 se promocionaba en la portada una *entrevista en línea* que se anunciaba como "Chat con Víctor Heredia". Un mes más tarde, en la sección "Flashes Deportivos" de Canchallena -suplemento de deportes del diario-, aparece otro espacio de participación asociado a las populares fotografías que suelen ser publicadas allí, que con el apelativo título de "Enviá tu epígrafe", auguraba que el diario estaba cambiando el vínculo enunciativo con su público, o al menos, con parte de él. En dicho espacio se expone: "Envianos tu epígrafe al weblog y el ganador del día será publicado en los Flashes Deportivos".

También desde el 3 de diciembre de 2005 se publica semanalmente, en la edición remozada del suplemento Turismo, la sección *Lectores de viaje,* en donde se invita a los lectores a contar sus propias vivencias de viajes y compartir historias, fotografías y recomendaciones. Para febrero de 2011, esta sección cuenta con los siguientes espacios: *Estuve en...*; *Compañeros de ruta* –que a diferencia del resto, se venía editando con el suplemento desde el 2003–; *¡No se pierdan!*; y un espacio donde el diario publica una selección de comentarios de usuarios, realizados en lanacion.com, a las notas del suplemento de la semana anterior.

En octubre de 2006, comienza a publicarse junto con el diario de papel el suplemento mensual Comunidad, en donde se difunde el trabajo solidario de distintas organizaciones de la sociedad civil y se estimula la participación ciudadana. Desde enero de 2007, allí se incorpora *Tenés la palabra,* un espacio dedicado a las cartas con contenido social que envían los lectores.

En julio de 2007, *La Nación* cambia nuevamente su diseño y días más tarde se convierte en el primer medio del mundo en abrir todos sus artículos a *comentarios de lectores,* lo cual será, de aquí en adelante, su marca de estilo en cuanto a estrategia de participación se refiere (ilustración 7). Con motivo de esta contundente innovación, que profundiza la política de participación del diario, se publica una nota en donde se explica a los lectores los mecanismos de utilización del nuevo espacio.[72] El sitio califica esta iniciativa como una "apertura" de su contenido, actitud propia de aquellos medios que "confían en el diálogo con sus audiencias", y sostiene que "es apenas el comienzo de un proceso de mayor intercambio y apertura entre el medio de comunicación y sus lectores, cada vez más habituados a generar su propio contenido, enriquecer el existente con sus puntos de vista e intercambiar sus opiniones en diferentes espacios digitales". Para dejar comentarios, los lectores deben estar registrados y

---

[72] Nota "A partir de hoy, LA NACIÓN abre todas sus páginas a los lectores" (15 de julio de 2007).

atenerse a los lineamientos que impone el reglamento.[73] Los comentarios se publican instantáneamente y son solo moderados si existe algún "reporte de abuso" asociado al posteo, es decir, si algún otro lector –también usuario registrado en el sitio– lo denuncia y se comprueba que ha transgredido alguna de las normas de uso de este espacio de participación.[74] A su vez, al *ranking* de notas "Más leídas" se suman las "Más enviadas" por *e-mail* y las "Más comentadas", multiplicándose las vías de navegación del contenido informativo.

Vale señalar aquí que, como veremos con mayor profundidad más adelante, los usuarios que utilizan los espacios que permiten comentar las notas han mostrado cierta disposición a evitar o transgredir las normas de uso dispuestas, por lo cual es habitual observar –no solo en *La Nación*, sino incluso en la mayoría de los periódicos que le permiten al lector opinar de este modo– una suerte de conflicto entre la lógica propuesta por el medio y las lógicas de participación del público. Como respuesta a esta situación, una de las acciones que llevó adelante *La Nación* para poder controlar el sector de comentarios y procurar gobernar la "conducta de los integrantes de la comunidad", fue la generación del *Ranking de usuarios* que puso en línea en diciembre de 2009. También se diseñó, con idéntica motivación, el "Programa de calificación de usuarios" que se ejecuta desde noviembre de 2010. Volveremos sobre esto en el capítulo 5.

---

[73] Véase en línea: http://comunidad.lanacion.com.ar/foros/reglamento.asp (consultado el 15 de enero de 2011).

[74] Cabe aclarar que tanto la posibilidad de responder a un comentario como el reporte de abuso o la votación no fueron incorporados de entrada con el rediseño de julio de 2007. Estas herramientas de participación se sumaron gradualmente al espacio de los comentarios, en ocasiones a partir de la sugerencia de los mismos usuarios del sitio.

Ilustración 7. Portada de *La Nación*, versión 2007

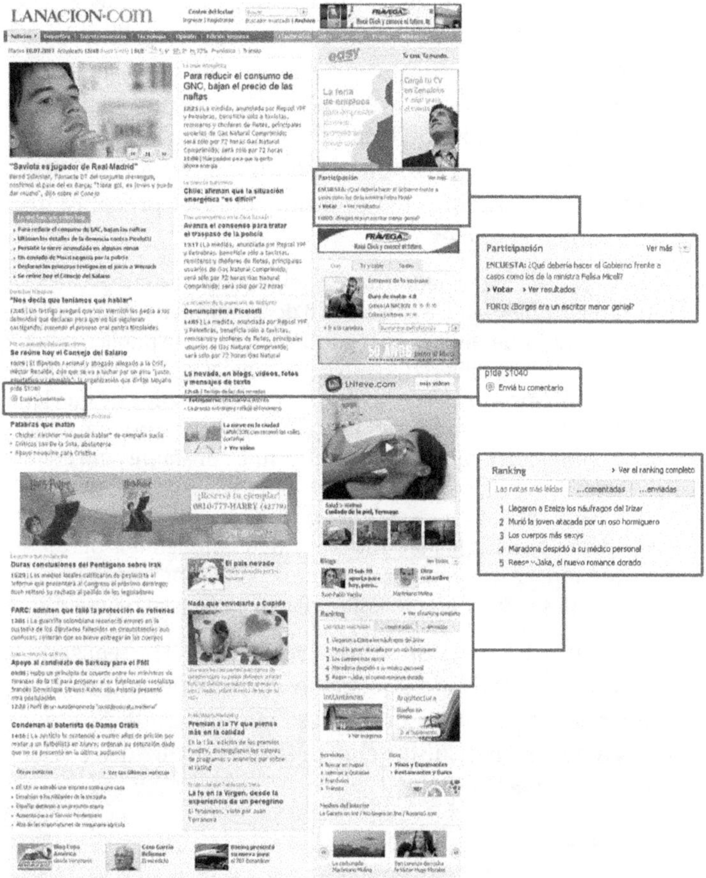

El 2007 fue un año en el que *La Nación* comenzó a afianzar también su estrategia *cross-media*,[75] proceso que se coronó con un premio –XMA Cross Media Awards 2007– que obtuvo de la Asociación Internacional de Empresas Editoras (Ifra) en octubre de ese año, por la integración de diario *La Nación*, lanacion.com, Igooh –sitio específico de periodismo ciudadano–, la Fundación LA NACIÓN y el programa de fidelización de suscriptores "Club LA NACIÓN". Para poder participar del premio, el diario presentó un proyecto en el que explica:

> El proyecto presentado hace referencia a la estrategia de SA LA NACIÓN para la generación de comunidades por temas de interés, basándose en la interrelación con su público lector a través de los diferentes medios y canales de comunicación que la empresa posee [...] Estamos convencidos de que las dinámicas de participación ofrecidas al usuario a través de los diferentes canales son un estímulo constante para crear un vínculo activo y fortalecer el sentido de pertenencia entre la comunidad y nuestra presencia, como marca, en sus hábitos de interrelación. Esta actividad también nos permite identificar las temáticas de interés para nuestros lectores y darles el tratamiento editorial que cada caso requiera.[76]

Dentro de las acciones "transversales" que ha realizado, *La Nación* destaca la publicación en el diario impreso de información –textos e imágenes– suministrada por lectores a partir de distintas convocatorias realizadas por la edición *online*.[77]

---

[75]   Nos referimos con esta expresión a los proyectos también denominados *transmedia* o *transmediáticos,* que remiten a la creación de productos o servicios que integran, sinérgicamente, plataformas de diferentes medios.

[76]   Cfr. disponible en línea: http://www.ifra.com/website/xma2007.nsf/xma/B68A3185C1BCD85DC1257309007AC9A5?OpenDocument&PRJVB30062007002110 (consultado el 23 de agosto 2011).

[77]   En el marco de dicha *estrategia cross-media,* sobresale la siguiente acción: a raíz de una convocatoria de envío de fotos y videos realizada –a

4.2.2. La apuesta constante a la participación del lector

En enero de 2008, *La Nación* ingresó por primera vez al mundo de lo que se ha denominado como *periodismo ciudadano*,[78] con la incorporación del espacio *Soy Corresponsal*, en donde se invitaba a los lectores a publicar textos, imágenes y audio "de valor noticioso sobre hechos de los que hayan sido testigos".[79] No obstante, le asignaron una URL[80] diferenciada a la del diario, se referían a la sección como otro "sitio" y, como se verá en otro apartado, solo en contadas ocasiones permitieron una mínima imbricación entre el contenido que se publica en esta sección y el resto de la información periodística del diario. El 8 de abril de ese año se envía a los lectores suscriptos un *mailing* para motivar la redacción de notas por parte de ellos, a cambio de participar en un concurso por una cámara fotográfica digital (ilustración 8).

---

través de lanacion.com– el 20 de abril de 2007, para cubrir el incendio de dos trenes de la línea Mitre, el diario de papel selecciona una de las imágenes suministrada por los lectores y la convierte en la fotografía central de su portada del día siguiente.

[78] Según Koldobika Meso Ayerdi, "el periodismo ciudadano es aquel que hace posible la participación activa de los actores sociales que intervienen en todo el procesamiento de la información de interés público" (2005: 9). Como aclaran Ainara Larrondo Ureta y Santiago Tejedor Calvo, "el periodismo ciudadano o Periodismo 3.0 vendría a ser consecuencia de la expansión del periodismo participativo, al mismo tiempo que se ha reconocido como heredero del periodismo cívico (*Civic Journalism; Public Journalism)*" (2008: 173).

[79] Así rezaba el banner de presentación del espacio al que se podía acceder por la URL http://soycorresponsal.lanacion.com.ar/, que más tarde fue puesta fuera de servicio.

[80] Sigla que en inglés significa *Uniform Resource Locator* (Localizador Uniforma de Recursos) y que, según Wikipedia, remite a la "secuencia de caracteres, de acuerdo a un formato modélico y estándar, que se usa para nombrar recursos en Internet para su localización e identificación". Cfr. entrada "URL" consultada en http://es.wikipedia.org/wiki/Url (consultada el 15 de agosto de 2011).

El sitio de *Soy Corresponsal* fue discontinuado el 10 de octubre de 2010, "por razones de foco del negocio", según argumentó Rodrigo Santos.

Ilustración 8. Concurso "Sé el mejor Corresponsal"

Concurso
Sé el mejor Corresponsal

Escribí una noticia, ilustrala con una foto y ganá una cámara digital y la publicación de tu noticia en el diario LA NACION

Podés ganar:

1 cámara digital

Diploma para las cuatro notas finalistas

Publicación de la nota ganadora en LA NACION

Las notas serán preseleccionadas semanalmente por el equipo editor de Soy Corresponsal. Luego, serán votadas por los lectores, y las cuatro noticias finalistas pasarán a una ronda en la que un jurado de LA NACION definirá al ganador.

participá >>

http://soycorresponsal.lanacion.com.ar

El siguiente rediseño tiene lugar el 28 de junio de 2008 y, tal como lo expresa el mismo diario, se comienza a hacer cada vez más evidente que *La Nación* "apunta al liderazgo en materia de innovación" (ilustración 9). Un ejemplo contundente de ello es la incorporación de la nueva sección Participación a la que se accede desde el menú horizontal superior. En la nota de presentación del rediseño, el diario explica de la siguiente manera la diferencia entre las secciones Opinión y Participación: "En Opinión, que se encuentra dentro de la sección 'Diario de hoy', el usuario accede a los editoriales, columnas y cartas de lectores de la edición impresa. En cambio, la nueva sección 'Participación' está orientada a la interacción de los usuarios. Además de foros, chats y encuestas, los lectores pueden enviar sus crónicas, fotos y videos a través de 'Soy Corresponsal'".[81]

----

[81]   Nota "El nuevo lanacion.com" (28 de junio de 2008). También puede verse el multimedia publicado en http://especiales.lanacion.com.ar/destacados/08/comunicacion-2008/index.asp (consultado el 31 de enero de 2011).

Ilustración 9. Portada *La Nación*, versión 2008

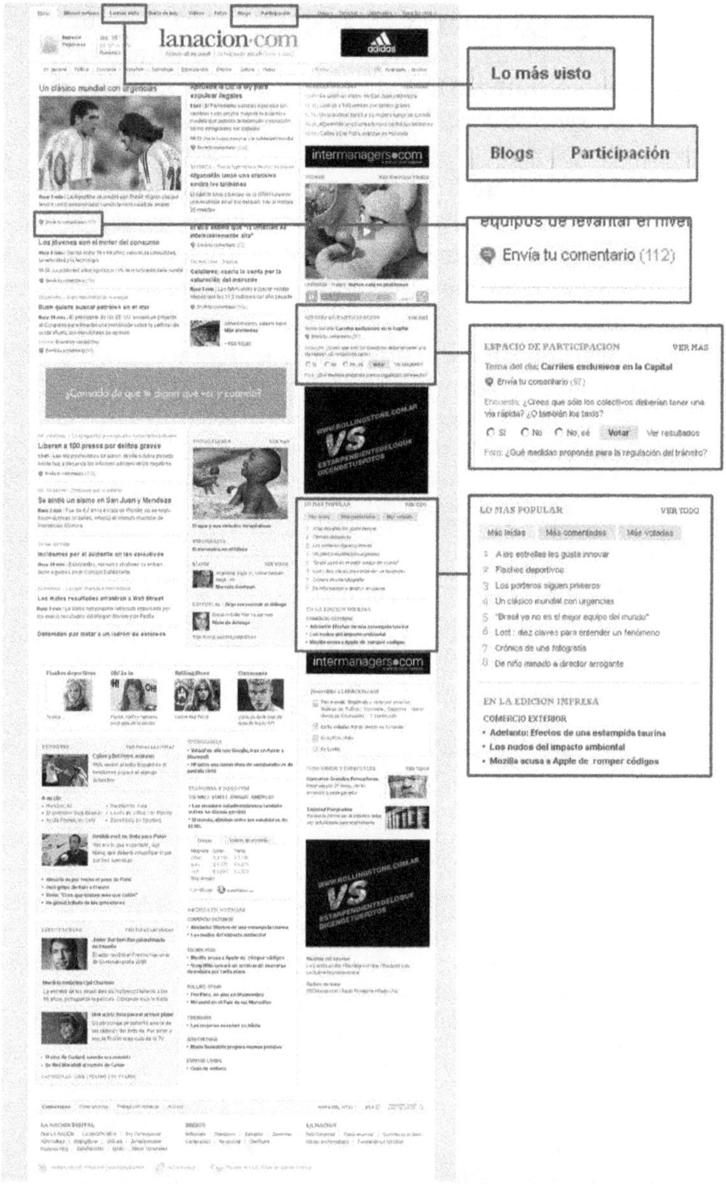

En el mismo menú desde el cual se ingresa a "Participación", aparecen otras dos significativas novedades: un nuevo *ranking* de fotos, notas y videos más populares, denominado "Lo más visto", y una sección dedicada a los *Blogs,* en donde se recopilan bitácoras de diversas temáticas, editadas por periodistas del *staff* o personalidades reconocidas en el medio. En una nota publicada el 6 de julio en su edición impresa, el diario les explica a sus lectores "cómo aprovechar mejor el nuevo lanacion.com".[82]

Por su parte, el contenido de "Lo más visto" adquiere mayor difusión y circulación gracias al servicio de contacto vía correo electrónico que *La Nación* mantiene con sus "usuarios registrados". Este canal de comunicación es explotado cada vez más por el medio, que lo utiliza frecuentemente para promocionar y evaluar sus productos, enviando encuestas de satisfacción "para mejorar el servicio", generando infinidad de concursos y acercando a cada usuario el contenido que ha solicitado recibir por mail. En este contexto, desde 8 de octubre de 2008 los usuarios pueden suscribirse al envío de "Lo más visto de la semana".[83]

Con respecto a la sección *Blogs*, se puede agregar que el hecho de que ella fuera incorporada recién a mediados de 2008 indica –o al menos sugiere– que lanacion.com nunca apostó fuertemente a la lógica weblog, como sí lo ha hecho *Clarín*. Aunque vale destacar, en este nuevo espacio del diario, el *Blog del lector* que se creó el 1º de diciembre de 2009 y deviene de la primitiva sección *Usted opina.* Tal como comentó Rodrigo Santos, jefe de Comunidad de La Nación Digital: "La opción 'Usted opina' no se eliminó. El

---

[82] Así reza el título de la nota presentada el 6 de julio de 2008.

[83] Se trata de un *mailing* semanal que llega con el *subjet* "No te pierdas lo mejor de la semana", que contiene las notas más leídas, las más comentadas y las más enviadas; las palabras más buscadas; las fotos y los videos más vistos.

formato de cartas de lectores *online* cambió y se transformó en 'El Blog de los lectores'. La dinámica sigue siendo la misma, incluso con el mismo mail de contacto (udopina@lanacion.com.ar)". La bitácora se autodescribe como una "propuesta renovada de las cartas de lectores *online*",[84] y los lectores son allí invitados a que "envíen sus reflexiones, poemas, vivencias e ideas para compartirlas con toda la comunidad".

A partir de este último rediseño, se visualiza al pie de cada noticia publicada en el *home* la cantidad de comentarios que ella obtuvo hasta el momento, señalado entre paréntesis a continuación de la leyenda: "Enviá tu comentario". También en el interior de cada nota aparece otra instancia de intervención del lector, destinada a establecer conexiones entre recorridos de lectura. Así, en la página interna de cada noticia, al pie, aparece un listado *ranking* de notas con el rótulo introductorio: "A quien le interesó esta nota también leyó: ...". Este mecanismo ya había sido anteriormente utilizado por los sitios web de venta de libros, para establecer enlaces o combinaciones de opciones de compra.

El domingo 19 de abril de 2009, el diario incorporó la red social Twitter a sus coberturas periodísticas, dando el puntapié inicial con una transmisión "en tiempo real" del superclásico Boca-River que se disputó dicho día. Generó así un espacio sui géneris en donde no solo publicó los tweets que los periodistas emitían desde la cancha de Boca, sino también los mensajes del público. En una nota publicada unos días después, el diario explica:

> Como ocurre cada vez que se produce un acontecimiento de relevancia nacional e internacional, *lanacion.com* presenta a sus usuarios innovaciones tecnológicas aplicadas al

---

[84]   Se accede a él por http://blogs.lanacion.com.ar/blog-del-lector/ (consultada el 10 de febrero de 2011).

trabajo profesional. Esta vez, de la mano de Twitter. [...] Los usuarios tuvieron la posibilidad de participar de la cobertura del partido. La página que se realizó para la transmisión tenía dos columnas. En una se leían los tweets del cronista y los comentarios de otros periodistas acompañados por fotos; en otra se podían ver los comentarios de los usuarios de Twitter.[85]

Por otra parte, desde diciembre de 2009 se invita a participar a los lectores en el espacio *La entrevista del lector,* propio de la versión impresa de Economía. Durante la semana, desde "Participación", se los incita a proponer preguntas a alguna personalidad del ámbito empresarial, con el fin de construir colectivamente una entrevista que será publicada el siguiente domingo en el suplemento Economía.[86]

A fines de 2009, el periódico integró las redacciones de *La Nación* y lanacion.com. En la nota en la que el medio promociona esta relevante iniciativa, puede leerse:

> Vamos a intensificar en esta etapa la participación del lector, un área en la que La Nación ha tenido un protagonismo temprano, no sólo en el país sino también en el mundo, al haber incorporado, por ejemplo, la posibilidad de que los lectores puedan comentar todos sus contenidos editoriales [...] La idea es abrir el medio a las diferentes manifestaciones multimedia de la audiencia para construir, por primera vez desde la invención de la imprenta, una plataforma a disposición de toda la comunidad.[87]

Un mes más tarde, *La Nación* le da la bienvenida al 2010 con el rediseño que pone en línea el día 11 de enero, que

---

[85] Véase nota "A sus coberturas en la Web lanacion.com incorporó Twitter" (23 de abril de 2009).

[86] Por ejemplo, el 2 de febrero de 2011 se encuentra en vigencia "¿Qué le preguntarías al director de imagen e impresión de HP Argentina?".

[87] Véase la nota "LA NACIÓN estrenó su redacción integrada" (27 de diciembre de 2009).

en cuanto a la disposición de los *espacios de intervención y participación del lector* no presenta grandes diferencias con el anterior (ilustración 12). Solo vale la pena mencionar que además del ingreso a la sección "Participación", que ya estaba presente en la interfaz anterior, se ubica un recuadro que contiene algunos de sus aspectos destacados –generalmente enlaces a alguna nota en la que se pide de forma expresa la opinión de los lectores y *link* a una encuesta *online*– en el sector inferior del sitio. De inmediato, a la derecha se presenta un recuadro similar en diseño, que permite acceder a las notas de los Columnistas del medio, por lo cual puede observarse cierta conexión, tanto topográfica como taxonómica, entre los sectores del diario que pertenecen al universo de la "opinión".

Para recapitular lo expuesto hasta el momento, se pueden visualizar en los cuadros 2 y 3 los *espacios de intervención y participación del lector* que el diario *La Nación* fue incorporando a lo largo de sus quince años.

Cuadro 1. Cronología de aparición de los espacios en *La Nación online* (1996-2005)

AÑOS	lanacion·com	
	ESPACIOS DE INTERVENCIÓN	ESPACIOS DE PARTICIPACIÓN
1996		
1997		▪ "Usted opina" ▪ "La foto que habla por usted" ▪ Espacios de participación en suplemento Informática
1998		▪ "Diálogo semanal con los lectores" ▪ Cartas de lectores
1999	▪ Encuestas	
2000		
2001	▪ Ranking de notas "más leídas"	▪ Sección "Participar" ▪ Foros
2002		
2003		
2004		
2005		▪ Videochat / entrevistas en línea ▪ "Enviá tu epígrafe" (en "Flashes deportivos" de sección Deportes) ▪ Sección "Lectores de viaje" del suplemento Turismo

**Cuadro 2. Cronología de aparición de los espacios
en *La Nación online* (2006-2011)**

AÑOS	lanacion·com	
	ESPACIOS DE INTERVENCIÓN	ESPACIOS DE PARTICIPACIÓN
2006		
2007	▪ Ranking de notas "más enviadas" ▪ Ranking de notas "más comentadas" ▪ Reporte de abuso en comentarios ▪ Valoración (positiva o negativa) en comentarios	▪ Comentarios a las notas (comentar, responder, reportar y votar) ▪ "Tenés la palabra" (suplemento Comunidad)
2008	▪ Sección "Lo más visto" (incorporación del ranking de fotos y videos más vistos) ▪ Listado de lecturas relacionadas ("A quien le interesó esta nota también leyó:")	▪ "Soy Corresponsal" (periodismo ciudadano) ▪ Sección "Participación"
2009	▪ Ranking de usuarios	▪ "Línea directa" (reemplaza a "Diálogo semanal...") ▪ Perfil de usuario ▪ Posteos de Twitter (ocasionalmente) ▪ "Entrevista del lector" (en sección Economía) ▪ "El blog del lector"
2010	▪ Programa de calificación de usuarios (asignación de medallas de oro, plata y bronce)	▪ Comentarios destacados
2011		

Por último, entre finales de 2010 y principios de 2011, el diario realiza otro rediseño de su portada, posiblemente con motivo de reordenar la arquitectura del *home* para incorporar los sitios de las revistas de *LN* que se sumaron a la oferta de contenido: *OHLALÁ!, Rolling Stone, Brando, Living, Lugares* y *¡HOLA!* (ilustración 10). De todos modos,

no se realizó ninguna alteración significativa en la clasificación y disposición de los espacios que materializan la
actividad del lector, reunidos en la sección "Participación"
(ilustración 11).[88] Dicho sector compendia los siguientes
segmentos:

- *Consignas:* en donde el diario publica habitualmente
  un breve enunciado –frecuentemente un título con
  modalidad interrogativa y una bajada– que tiene como
  finalidad motivar la opinión de los lectores al respecto, sobre diversos temas y con distinto tono, que
  comprende tanto preguntas triviales como "¿cuál es
  tu plan para el fin de semana?"; algunas más compro-
  metidas al estilo "¿cómo cree que se resuelve el delito
  juvenil?"; o apelaciones directas tales como "¡animate
  a escribir un minicuento!". Por la escasa cantidad de
  comentarios que cada una de las notas ha obtenido,

---

[88] Ya fuera de nuestro corpus, el 6 de agosto de 2011 se publicó otro rediseño
del diario. Si bien no vamos a detenernos para analizarlo en detalle, cabe
destacar que la sección "Participación" quedó aquí intacta. El cambio
es importante sobre todo en lo que refiere a la estética del sitio y a su
arquitectura y jerarquización de la información. En una nota publicada
en la edición impresa del 7 de agosto, el diario explica que su nueva
versión, que presenta como "un cambio integral de producto", implica
"profundos cambios estéticos y de contenidos, que apuntan a satisfacer a
un lector digital cada vez más exigente. [...] El sitio [...] buscará ajustarse
a una premisa básica: producir información importante e interesante
para la audiencia de hoy". Cfr. nota "Un cambio integral en lanacion.com,
más allá del diseño" (7 de agosto de 2011) en http://www.lanacion.com.
ar/1395677-un-cambio-integral-en-lanacioncom-mas-alla-del-diseno.
Es significativo, también, el lugar cada vez más relevante que ocupan
los contenidos ligados con el entretenimiento, una zona de lo noticiable
que durante mucho tiempo ocupó un sitio relegado en el *contrato* de
lanacion.com. Gracias a haber organizado el contenido de su interfaz
en tres grandes bloques topográfica y taxonómicamente diferenciados
(Información, Opinión y Entretenimiento), el periódico afirma en un
mailing enviado a los lectores suscriptos: "Ahora es más fácil encontrar
las noticias que te importan y los temas que te interesan". Un cambio
más radical se observará en febrero de 2012, cuando el diario decide
eliminar completamente la sección Participación.

puede inferirse que no es uno de los espacios predilectos por los usuarios del sitio.

- *Foros:* en palabras del diario, se trata de "espacios virtuales en los que los usuarios pueden intercambiar opiniones y puntos de vista sobre temas diversos, ya sean de actualidad o que no estén estrechamente ligados a la agenda noticiosa del momento".[89] A diferencia de lo que sucede con las *Consignas,* de naturaleza efímera, permiten la formación de grupos de discusión a largo plazo. Al ingresar a este espacio se pueden visualizar los distintos *foros* abiertos, organizados por secciones (Política, Exterior, Sociedad, Economía y Cultura).
- *Encuestas:* en donde se listan, tal como se dispuso desde el rediseño de 2001, todas las encuestas activas.
- *Carta de lectores:* se trata de las mismas cartas que se publican en la edición impresa del diario –a las que también se puede acceder desde la sección Opinión– solo que lanacion.com permite también aquí la emisión de comentarios.
- *Blogs de los lectores:* con acceso al blog sobre el que nos hemos referido anteriormente.
- *En red:* espacio dedicado a redes sociales, donde *La Nación* dispone el inventario de las direcciones de twitter de los periodistas del *staff,* sugiere una lista de twitteros agrupados por temas de interés (espectáculos, deportes, actualidad y personalidades), presenta los grupos de su propiedad en Facebook (lanacion.com, canchallena.com y Videos lanacion) y anuncia su canal exclusivo en YouTube (http://www.youtube.com/lanaciontv).

---

[89] Según es expuesto en la sección "Tutoriales" de la Ayuda del sitio publicada en https://registracion.lanacion.com.ar/tutorial (consultado el 10/02/2011).

- *Los usuarios dicen:* recuadro en donde diariamente se destacan un par de comentarios de usuarios calificados con medalla de oro o plata, exponiendo un breve fragmento de ellos e indicando el título de la nota de origen.
- Ranking *de usuarios:* en donde también se distinguen cinco usuarios que hayan alcanzado el grado de medalla dorada, por su participación en la comunidad.[90]
- *Notas más comentadas:* que consiste en el mismo banner dispuesto en el home del sitio.
- *Notas recomendadas por Facebook:* que presenta el listado de las cinco notas del diario más recomendadas por los usuarios por medio de esta red social.[91]

Entre las pocas modificaciones que pueden observarse en relación con lo que aquí nos compete, y ateniéndonos específicamente a la diferencia entre las interfaces de 2010 y de 2011, podemos mencionar: el reemplazo del enunciado "Enviá tu comentario" que se encontraba en la portada – debajo de cada nota– por el más breve "Comentá"; la eliminación de la pestaña de las notas "Más votadas" que antes se presentaban en el *home*; ciertas reformas en el espacio destinado a compendiar los foros; y la incorporación del listado de *Comentarios destacados* en el interior de cada noticia. Este último contiene los comentarios formulados por usuarios con medalla de plata y oro.

Si reparamos en la actual disposición de los *espacios de intervención y participación del lector* en lanacion.com,

---

[90] Tanto *Los usuarios dicen* como el *Ranking de usuarios* se actualizan cada cinco minutos, dado que "se encuentran automatizados y la selección se realiza en virtud de la calificación de los usuarios oro y plata y los comentarios publicados son los que obtuvieron mayor cantidad de votos por parte del resto de la comunidad", según informó Rodrigo Santos.

[91] La página interna de cada noticia dispone de herramientas para compartirla vía Facebook, Twitter o enviarla por *e-mail*.

podemos ver que no hay un único destinatario construido. Parecería haber cierta variación en la manera en que el diario construye al lector modelo de los *foros* -al que se le atribuye cierto grado de conocimiento y se lo invita, desde su lugar de ciudadano, a reflexionar y deliberar sobre temas de clara trascendencia social, tales como la realidad política actual, las claves del gobierno de Barak Obama o los desafíos económicos del gobierno nacional- y el modo en que delinea a su interlocutor en instancias como las *consignas* o las *encuestas* -las primeras parecen tener la finalidad de captar la atención y el tiempo de un usuario lector que es motivado a brindar su opinión sobre cuestiones más contingentes o relacionadas con su vida cotidiana; en las segundas puede participar cualquier usuario del sitio aunque no esté registrado.

Ilustración 10. Portada de *La Nación*, versión 2011

Ilustración 11. Sección "Participación" de *La Nación*, versión 2011

Antes de cerrar este apartado, resta señalar que *La Nación* pone a disposición de sus usuarios una minuciosa y exhaustiva página de "Ayuda" que se divide en cinco apartados: Preguntas Frecuentes, Tutoriales, Reglamento de Participación, Términos y Condiciones y Política de Privacidad.[92] Tal como se indica en las Preguntas Frecuentes, "para poder opinar en los espacios de participación [...] es necesario tener una cuenta creada de lanacion.digital y tener al menos 21 años de edad".

4.3. Los espacios de intervención y participación del lector en clarín.com

4.3.1. *Clarín* y su apuesta inicial por estar a la vanguardia

A diferencia de lo que sucedió con su par porteño, desde su engendramiento, la interfaz de *Clarín* –por entonces, con el nombre Clarín Digital– presentó *espacios de intervención y participación del lector.* En su primigenia versión del 10 de marzo de 1996, se exhibían dos sectores del diario en donde se materializaba la actividad del público: el tradicional espacio *carta de lectores* –al que se denominó inicialmente *Correo de lectores*– y la sección *Conferencias,* que contenía un "Archivo" en donde se publicaba el desarrollo de las *entrevistas en línea* realizadas a distintas personalidades vía chat (ilustración 12).

---

[92]   Cfr. https://registracion.lanacion.com.ar/faq (consultada el 10 de febrero de 2011).

Ilustración 12. Portada de *Clarín*, versión 1996

Con el rediseño del 20 de agosto de 1997, aparecieron también las *encuestas,* que por un tiempo estuvieron circunscriptas a temas deportivos y de a poco fueron incorporando otros tópicos (ilustración 13). De modo progresivo, las instancias de intervención y participación fueron ocupando lugares más relevantes en el *home* del sitio y permeando las distintas secciones del diario. Tal como se expone en una nota publicada con motivo de cumplirse las 1.000 ediciones de clarín.com, para diciembre de 1998 el diario ya había realizado "más de 400 conferencias [entrevistas en línea] con personalidades del deporte, la música, la política, la cultura y el mundo del espectáculo" y los lectores hacían llegar sus opiniones "a través de dos vías: por un lado, las encuestas que se renuevan semanalmente [...], y por otro, los foros de discusión."[93]

Ilustración 13. Portada de *Clarín*, versión 1997

---

[93]   Véase la nota "Clarín digital cumple hoy 1.000 ediciones" (23 de diciembre de 1998).

A comienzos de 1999 –y dos años antes que lo hiciera *La Nación*–, se incorporaron los *foros de discusión,* que estaban divididos por áreas temáticas y muchas veces eran generados a partir de una nota del diario. Cabe destacar además que al igual que *La Nación*, por entonces *Clarín no tuteaba al lector ni siquiera en las instancias de interacción.*

Para más información, tanto con respecto al desarrollo y devenir de esta instancia que permite la opinión del lector como sobre su utilización, se puede consultar el interesante análisis que realiza Alejandro Rost al respecto (2008: 5).

Por otro lado, se conformó el suplemento semanal "Informática 2.0" que, como desarrollaremos en el último apartado de este capítulo, contenía espacios que canalizaban la opinión y el intercambio entre los usuarios.

En el rediseño del sitio del 1º de julio de 1999, todos los espacios de intervención y participación del lector (salvo las encuestas y las instancias específicas del suplemento Informática) fueron agrupados por primera vez dentro de la sección "Chat y comunidad" –que permaneció hasta principios de 2003–, a la que se puede acceder tanto desde el menú superior como desde el menú lateral izquierdo (ilustraciones 14 y 15). Luego de 2003, algunos de los espacios estudiados –como las cartas de lectores y los foros– comenzaron a estar ubicados también dentro de la pestaña "Servicios" y, por lo tanto, compartiendo espacio con materiales tan diversos como el horóscopo, la cartelera de espectáculos, el pronóstico meteorológico y el estado del tránsito, entre otros. Esta reubicación de las *instancias de intervención y participación del lector* en el universo de los *servicios* que el diario le ofrece a su público –estrategia que, por ejemplo, *La Nación* nunca utilizó– no es casual, ya que obedece a una lógica muy propia de *Clarín,* que será analizada en el capítulo 6 de este libro.

Ilustración 14. Portada de *Clarín*, versión 1999

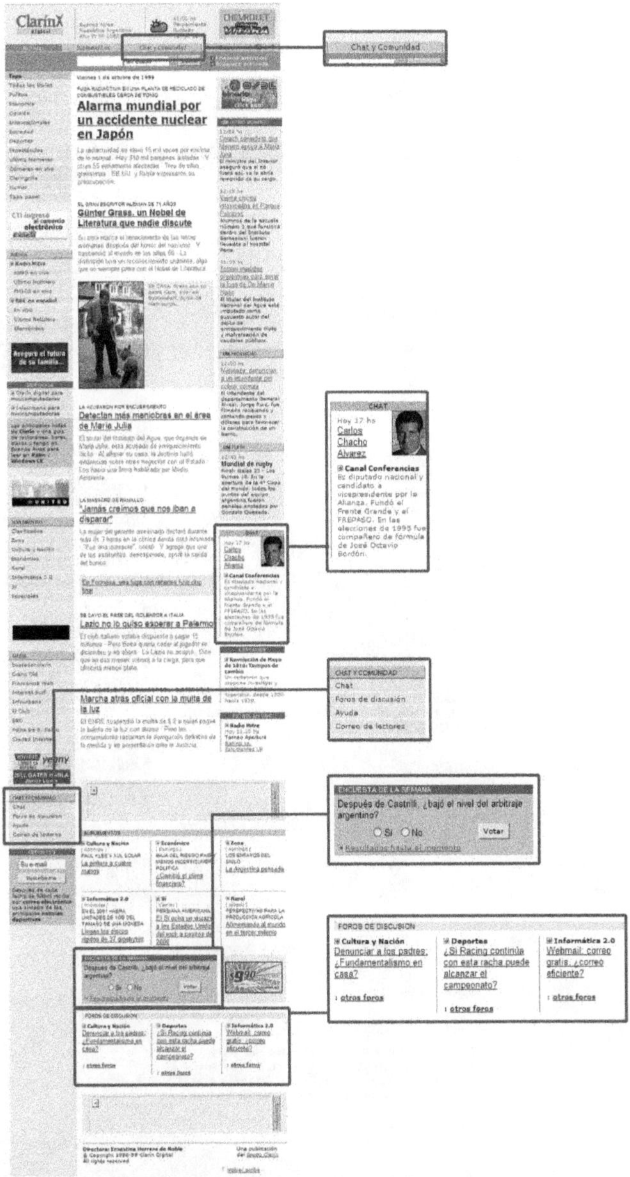

Ilustración 15. Sección "Chat y Comunidad" de *Clarín*, versión 2002

Clarín.com
Periodismo en Internet

Chat y comunidad
Viernes 1 de febrero de 2002

| Clarín | Último Momento | Clasificados | La Guía | Suplementos | Ayuda |

en Clarín   Buscar
○ Ediciones anteriores
○ Búsqueda avanzada

Secciones   Chat y comunidad

Chat
Foros
Ayuda
Correo

Chat y comunidad

En Chat y Comunidad usted tiene la posibilidad de comunicarse con
personajes famosos, con otros usuarios y con las redacciones de Clarín y
Clarín.com. Además puede participar en el debate de los temas planteados
en los Foros de discusión. También hacernos llegar sus opiniones a través del
Correo. Y participar en alguno de los canales de Chat. Si desea obtener más
información sobre Clarín.com ingrese a la Ayuda.

CONFERENCIAS

En este canal se realizarán los chats
con distintas personalidades de la
política, la cultura, el deporte y el
espectáculo. Uds. podrán, durante una
hora, formular preguntas y comentarios
al invitado.

ESTADÍSTICAS

41 canales de chat

459 foros abiertos

17333 mensajes
publicados

46 mensajes recibidos
en el día de ayer

FOROS DE DISCUSION

: Cultura y Nación
¿Qué significó en la Argentina de las últimas
semanas la acción de la multitud?

: Deportes
Racing campeón del Apertura

: Economía
¿Con qué perspectivas afronta la Argentina post-
convertibilidad?

: Informática
Datos de un lado a otro

: Política
La protesta ganó la calle

⌦ ir a los foros

CHAT

⊞ Argentina
⊞ Bar
⊞ Conferencias
⊞ Canal Córdoba-
Fanático Yo
⊞ Deportes
⊞ Isurf
⊞ Frecuencia Web
⊞ Educación

⊞ ir al chat

AYUDA

Encontrará respuestas a sus dudas o consultas
sobre Clarín.com.

⌦ ir a la ayuda

CORREO

En Correo encontrará distintas opciones para
contactarse con Clarín y Clarín.com. Puede enviar
mensajes a los editores de Clarín. Además puede
enviar cartas al correo de lectores de Clarín.com.

⌦ ir al correo

Como puede verse, durante sus primeros años *online Clarín* parecía estar a la vanguardia en cuanto a incorporación de espacios de intervención y participación. Vuelve a mostrarse pionero cuando, a partir del 4 de noviembre de 2000, incorporó el *ranking de las diez notas más leídas* (que solo desaparece durante el período que va del rediseño del 2004 al 2007, cuando vuelve a visualizarse). Como lo explicita en una nota publicada sobre los diarios *online* durante el 2001, *Clarín* sabe por entonces que esta nueva instancia de intervención "desarrolla un fuerte efecto de imitación y produce una avalancha de clics sobre los primeros puestos" del *ranking*.[94]

También desde abril de 2001 se comienza a observar la existencia de un nuevo espacio de participación, que parecería propio de la edición impresa de la sección Sociedad. Se trata del denominado *Consultorio* en el que se exponen consultas de los lectores relacionadas con el "consumo" –quejas, reclamos y pedidos de consejo– y las respuestas proporcionadas por el medio.

Los rediseños realizados en 2002 y 2004 no presentan modificaciones sustantivas en cuanto a la política de participación del medio (ilustración 16). En septiembre de 2002, el diario pone en línea un nuevo diseño que presenta novedades referidas a jerarquización de la información y posibilidades de *customización,* pero ninguna alteración significativa en cuanto a lo que aquí nos interesa. Solo vale señalar que en la nota publicada para difundir el rediseño, *Clarín* explica que "la encuesta *on-line,* habiendo ganado notable cantidad de adherentes (en promedio, cuenta con unos 20 mil votos al día), se ha consolidado como un espacio de participación y opinión".[95] La importancia que

---

[94] Véase la nota "La nueva frontera de los diarios online" (5 de marzo de 2001).
[95] Véase la nota "El sitio Clarín.com presenta novedades en la pantalla" (30 de septiembre de 2002).

tiene para el diario este espacio de intervención del lector también se ve reflejada en la nota del año 2004, cuando expone que dicha herramienta se ha convertido "en una referencia a la hora de medir la reacción de los usuarios de Internet a los temas de actualidad".[96]

Por otra parte, el precursor camino del diario por la vía de los blogs comenzó el 10 de febrero de 2003 cuando publicó su primera bitácora, "Conexiones", pionera en el mundo de habla hispana. Este empezó siendo un espacio para "opinar y debatir" sobre "tecnología y tendencias". Unos meses más tarde, los lectores podían allí comentar los posteos de los periodistas.[97] Desde este momento, los blogs comienzan a ocupar un lugar cada vez más central en la estrategia de participación de *Clarín,* que se consolidará años más tarde cuando el medio inaugure su propio servicio de blogging.

Además, en el 2003 se sumaron otros espacios de participación originalmente pensados para la edición impresa del diario. El 7 de septiembre aparece un nuevo espacio de participación del lector, especialmente diseñado para la remozada edición papel. Se trata de la subsección *El juicio final,* que se publica diariamente en el Sumario de *Clarín*, para darle lugar a "la opinión de un lector sobre el diario de ayer". Y el 23 de noviembre, se comienza a publicar "en línea" el suplemento semanal "Viajes", que incluye una sección denominada *El viaje del lector* (que contiene una nota principal, *La foto del lector* y *Otras cartas*).

---

[96] Véase la nota "Desde hoy, Clarín.com renueva su imagen y su propuesta periodística" (3 de mayo de 2004).

[97] Con el tiempo, "Conexiones" deja de ser un weblog para pasar a convertirse en una sección más del diario online.

Ilustración 16. Portada de *Clarín*, versión 2002

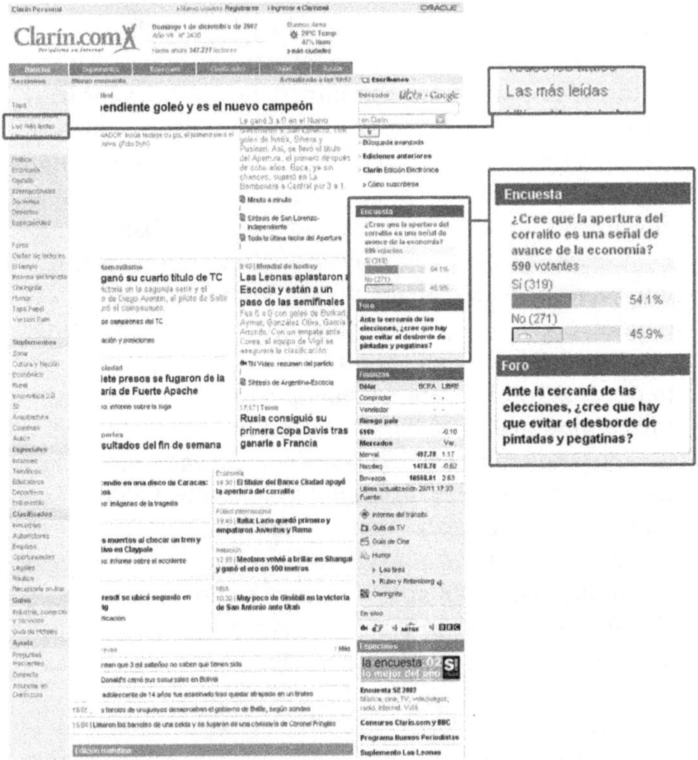

Por otro lado, en 2004 el diario realizó una innovación en la sección destinada a publicar las *cartas de lectores* de la edición dominical del diario papel, que se vio reflejada en la interfaz de la versión digital del periódico. Se incorporó, en la sección "Opinión", una subsección denominada *Lectores,* que contiene tres espacios en donde se materializa la voz del lector: *Dispuesto a escuchar* (al cual en un primer momento se dedicó incluso un banner ubicado en el *home* del sitio, debajo de las notas de "Opinión"); *Ida y vuelta;* y *Una carta... una historia.*[98] En los tres casos, la voz del lector se entreteje con la del diario; *Clarín* le devuelve la mirada a su público al fusionar el material que envían los lectores –muchas veces, acompañados por sus fotografías–, con los comentarios personalizados que realiza al respecto Osvaldo Pepe, periodista del medio, intentando "simular" un intercambio entre las partes. En este espacio, que presenta ciertas similitudes con la subsección de *La Nación Diálogo semanal con los lectores,* se construye una especie de diálogo entre los lectores y redactores del periódico, gracias a una estrategia que apunta a difuminar la situación monolocutiva propia de la prensa en soporte papel. No obstante, vale señalar que estos espacios tuvieron continuidad en el diario impreso, pero durante mucho tiempo perdieron visibilidad en la edición *online* de *Clarín.* Recién a finales de 2010, *Clarín* decidió volver a otorgarle un lugar en el *home* del sitio los días domingo.

El nuevo *layout* puesto en línea en marzo de 2006 con motivo de su 10º aniversario es, como afirman Rost y García, la propuesta de diseño "más rupturista no sólo con lo anterior sino también [...] con los periódicos digitales

---

[98]   La subsección *Lectores* se publicó por primera vez el 16 de mayo de 2004, con la presentación del espacio *Dispuesto a escuchar* (su núcleo) mediante la nota "Más vínculos con los lectores", que lleva la firma del Editor General de Clarín. En dicho texto, se informa: "A partir de hoy hemos introducido algunos cambios en la configuración del diario. Son ajustes y nuevas piezas que buscan reforzar los vínculos con los lectores, acentuar la cercanía del diario con los problemas e inquietudes de la gente y, a la vez, aumentar la oferta de contenidos y nuevos enfoques". Allí también la sección es descripta como "una página de interactividad con cartas seleccionadas que plantean problemas, críticas, señalan errores o discrepan con la información u opinión publicada por Clarín". Con el tiempo se le incorporaron, además, "Ida y vuelta" y "Una carta... una historia".

del momento" (2008: 87), dadas las características de la recomposición visual de su contenido emparentada claramente con la "estética blog".[99]

De todos modos, aunque el diario expone, en septiembre de dicho año, que lleva adelante una "apuesta franca a la participación de los usuarios", tampoco se registran cambios al respecto. La única incorporación que merece ser mencionada está vinculada con el *periodismo ciudadano*: se trata del weblog "Plaza pública" que, auspiciado por la Fundación Noble y la Fundación Avina, fue puesto en línea el 28 de octubre de 2006, pero se discontinuó dos años más tarde. En la nota de presentación de esta novedad, *Clarín* sostiene que dicha bitácora "nace como un espacio abierto a la participación ciudadana para la comunicación activa de las acciones de las organizaciones civiles del país".[100] Al acceder al blog, el lector se topaba con la siguiente invitación: "Aquí vas a encontrar lo que están haciendo ciudadanos como vos, por ellos mismos y por los demás. Vas a poder debatir sobre temas comunes que hacen a la mejora de la cosa pública, participar en proyectos comunitarios y pensar alternativas para generar cambios en beneficio de todos. Es un lugar para aportar tu granito de arena. ¿Te animás?".[101]

El 3 de octubre de 2007, clarin.com puso en línea un nuevo diseño que se distinguió de los anteriores por ser, claramente, el primero en el que el diario se jugó con fuerza por la lógica de la participación, sobre todo en materia de

---

[99]   Así lo denomina Guillermo Culell, director de clarín.com en ese momento, según una nota publicada en Eblog. Disponible en línea: http://www.eblog.com.ar/646/la-nueva-cara-de-clarincom/ (consultado el 4 de febrero de 2011).

[100]   Véase la nota "Un nuevo weblog para la participación ciudadana" (28 de octubre de 2006).

[101]   Disponible en línea: http://weblogs.clarin.com/plaza-publica/ (consultada el 4 de febrero de 2011).

weblogs (ilustración 17). En la nota que publicó ese mismo día, el periódico afirmó apostar "a una mayor participación de los usuarios".[102] Aunque con un retraso de varios meses en comparación con el periódico *La Nación*, se comenzó a permitir también el comentario de lectores en algunas noticias.[103] Este espacio tiene un desarrollo menor que el propuesto por lanacion.com: no existe la posibilidad de valorar ni responder a los posteos de otros lectores y no se solicita el registro previo de los usuarios. A su vez, con el último *layout* reapareció el *ranking de notas más leídas,* al que se sumaron *Las más recomendadas* y *Las más comentadas.*

Como puede verse, es a partir del año 2007 que tanto *Clarín* como *La Nación* han dado un paso significativo en cuanto a *estrategia de participación* se refiere; el primero, encauzando sus esfuerzos hacia el imperio de los blogs; el segundo, jugándose por la opinión de los lectores a las noticias.

---

[102]   Ver nota "Clarín.com se renueva" (2 de octubre de 2007).
[103]   Tal como ha observado Rost, solo se permitían comentarios a las noticias redactadas por clarín.com, con lo cual "quedan excluidos los publicados en la edición impresa" (2008: 9-10), por lo que serían relegados "los temas que tienen más importancia y que obtiene una cobertura más amplia y destacada" (Ibíd.) por parte del periódico.

Ilustración 17. Portada de *Clarín*, versión 2007

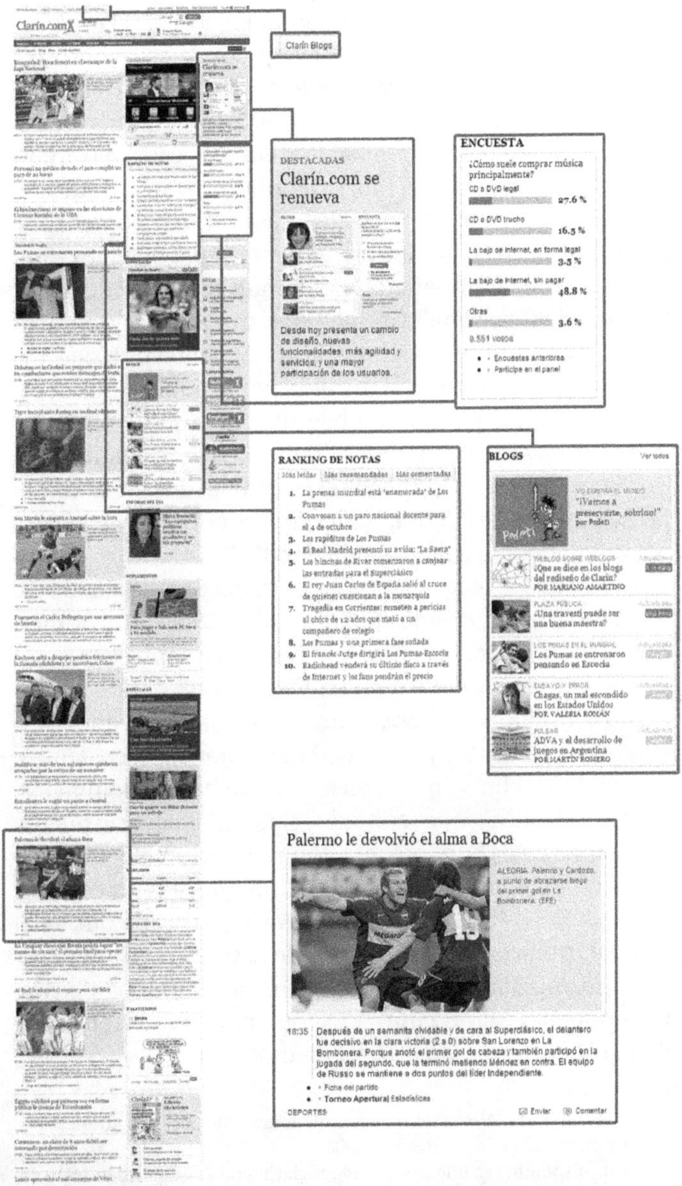

La apuesta más contundente del rediseño de 2007 fue la nueva sección Clarín Blogs, que se sumó para contener todos los weblogs y que en ese momento ofrecía el *ranking de las diez entradas más leídas* y en donde se publicaba, por día, un *comentario destacado* de algún usuario.

El medio generó también el blog "Boomerang", creado especialmente para recopilar "los comentarios más interesantes dejados en los blogs del diario". A su vez, desde el 8 de enero de 2008 la sección Clarín Blogs comenzó a permitir que los usuarios crearan su propia bitácora –acción que fue acompañada con la puesta *online* del blog "Novedades", que analizaremos en el capítulo 6–, y tan solo durante el primer mes se abrieron 1.500 nuevos blogs. La convocatoria fue tan bien recibida por el público que el 14 de febrero siguiente *Clarín* publicó una nota que anunciaba: "Desde esta semana los blogs destacados de la comunidad de usuarios de Clarín Blogs serán publicados en la home principal de Clarín.com. Allí compartirán el espacio con otros reconocidos bloggers del medio".[104]

Otro de los blog de *Clarín* que merece ser reseñado es "Testigo Urbano", creado el 15 de abril de 2008. En el primer posteo publicado, se explicita: "Testigo Urbano es tu nuevo espacio de participación en Clarín.com, donde podés mandar tus fotos, videos y textos sobre los temas que consideres importantes y que puedan ser noticia. Accidentes de tránsito, delitos, los problemas en tu barrio, denuncias y más: todo merece ser contado". Cualquier usuario puede participar enviando información por correo electrónico, mensaje de texto o mensaje multimedia. Si bien esta bitácora no tiene una visibilidad notoria en clarín.com, vale señalar que se la destaca dentro de la sección "Ciudades" del sitio, mediante un banner que reza: "Participá y enviá tu denuncia a Clarín.com",[105] y se constituyó en el referente de *periodismo ciudadano* del medio.

---

[104] Véase la nota "Ahora los usuarios de Clarín Blogs tienen su lugar en Clarín.com" (14 de febrero de 2008).
[105] Cfr., disponible en línea: http://blogs.clarin.com/testigourbano/ (10 de febrero de 2011).

A fines de 2008, más precisamente el 14 de diciembre y cuando las redacciones de *Clarín* y clarín.com habían iniciado su proceso de integración, se realizó una nueva modificación de la interfaz, con un resultado "más compacto, interactivo y visual",[106] aunque sin alterar sustancialmente lo que se había propuesto el año anterior (ilustración 18).

Ilustración 18. Portada de *Clarín*, versión 2008

---

[106]   Véase la nota "Nuevo diseño de Clarín.com, el sitio de noticias más visitado del país" (14 de diciembre de 2008).

No obstante, vale la pena mencionar la incorporación de la sección "Twitter", a la que en principio solo se podía acceder desde la pestaña "Servicios", pero que más tarde –en septiembre de 2009– fue dispuesta en el mismo menú que los "Blogs". La anexión de este nuevo espacio representó la novedosa llegada del universo de las *redes sociales* al mundo de *Clarín* –o tal vez deberíamos decir de *Clarín* al mundo de las redes–, e incluyó, desde comienzos de 2010, la posibilidad de opinar vía Twitter sobre el (o los) "temas del día" que proponía el diario, generalmente circunscriptos al ámbito del deporte (ilustración 19). A los "tweets" de los *followers* de clarín.com se sumaban los comentarios que cualquier lector –estuviera o no incorporado a la red social– podía realizar desde la propia interfaz. Ambas instancias eran publicadas luego de su moderación que, según se aclaraba, se realizaba solo de lunes a viernes entre las 11 y las 18 hs. A estas limitaciones de tiempo que acotan las posibilidades expresivas de los usuarios, y a las restricciones de espacio por tener que producir un enunciado de tan solo 140 caracteres, se suman otras ligadas a las reglas impuestas por el medio, considerablemente menos laxas que las fijadas para los *comentarios* a las noticias tiempo atrás. Por ejemplo, en sus "normas de uso", se aconseja: no utilizar nombres falsos ni identidades ficticias; leer los comentarios previos para evitar repeticiones; acotarse al tema de discusión; no fomentar la intervención de los provocadores, entre otras sugerencias. Como afirmó Darío D'Artri –editor jefe de clarín.com– en la entrevista que se le realizó en septiembre de 2010, los diarios ven a las redes sociales como un elemento para "la difusión viral de sus contenidos y de visitas", pero aún "están, en algunos casos, esbozando qué pueden hacer" con ellas.[107] Hasta tal punto el espacio de Twitter en *Clarín* era un ensayo, que se discontinuó rápidamente sin mediar ningún tipo de anuncio ni justificación por parte del medio.[108] D'Atri

---

[107]   Fragmento de la entrevista realizada al Editor Jefe de clarín.com el viernes 17 de septiembre de 2010, cuando los "temas del día" eran "Davis" y "Fútbol".

[108]   Si se ingresa a http://twitter.clarin.com/, puede observarse que la última publicación allí realizada fue hecha el 17 de septiembre de 2010.

justificó el repliegue de la siguiente manera: "Como se trataba de temas del día para twitteo, pero en formato moderado, no daba los resultados de participación que buscábamos". La relación actual del periódico con la red social se reduce al envío de titulares vía tweets.[109]

Ilustración 19. Sección "Twitter" de *Clarín*, versión 2010

---

[109]   En http://twitter.com/clarincom podía verse en enero de 2011 que *Clarín* tenía 56.784 seguidores. En agosto de 2011, el número de *followers* ascendió a 122.219 (consultado el 27 de agosto de 2011).

Resumamos lo expuesto hasta ahora. Desde 1996 y hasta mayo del 2010, clarín.com fue incorporando los *espacios de intervención y participación del lector* que pueden visualizarse en los cuadros 4 y 5.

Cuadro 3. Cronología de aparición de los espacios en *Clarín online* (1996-2005)

AÑOS	**Clarín.com**	
	ESPACIOS DE INTERVENCIÓN	ESPACIOS DE PARTICIPACIÓN
1996	▪ Chat/videochats ▪ Entrevistas	▪ Cartas de lectores
1997	▪ Encuestas	
1998		
1999		▪ Foros de discusión ▪ Sección "Chat y comunidad" Secciones de opinión en Informática 2.0
2000	▪ Ranking de "más leídas"	
2001		"Consultorio" (en sección Sociedad)
2002		
2003		▪ Comentarios en el blog "Conexiones" ▪ Página de "encuestas" ▪ "El juicio final", del Sumario de Clarín. ▪ Sección "El viaje del lector", en suplemento Viajes.
2004		▪ "Dispuesto a escuchar", "Ida y vuelta" y "... una carta... una historia" en subsección "Lectores" (Opinión)
2005		

Cuadro 4. Cronología de aparición de los espacios en *Clarín online* (2006-2011)

AÑOS	Clarín.com	
	ESPACIOS DE INTERVENCIÓN	ESPACIOS DE PARTICIPACIÓN
2006		▪ Se multiplican los blogs que permiten comentarios
2007	Ranking de "más recomendadas" Ranking de "más comentadas" ▪ Otros rankings en blogs	▪ Comentarios en algunas noticias ▪ Weblogs "Encuestate" y "Boomerang"
2008		▪ Weblogs de usuarios ▪ Blog "Novedades" ▪ Blog "Testigo Urbano"
2009		▪ Tweets y comentarios en "twitter"
2010		
2011		▪ Plug-in de Facebook para comentar noticias

Como podemos ver, para el 2009 el diario contaba con un conjunto diverso y heterogéneo de espacios donde se cristalizaba la actividad de lector. De todos los que aparecen en los cuadros 4 y 5, solo algunos habían desaparecido: ya no se publicaban *chats* o *entrevistas en línea* con personalidades destacadas, y los *foros* habían sido completamente reemplazados por los *blogs*. Por otro lado, algunas de las instancias de intervención y participación del lector habían ganado clara preponderancia en la "puesta en página" de *Clarín*: este es el caso de los *rankings,* las *encuestas* y, en considerable menor medida, los *comentarios a las noticias.*

Con respecto a las *encuestas,* podríamos agregar que desde su aparición sistemática, a partir de 1997, el diario generó una página destinada a concentrar información sobre los sondeos realizados. Primero con una simple lista. Luego, desde 2003, se pudo acceder también a la *encuesta del día* y a *encuestas relacionadas* con esta; se listaban las *tres últimas encuestas* y *las más votadas.* También entre marzo de 2007 y septiembre de 2008 se gestionó el weblog "Encuestate". Este blog permitía acceder a todas las encuestas publicadas por el diario, con la posibilidad de conocer cuántos lectores votaron en cada una de ellas, cuáles fueron los resultados e ingresar un comentario al respecto. Incluso, desde el texto editorial que acompañaba cada encuesta, se incentivaba explícitamente la participación del lector.[110] Por otro lado, vale señalar que tal como se desarrollará en el capítulo 5, la encuesta es, de todos

---

[110]   Por ejemplo, la encuesta que pregunta "¿Por qué razón cree que Argentina podría perder turismo?" (publicada el 12 de septiembre de 2007 en el blog) contenía la siguiente bajada: "Por lejos, la inseguridad (56,1%) fue señalada por los encuestados como la principal razón por la cual algunos turistas desisten de Argentina como destino. ¿Está de acuerdo? ¿Qué factores tiene en cuenta usted cuando viaja a otro país u otra región de Argentina? ¿Recuerda el país o lugar en donde se sintió más cómodo/a?". Como se señaló, "Encuestate" dejó de ser actualizado por el medio el 8 de septiembre de 2008.

los *espacios de intervención*, el que más ha permeado el universo noticioso de *Clarín*.

Con respecto a los *comentarios* de los lectores a las noticias, podemos decir que tal como sucede también en el caso de *La Nación*, en dicho espacio se pudo observar, desde su incorporación, cierto "conflicto" entre la lógica propuesta por el medio y la lógica de participación del público.

4.3.2. Hacia el último rediseño de la interfaz de *Clarín*: un cambio en su "contrato"

A principios de 2010, comenzaron a circular una serie de notas periodísticas que pusieron en tela de juicio la espontaneidad de las opiniones vertidas en los espacios destinados a comentar las noticias, denunciando cierto uso político de ellos. En el contexto de la disputa entre *Clarín* y el gobierno nacional,[111] se efectuaron un conjunto de acusaciones cruzadas: de un lado, se culpó al gobierno de

---

[111]   Con la disputa entre *Clarín* y el gobierno nacional, nos referimos a la tensión constante entre estos dos actores sociales que se comenzó a gestar al promediar el mandato presidencial de Néstor Kirchner (2003-2007), y que alcanzó su punto máximo durante la primera presidencia de Cristina Fernández de Kirchner. Esta puja se hizo evidente en el cambio de la línea editorial del diario *Clarín* en relación con las políticas del gobierno. Durante los primeros cuatro años del gobierno kirchnerista, el diario había asumido una posición en cierto modo positiva. Luego, por motivos que no corresponde analizar en este trabajo, adoptó una posición de claro enfrentamiento. A su vez, y con una fuerza creciente, el discurso kirchnerista fue asumiendo una actitud confrontativa con respecto al multimedio y el gobierno tomó ciertas medidas –como, por ejemplo, la rescisión del contrato con el canal de televisión TyC Sport para la transmisión exclusiva del campeonato de fútbol de primera división– que tuvieron un impacto directo sobre los intereses del grupo económico, históricamente beneficiado por los diversos gobiernos de turno. Las discusiones sobre la aprobación y aplicación de la nueva Ley de Medios fue uno de los escenarios privilegiados de esta nueva relación.

Cristina Fernández de Kirchner de rentar a "lectores pagos" para que se dedicaran a denigrar aquellas notas anti-k; del otro, se imputó a *Clarín* de contratar a una agencia de publicidad para dirigir a un "ejército pago" de comentaristas abocados a insultar a los lectores que escribían en contra del Grupo o a favor de la Ley de Medios y el Fútbol para Todos.[112]

Dado este estado de cosas, el 29 de mayo de 2010 el periódico más visitado del país puso en línea el noveno rediseño de su interfaz, que presentó una significativa y sustancial diferencia con respecto a todas las modificaciones previas: *eliminaron la mayoría de los espacios de intervención y participación del lector en el diario* (ilustraciones 20 y 21). Esa supresión sintomática acallada por la voz del diario se hizo manifiesta en la nota que clarín.com publicó bajo el título "Clarín lanza un rediseño profundo y total de su *site*",[113] en donde se describen los cambios que han tenido lugar sin hacer ningún tipo de referencia al cercenamiento mencionado. Este significativo silencio contrasta con la importancia que el diario le ha otorgado históricamente a los espacios que le permiten al lectorado intervenir en el universo noticioso, desde que apareció en la web en 1996. Sin ir muy lejos, en el anterior rediseño del sitio –que tuvo lugar en diciembre de 2008– *Clarín* se anunciaba como "más interactivo", explicando que su –por entonces– nuevo *home* ofrecía "las últimas tendencias en interactividad y participación".[114]

---

[112]   Como ejemplos de lo expuesto véase: la nota escrita por Beatriz Sarlo para *La Nación* el 29 de abril de 2010, la de Esteban Peicovich publica en *Perfil* el 14 de febrero de 2010, y la de Lucas Carrasco y Jimena Arnolfi en *El Argentino* el 28 de abril de 2010.

[113]   Publicada el 29 de mayo de 2010.

[114]   Ver nota "Nuevo diseño de Clarín.com, el sitio de noticias más visitado del país" (14 de diciembre de 2008). y "Nuevo diseño de Clarín.com, el sitio de noticias más visitado del país" publicada en la sección "Sociedad" (pág. 48) el domingo 14 de diciembre de 2008.

Lo cierto es que el diario que hasta el momento había estado a la vanguardia de los cambios que requiere el adaptarse a las nuevas lógicas propuestas por Internet alteró de manera rotunda su *contrato de lectura,* al poner en línea el nuevo diseño que anunció como "el más importante de los últimos 5 años", publicando también una nota de presentación de la nueva interfaz en la que se explayaba sobre los cambios de diseño, diagramación y jerarquización de la información pero, como se dijo, sin mención alguna respecto a la nueva política de participación.

En el último *layout,* los espacios para *comentarios* son considerablemente escasos y quedaron solo circunscriptos a algunos de los contenidos –no todos– de ciertas áreas del diario muy específicas: el suplemento iECO, la Revista Ñ y la sección "Deportes". Las opiniones allí vertidas son publicadas con posterioridad a la moderación del medio que, según informó Darío D'Atri, no está a cargo de un equipo especialmente dedicado a esta actividad, sino que es responsabilidad del mismo periodista que ha habilitado la posibilidad de comentar la nota.[115]

---

[115] Desde la misma interfaz desde la cual cada periodista del medio publica y edita la noticia, se puede habilitar o deshabilitar la posibilidad de que los lectores puedan dejar sus comentarios. En caso de permitir dicha acción, el periodista debe ocuparse personalmente de la moderación de los enunciados producidos por los usuarios.
Por otra parte, vale aclarar que esto cambió con el rediseño publicado en diciembre de 2011, ya fuera de nuestro corpus, momento desde el cual este diario comenzó a permitir los *comentarios de lectores* en todas las noticias, mediante la incorporación de *plugs-in* de Facebook, Yahoo, Hotmail y AOL.

Ilustración 20. Portada de *Clarín*, versión 2010 (sector superior)

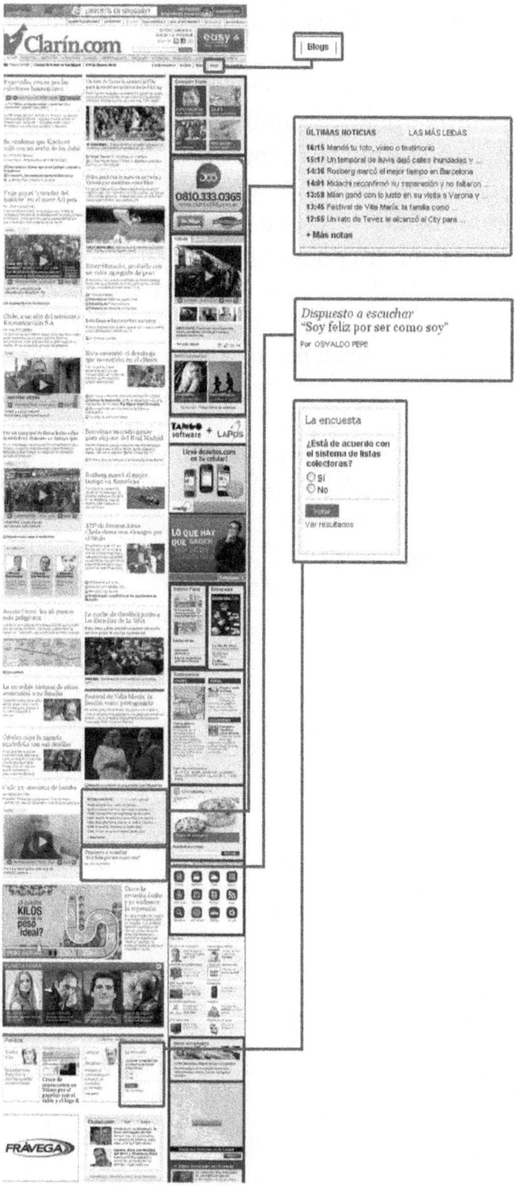

Ilustración 21. Portada de *Clarín*, versión 2010 (sector inferior)

Además, en el último rediseño se efectuaron los siguientes cambios:

- se modificó el recuadro de los *rankings,* dejando solo la opción que permite obtener el listado de *noticias más leídas* que ahora han perdido visibilidad dado que se encuentran ocultas detrás de la pestaña de "últimas noticias". El usuario sigue pudiendo enviar –es decir, recomendar– cada noticia, pero esta actividad ya no se registra en la instancia *notas más recomendadas*. El viejo recuadro con todos los *rankings* –de las más leídas, más comentadas y más enviadas– solo se encuentra dispuesto en las páginas internas del suplemento iECO[116] y la Revista Ñ;

- desapareció la página que nucleaba a las distintas *encuestas* realizadas. Se siguen publicando sondeos –tanto en el *home* como en las diferentes secciones–, pero no queda registro alguno;

- dentro de "Opinión", se publican *El juicio final* y las *Cartas al país,* pero ninguno de ellos es propio de clarín.com.

- los *blogs,* estandartes de la anterior política de participación del medio, perdieron visibilidad en la "puesta

---

[116] También se puede encontrar el ranking de *Lo más visto* en la sección "Multimedia".

en página" del diario, situación que está en sintonía
con la merma de su consideración por parte del periódico. El mismo Editor Jefe de clarín.com, Darío
D'Atri, comentó que ha disminuido notoriamente la
generación de nuevas bitácoras a pedido del medio,
dado que las *redes sociales* se han llevado parte de la
participación que antes era capturada por los blogs de
Clarín: "Ha habido como un cambio muy fuerte [...]
Lo que ha ocurrido a pasos súper veloces, en 18 o 20
meses, es que los blogueros que antes tenían 4.000 o
5.000 visitas y cientos o miles de post y comentarios
han dejado de tener ese peso en la medida en que
crecieron mucho las redes sociales". Además, los weblogs le han ocasionado a *Clarín* algunos problemas
legales.[117]

---

[117]   Darío D'Atri comentó al respecto: "Nosotros tenemos muchas situaciones
        [legales] que se nos generan con la plataforma de blogs. Como los blogs
        de usuarios están ubicados dentro de 'Clarín Blogs', muchas veces vos
        tenés [...] un fulano que abre una página y te publica 25 post insultando
        al vecino porque le estaciona el auto. ¿Y sabés en qué termina eso? En
        una carta documento que recibo yo, de ese vecino, diciendo: 'Intimo a la
        despublicación de...'. Eso pasa todo el tiempo. Nosotros gastamos mucha
        plata en abogados. Los blogs son un tema muy delicado. Ahora tenemos
        el caso de una persona que se siente ofendida por uno de los blogs [...]
        en donde hay unos comentarios que considera que están al límite del
        antisemitismo. La verdad es que hay que mirarlos con lupa, pero esa
        persona tiene derecho a sentirse afectada y tiene derecho también el
        que lo publica porque no es abiertamente fascista, pero hay expresio-
        nes que son dudosas. Entonces le mandamos un mail a esta persona
        diciéndole que hay expresiones que están muy al límite, pero al final del
        caso es una cuestión de valoración y si esto creciera, terminás frente a
        un juez. Entonces en muchos de los casos lo que nosotros hacemos es
        levantar los blogs que violan todas las reglas de convivencia y sentido
        común... estamos todo el tiempo levantando blogs. Es muy buena la idea
        de tener una plataforma de blogs, pero ¿cómo hacés para regular una
        plataforma que tiene 500.000 blogs? Hay 500.000 personas que están
        posteando veinte veces por día". Para evitar este tipo de inconveniente
        Clarín utiliza un robot de búsqueda que funciona como filtro y "peina"
        todos los días los blogs generados por los usuarios, para detectar la

Como puede verse, en un momento en que los periódicos digitales se encuentran abocados en ver de qué manera retienen al lector -que ahora, por su parte, se vincula con el diario de un modo distinto a como lo hacía con la prensa papel-, *Clarín* decide redefinir su *contrato* limitando las posibilidades expresivas de su público.

4.4. Los espacios de intervención y participación del lector en los suplementos sobre informática y tecnología

Si bien no nos dedicaremos a analizar los *espacios de intervención y participación del lector* que se fueron generando particularmente en el interior de cada uno de los suplementos de los periódicos estudiados, resulta interesante detenernos al menos un momento en aquellas instancias que se gestaron y desarrollaron en los suplementos que abordan temas relacionados con la informática y la tecnología. Dichos apéndices del diario tienen una peculiaridad que los distingue de los demás suplementos: están destinados a un sector del público que detenta mayores "competencias tecnológicas" que el resto de la audiencia. Característica que posibilitó que, aun en los comienzos de la incursión de los diarios en la web, estos sectores editoriales tuvieran una notoria interacción con su público lector.

El periódico *La Nación* dio el puntapié inicial cuando el 22 de abril de 1996 sacó a la calle -y también publicó en la web- la primera edición del suplemento "Informática", que en diciembre de 2001 pasó a llamarse "Mi PC / Informática

---

presencia de términos como "Hitler", "nazi", etc. Esta búsqueda es luego refrendada con una lectura minuciosa de "un grupo de personas que están mirando cotidianamente los blogs".

& Tecnología" hasta quedar, desde septiembre de 2005, como "Tecnología" a secas. Desde que se relanzó el suplemento el 3 noviembre de 1997, se publica el *Correo de lectores,* una especie de consultorio electrónico en el que semanalmente se editan una serie de preguntas de lectores usuarios y las respectivas respuestas del medio. A su vez, en ese momento los lectores comienzan a colaborar con la sección Trucos y el 20 de junio de 1998 se inaugura la sección Enlaces, que presenta una lista de páginas web sugeridas por usuarios.

Aunque el suplemento "Tecnología" aún se sigue imprimiendo todos los sábados y lanacion.com cuenta con una sección homónima –www.lanacion.com/tecnología–, el único *espacio de participación* que ha perdurado hasta la actualidad es el *Correo de lectores,* que ahora se llama *Feedback.*

Por su parte, *Clarín* comenzó a publicar en 1997 el suplemento "Informática" en su versión papel, que arribó al ciberespacio el 31 de marzo de 1998 con el nombre de "Informática 2.0". El 9 de septiembre de 2006, fue rebautizado con la denominación de "Next", cuya última edición salió a la calle el 26 de noviembre de 2008, luego de lo cual se convirtió en una especie de subsección semanal de la sección Sociedad.

Ya por 1999, "Informática 2.0" contenía, además de una selección de las notas publicadas en "Informática", una *encuesta* semanal sobre tecnología y los *foros* de discusión donde los lectores debatían sobre temas de actualidad relacionados con la computación. También se destacaba la sección denominada *Usted opina,* donde se publicaban opiniones de lectores sobre algún aspecto ligado con los tópicos del suplemento. Dicha sección se desglosó luego en distintas instancias de participación del lector:

- la sección *Descubra un sitio y coméntelo,* donde los lectores son interpelados en tanto "usuarios" de la web para brindar su opinión respecto de algún sitio que consideren novedoso;

- la sección *Cuéntenos su historia* que también "tiene como protagonista al lector del suplemento", que en este caso pone en discurso sus experiencias relacionadas con Internet, y;

- la sección *Correo,* una copia del *Correo de lectores* de *La Nación.*

Por otro lado, vale rescatar que es en los *espacios de participación* de los suplementos de informática de *Clarín* y *La Nación* donde comienza a observarse una peculiaridad que luego será común en otras instancias que permiten la presencia del discurso del público: *los lectores entablan diálogos entre sí, al construir enunciados cuyo objetivo no es necesariamente establecer un intercambio con el diario, sino responder a otro lector.*

Por ejemplo, en el *Correo de lectores* de *La Nación* del día 27 de julio de 1998, se publica el texto de un lector que comienza de la siguiente manera: "Quiero comenzar haciendo referencia a la carta de Esteban Menéndez, con el registro de Windows, del lunes 25 de mayo último. En ella comenta su enojo por la falta de respuesta por parte del servicio técnico de Microsoft...".[118]

También, el 20 de octubre de 1999 puede verse en el suplemento "Informática 2.0" de *Clarín* una opinión que dice: "Quisiera ensayar una hipótesis a modo de respuesta a la duda del lector Leonardo Pavia acerca de por qué los sistemas no funcionan...".

Al observar el devenir de estos suplementos puede también notarse cómo los diarios van cambiando el modo en que construyen a su destinatario, lo cual se evidencia,

---

[118]   Véase, disponible en línea: http://www.lanacion.com.ar/nota.asp?nota_id=178785 (consultada el 9 de febrero de 2011).

entre otros indicadores, por la manera en que se incorpora el "tuteo". Por ejemplo, en el caso de *Clarín* puede verse cómo se modifican los rótulos de las distintas instancias de participación presentes en el suplemento: "descubra" pasa a ser "descubrí", "cuéntenos" cambia por "contanos", etc.

Un dato singular sobre *La Nación* es que "para celebrar junto a los lectores el aniversario del suplemento" que tendría lugar el 23 de abril de 2010, el periódico convocó a los lectores usuarios a escribir de manera "colaborativa" una nota vía Twitter, que fue publicada tanto en la edición impresa como en el diario *online*. La nota –sobre la que volveremos en el capítulo 6– es firmada por el periodista Ariel Torres diciendo: "Y, señal de los nuevos tiempos del mundo y del periodismo, no conozco en persona a la mayoría de las personas que han creado la columna de esta semana".[119]

---

[119]   Nota publicada el 23 de abril de 2010 en el suplemento Tecnología. Disponible en línea: http://www.lanacion.com.ar/nota.asp?nota_id=1257062 (consultada el 9 de febrero de 2011).

CAPÍTULO 5. LA PARTICIPACIÓN DEL LECTOR Y EL UNIVERSO NOTICIOSO

5.1. El lugar de los lectores al interior de las noticias

¿Interviene el lector en el universo noticioso del diario? ¿Participa concretamente en la construcción del contenido informativo? ¿Se hace referencia a los *espacios de intervención y participación del lector* en el interior de las noticias? ¿Cómo? ¿Cuándo? ¿Dónde?

Si en el capítulo anterior se ha procurado describir aquellos espacios presentes en los diarios digitales estudiados que le permiten al lector intervenir y participar, sería interesante ahora comenzar a examinar qué lugar ocupa la opinión de los lectores en los periódicos *online* o, más específicamente, de qué manera se ponen en relación con el universo noticioso de los medios. Porque más allá de los auspiciosos anuncios de derrumbe de la frontera que separa a los periodistas de los usuarios, sigue siendo notoria la división entre los contenidos –periodísticos– producidos desde las redacciones y aquellos aportados por la "colaboración" del público. Lo deja claramente asentado *La Nación* en su "tutorial" destinado a explicar qué es la participación: "Trabajando en conjunto, los periodistas del medio aportan una mirada profesional en tanto que los lectores contribuyen con diferentes puntos de vista sobre el tema".[120]

Es cierto que si analizamos las condiciones actuales de las interfaces de los periódicos digitales de mayor alcance, es

---

[120] Ver https://registracion.lanacion.com.ar/tutorial (consultada el 9/02/2011).

difícil no caer en la tentación de establecer ciertos lazos entre los postulados teóricos sobre la recepción propuestos por la crítica literaria desde principios de los años setenta –encabeza por Roland Barthes– y lo que aparecería como concretamente posible gracias a la consolidación de las interfaces digitales de los periódicos *online*. ¿Podrían ser considerados los *comentarios* de los lectores sobre las noticias como la escritura de una lectura? ¿Es posible pensar que es la intervención del lector en el universo noticioso la que comienza a desdibujar la figura y el rol del periodista editor como autor? Las prácticas propiciadas por las interfaces digitales de los diarios ¿contribuyen también a abolir la distancia entre escritura y lectura supuesta en una visión tradicional de ellas? Una primera mirada nos haría contestar afirmativamente estos interrogantes, pero si no deseamos que esa mirada sea ingenua, debemos considerar el hecho de que los grandes diarios "en línea", o al menos los dos sobre los que aquí estamos trabajando, no han hecho aun más que proponerle al lector herramientas para una *participación encauzada*.

Tanto *Clarín* como *La Nación* generan continuamente espacios editoriales destinados a incentivar y contener el flujo comunicativo de la audiencia –espacios frecuentes, sobre todo, desde el año 2008–, pero por el momento, sin desatender que es el mismo diario quien genera de un modo arbitrario las consignas o selecciona y limita los espacios de su aparición. Detalle que muchos gurúes del periodismo 2.0 y 3.0 parecen obviar.

Recordemos, por ejemplo, que en enero de 2008 *La Nación* puso en línea el sitio "Soy Corresponsal". No obstante, solo en contadas ocasiones se permitió una mínima imbricación entre el contenido que se publicaba en esta sección y el resto de la información periodística del diario.

Entre las contadas ocasiones en que las noticias construidas por los lectores ganaron un lugar en la portada de lanacion.com, podríamos mencionar un par de ejemplos a modo ilustrativo. El 11 de agosto de 2008 se publicó en el sector inferior del *home* del diario la nota "Reunión de vecinos de Ramos Mejía" bajo el copete "Soy corresponsal" (ilustración 22). Algo similar sucedió primero el 8 de octubre y luego el 10 de diciembre de ese año con las noticias "Basural en el microcentro porteño" y "La odisea de viajar en el ferrocarril Roca", respectivamente. Como salta a la vista con solo mirar el contenido de sus títulos, las notas escritas por los lectores se encuentran relacionadas con el universo semántico de reclamos por la calidad de los servicio públicos.[121] Cada uno de los titulares reenvía directamente al sitio "Soy corresponsal".

Ilustración 22. Nota de "Soy Corresponsal" publicada en el *home* de *La Nación*

En Wilde

Mató a un ladrón en defensa de su familia

10:50 | Le disparó a uno de los delincuentes que intentaba robarle el auto a su esposa e hijo en la puerta de su casa

Soy Corresponsal   IR AL SITIO

Reunión de vecinos de Ramos Mejía

Un grupo de habitantes de esa localidad bonaerense se autoconvocó para discutir distintos problemas de la zona

---

[121]   En algunos estudios, se ha observado que la incorporación de espacios de *periodismo ciudadano* en portales de medios de prensa ha permitido darles mayor visibilidad a "aquellos problemas que se experimentan en las ciudades [...], dando cabida a temáticas de interés humano [...] problemas de la sociedad que no se recogen en las noticias que diariamente transmiten los medios: temas de servicios (sanidad, transporte, educación, justicia)..." (Larrondo Ureta y Tejedor Calvo, 2008: 180-181).

Se pudo observar, por otro lado, que la participación de los lectores canalizada por "Soy Corresponsal" fue en algunos casos fuente de noticias construidas por el medio. Por ejemplo, unos días después de inaugurarse el sitio de periodismo ciudadano, *La Nación* publicó en su edición impresa la nota "Están presos y ocupan sus salidas de la cárcel para arreglar escuelas", en la que aclaraban que "LA NACIÓN fue testigo del trabajo de los presos gracias a una lectora, que escribió en el espacio web Soy Corresponsal, del sitio www.lanacion.com".[122] Pueden advertirse análogas alusiones en las notas "Descubrieron un empedrado colonial en las calles de Barracas" y "Esquinas peligrosas: contanos cuáles requerirían intervención inmediata de las autoridades", generadas el 20 de diciembre de 2008 y el 9 de febrero de 2009, respectivamente.

También *Clarín* publicó, en algunas contadas ocasiones –siempre ligadas a denuncias sobre irregularidades o ilegalidades–, notas en las que remitía explícitamente a su espacio dedicado a la *participación ciudadana*, el blog "Testigo Urbano". Por ejemplo, en agosto de 2009 una denuncia sobre picadas ilegales en Buenos Aires, difundida en el weblog, dispara una serie de notas en *Clarín*.[123] En una columna de opinión publicada el 4 de agosto de ese año, el editor general adjunto de *Clarín* sostiene: "Un lector del blog Testigo Urbano de Clarín.com nos envió ese testimonio y ahora las picadas locas son conocidas masivamente".[124]

Cierta canalización supone también la generación de noticias a partir de la "lectura" que hacen los medios de lo

---

[122] Nota publicada el 25 de enero de 2008.
[123] Se trata de las noticias "Peligro mortal: motos que van por la ruta a 300 km/h", "Prometen controlar con radares móviles a las picadas mortales en rutas y autopistas" y "Un gran operativo evitó las picadas de motos en la autopista de Cañuelas", publicadas el 4, 5 y 9 de agosto de 2009, respectivamente.
[124] Nota "Arriesgar la vida como si nada".

que opinan sus lectores. *La Nación* lo hace recuperando generalmente los *comentarios* de sus usuarios (es decir, a partir de un *espacio de participación*); *Clarín* echa mano de los resultados de las *encuestas online* (es decir, desde un *espacio de intervención del lector*). Veamos algunos casos a modo de ejemplos.

Antes de que existiera el espacio dedicado de forma especial a los comentarios de lectores a las noticias, *La Nación* utilizó editorialmente, en ciertos casos aislados, las opiniones vertidas por el público en sus *foros*. Dicho procedimiento es el que llevó a cabo el 16 de agosto de 2004, cuando publicó en la sección Información General una nota titulada "La gente sospecha de la policía", en donde manifestaba: "A continuación se reproducen comentarios que los lectores de LANACIONLINE volcaron, identificados con un alias (*nickname*), en el foro habilitado para opinar sobre el caso Nicolás Garnil y la ola de secuestros en la Argentina".

El 4 de noviembre de 2008, *La Nación* publicó la nota "Lectores de lanacion.com piden más control en los viajes de egresados", recopilando algunos de los comentarios vertidos por la audiencia al pie de una noticia sobre un estudiante accidentado durante su "viaje de egreso" a Bariloche, publicada en la edición impresa de ese mismo día. Allí se retomaban textualmente los comentarios de algunos lectores, acompañados de sus respectivos nombres de usuario:

> "El control no se da en una persona u organismo, debe venir desde que comienza la primera etapa hasta la última para asegurar un viaje divertido y que no termine en tragedia", advirtió quique51.
> Al tiempo que Inechu2008 consideró que la clave en este proceso está en promover la responsabilidad en los jóvenes. "Si son capaces de andar solos de noche o de viajar, deben

poder hacerse cargo de su propia vida. Hay que cultivar en ellos la conciencia, el amor y el respeto por sí mismos". [...]

De la convocatoria también participaron aquellos usuarios que colocándose en una postura más intermedia, propusieron alternativas para mejorar la situación.

Así, Mojigato confesó que "jamás le impediría a un hijo que saliera al mundo a disfrutar de él. Le rogaría que tome precauciones. Los accidentes existen, pero no deben dar motivo a vivir en pánico [...]".

El 23 de noviembre del mismo año, se publicó en el *home* la noticia "Imparable ola de renacionalizaciones", propia de la edición impresa. Debajo de la bajada que la acompaña se enuncia: "Los lectores de lanacion.com rechazaron la estatización de las AFJP" (ilustración 23). En este caso, si se observa el total de los comentarios vertidos por la audiencia –que serán luego analizados en el capítulo 6–, se puede ver que es notoria la estrategia del diario de retomar solo aquellos discursos de lectores que se mantienen afines a la "línea editorial" del medio:

> [...] El lector tycsmith contó que tiene 32 años y durante 13 aportó al sistema de capitalización y anticipó que demandará al Estado por la pesificación de los activos de las AFJP, por la actualización con el CER y, por último por la expropiación de los fondos "aunque no son de libre disponibilidad durante la época de aporte, son míos".
> Según pepapez la situación actual deja todo "en manos de abogados, juicios interminables y costosos" [...]
> En tanto, d_peralta2008 indicó que ya se reunió con su abogado y le dio instrucciones para que iniciara una demanda: "Sé, que tendré que esperar, varios años. Por eso, es mejor empezar lo antes posible. Pienso dar batalla, y defender lo que es mío" [...].

Tan solo al final de la nota le dedican una mínima atención a la opinión "disidente":

[...] Aunque también dejaron sus comentarios los que apoyan la decisión del Gobierno. Entre ellos, una minoría dentro de todos los *posts* dejados por lectores, estaba edgardo2003, quien consideró que esta "es la medida más acertada que ha tomado este gobierno desde su asunción".

Ilustración 23. Portada de *La Nación*, 23 de noviembre de 2008

Inicio | Últimas noticias | Lo más visto | Edición impresa | Videos | Fotos | Blogs | Participación | Guías | Servicios | Clasificados | Todos los sitios

Ingresar
Registrarse
BUE 21°
ST 20° H 77%
Pronóstico

lanacion.com
Domingo 23.11.2008 | Actualizado 08:32 (hace 12 min)

Falabella.

Inf. general | Política | Economía | Deportiva | Tecnología | Espectáculos | Exterior | Cultura | Ciencia/Salud | Humor | Buscar | Avanzado Archivo

Tenis / Un escenario complicado
Contra las cuerdas

La caída de Nalbandian y Cañas en el dobles ante Feliciano López y Verdasco dejó a España a un paso del título; la Argentina deberá ganar hoy los dos singles para ser campeón
El público, un partido aparte, por T. Rivas
Las claves de una derrota que impacta duro. Por Marcelo Gantman
FOTOGALERIA: el color en el tercer punto de la serie

Imparable ola de renacionalizaciones
El avance oficial sobre Aerolíneas y la estatización de las AFJP confirman una política de intervención que abarca una docena de firmas
Los lectores de lanacion.com rechazaron la estatización de las AFJP
La angustia une a 11.000 empleados de las AFJP
Apuran la ley para expropiar Aerolíneas
Enviá tu comentario (48)

"Dejamos de escuchar a la gente"
El ex jefe de Gabinete elogia la inteligencia de la Presidenta y dice que Kirchner fue "el mejor presidente desde el regreso de la democracia"; se diferencia del proyecto de las AFJP y le reclama al kirchnerismo
Video: Fernández, lejos y cerca de los Kirchner
Enviá tu comentario (32)

ÚLTIMAS NOTICIAS — VER TODAS
02:31 | Por la crisis financiera quebraron otros tres bancos en EE.UU.
02:30 | Así fue la primera transmisión en vivo de YouTube
00:00 | Otra vez la violencia: murió un hincha de Colón
23:40 | Lanús le arruinó la fiesta a San Lorenzo
21:20 | Independiente volvió al triunfo
21:25 | SIC, campeón del Nacional de clubes

Si ganás, saldrá con el diario llegando a mucha

CLIO SPORTWAY.
1.6-110CV. POTENCIA.

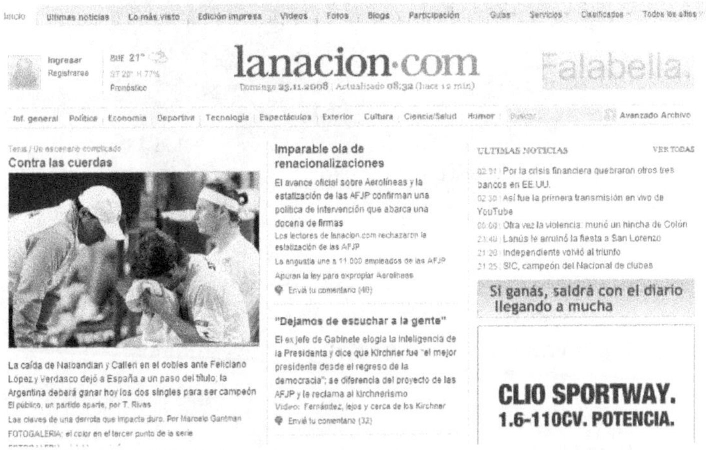

Por otro lado, en algunos casos los periódicos solicitan al público de un modo explícito el envío de comentarios o imágenes sobre algún acontecimiento en particular para la posterior diagramación de una noticia. Este es caso de una nota publicada en *La Nación* el 18 de octubre de 2008 bajo el título "El primer Día de la Madre de las lectoras de lanacion.com". La noticia publicada en el *home* del sitio fue construida absolutamente a partir de las intervenciones de las lectoras que pusieron en palabras –e ilustraron con imágenes– las vivencias de su primer día como mamás (ilustración 24).

Ilustración 24. Vista de la nota, tal como aparecía en el *home* de *La Nación*

El primer Día de la Madre de las lectoras de lanacion.com

14:24 | La experiencia de la maternidad según la mirada de quienes mañana festejan por primera vez; mirá las fotos y los testimonios

Para citar un ejemplo más cercano en el tiempo, veamos la nota publicada el 21 de diciembre de 2010 con el título "Diez historias de navidad fuera de lo común". En ella se presenta "una selección de los mejores relatos enviados por lectores de lanacion.com" con motivo de las fiestas de fin de año. La convocatoria había sido realizada unos días antes desde el espacio *Consignas* de la sección Participación.

A su vez, en muchas ocasiones *La Nación* ha utilizado su correo reportes@lanacion.com.ar para solicitarles a los lectores el envío de comentarios o imágenes, demandando la participación del público en calidad de "testigos" o "protagonistas" de hechos singulares, opiniones que luego son recuperadas en diferentes noticias. Listemos aquí algunos ejemplos:

- "Al menos 21 heridos al descarrilar un tren de la línea Sarmiento" (7 de diciembre de 2006);
- "Lluvia de papeles para despedir el año" (29 de diciembre de 2006);
- "Recuerdos del aula" (11 de septiembre de 2008);
- "Gripe A: testimonios en primera persona" (1 de julio de 2009);
- "Cortes de luz en varias zonas" (2 de febrero de 2010);
- "Condolencias de los lectores de lanacion.com" (28 de octubre de 2010);
- "Lectores, indignados por la falta de energía" (23 de diciembre de 2010);
- "Siguen las quejas por los contratiempos para cargar nafta" (30 de diciembre de 2010).

También *Clarín* ha creado algunas notas con imágenes enviadas por los lectores como resultado de una convocatoria específica, para realizar la cobertura de algún acontecimiento mediático. Así lo hizo, por ejemplo, el 3 de marzo de 2008 cuando cubría un temporal que azotó a Buenos Aires, con la noticia "El temporal, en foto de lectores de Clarín.com", en donde describía los daños ocasionados por la tormenta ocurrida en la capital nacional, acompañando el texto con las imágenes que habían obtenido aquellos que fueron "testigos" directos del hecho.

Como se dijo antes, *Clarín* ha incorporado también en su discurso informativo, en algunas oportunidades, el resultado de una encuesta. A continuación, se citarán algunos ejemplos.

El 24 de julio de 2008 promocionaron desde la portada del diario la nota "Para los lectores de *Clarín,* Cristina debería profundizar los cambios en el gabinete", que se encontraba construida a partir de los resultados de una encuesta del día anterior:

Entre los lectores de *Clarín* en Internet, el recambio en ese puesto clave dividió en terrenos casi iguales a quienes creen que servirá para mejorar la gestión y a los que opinan lo contrario. En cambio, fueron claramente mayoría los que se pronunciaron a favor de más cambios ministeriales.

Otro caso parecido fue el acaecido el 10 de septiembre de dicho año cuando clarín.com publicó la noticia "Los lectores de Clarin.com, a favor de los colectivos en la disputa por los carriles exclusivos". En la bajada podía leerse:

En una encuesta realizada hoy se les preguntó si estaban de acuerdo con que también los taxis sin pasajeros pudieran usarlos. De los más de 7.000 votos, casi el 70% dijo que no. Ayer 500 colectivos bloquearon la Avenida de Mayo para pedir que sólo los taxis ocupados pudieran circular por los carriles exclusivos.

Para ver un ejemplo más cercano en el tiempo, detengámonos en la nota "Para los lectores, Verón está lejos de haber sido la clave del campeón", publicada el 13 de diciembre de 2010:

[...] La alegría del campeonato no les nubló la vista ni el criterio a los hinchas de Estudiantes, que eligieron al mejor jugador en una encuesta realizada por Clarín.com. Enzo Pérez, clave en muchos de los partidos, pero con poca participación en las últimas tres fechas, fue el preferido de la gente. Verón, el referente, quedó en el cuarto lugar.

Como se ha observado también en el capítulo anterior, tanto *Clarín* como *La Nación* les han otorgado a sus lectores la posibilidad de participar en la producción del discurso informativo, pero solo en algunas áreas específicas: los suplementos de Turismo / Viajes e Informática / Tecnología. Como afirma Edgardo García en su análisis sobre los distintos niveles de interactividad en las salas argentinas de prensa, los medios solo abren espacios para la coproducción con su audiencia en algunas secciones de contenido *soft:*

Journalistic organisations open a space for these co-produc-
tions, especially in those soft sections like Tourism, Life Style,
etc; but they will hardly do the same in hard news sections
like National news or Economy& Business, because in those
sections the editorial line and interests of newspapers as
political actors, block the access of those who could hardly
reproduce these editorial lines and their incidental changes.
(2007: 20).

Pareciera que tal como está siendo planteada hasta el momento, la recuperación de las opiniones de los
lectores en la trama del discurso informativo de los diarios estudiados vendría a contribuir con lo que Patrick
Charaudeau denomina como *discursos de autojustificación*,
como parte de sus respectivas estrategias de legitimación.
Dice Charaudeau: "Los medios se ven obligados a producir,
paralelamente al discurso de la información, un discurso
que justifique su razón de ser, como si no conformes con
afirmar: 'Esto es lo que usted debe saber', los medios no
cesarán de decir: 'Estas son las razones que nos autorizan a
informar'" (2003: 38). La voz del lector que se materializa en
los *espacios de intervención y participación* ¿proveerían de
materia prima para el nuevo discurso de autojustificación
de la prensa en línea?

Cuando Niklas Luhmann (2000) describe el funcionamiento del *sistema social de medios de masas*, al que
hemos aludido ya en el capítulo 3, explica que dentro de
los criterios de selección de la información se encuentra la
exteriorización de opiniones. Las noticias que vehiculizan la
opinión de la gente son, para Luhmann, acontecimientos
que no tendrían lugar si no existieran los medios y, por lo
tanto, tienen una doble función: "Subrayan lo que debe ser
objeto de opinión y gracias a esa opinión quedan como
temas que crean agenda" (2000: 52).

Recordemos además que para Charaudeau, debi-
do a la ausencia física del destinatario, el discurso de la

información propio de la prensa se inscribe en una situación de intercambio monolocutivo. Por lo tanto, dice, al diario no le queda más remedio que "simular" el intercambio ausente (Charaudeau, 2003: 248 y ss.). Y si bien es evidente que los periódicos digitales presentan características diferentes a las de la prensa en papel, también Luis Albornoz (2007) ha realizado una inferencia similar con motivo de estudiar los principales diarios digitales en español. Según él, los dispositivos de participación de lectores no serían más que un simulacro de interacción entre el medio y su audiencia.

Para Luhmann, las "comunicaciones posteriores" –es decir, aquellas que de alguna manera representan cierta respuesta a las comunicaciones del *sistema social de los medios,* y que nosotros podríamos ubicar como generadas por el *sistema social de respuesta* teorizado por José Luiz Braga (2006)– no quedan excluidas, pero de un modo u otro, sirven para la *autopoiesis* del sistema:

> Es posible en casos especiales, como por ejemplo en la forma de cartas a la redacción, o en llamadas provocativas a la radio o a la televisión. Sin embargo, cuando ocurren estas comunicaciones posteriores, se incorporan a la autopoiesis del sistema: se pueden imprimir las cartas al lector una vez que han sido seleccionadas, o se pueden contestar las llamadas telefónicas que se hacen visibles en la pantalla del estudio y las que, en todo caso, pueden ser retomadas e integradas al programa. Sin embargo, todo esto sirve a la reproducción del sistema *mass media* y no al contacto del sistema con el entorno. (2000: 23-24).

Lo que sucede con la recuperación de la voz del público en los espacios editoriales de los diarios digitales estudiados pareciera coincidir, desde el punto de vista de las *estrategias enunciativas,* con la caracterización que realiza Eliseo Verón de la fase actual en la que se encuentra otro medio masivo de comunicación, la televisión. En su artículo

titulado "El fin de la historia de un mueble"[125] (Verón, 2009),
el semiólogo argentino intentó sanear la clásica distinción
entre *neo* y *paleo* televisión, proponiendo la diferenciación
de tres estadios en la historia de dicho medio. En la etapa
inicial, fue el "contexto socio-institucional extra-televisivo"
el que "proporcionó el interpretante fundamental" (Verón,
2009: 237). Luego, la televisión misma se convirtió en la
"institución-interpretante", a partir de la proliferación de las
operaciones de autorreferencia en el discurso del medio.
Por último, en la tercera –y actual– etapa, "el interpretante que se instala progresivamente como dominante es
una *configuración compleja de colectivos definidos como
exteriores a la institución televisión y atribuidos al mundo
individual, no mediatizado, del destinatario*" (Verón, 2009:
239, el resaltado es del autor). Así, el mundo del destinatario,
propone Verón, irrumpe en las *estrategias enunciativas* del
medio, como legítimo representante del "afuera". Por otra
parte, es cierto que se podría objetar que existen claras
diferencias entre el lugar que ocupa la materialización de
la voz de los lectores en el discurso de los diarios digitales
y la manifestación "del mundo cotidiano del destinatario"
que tiene lugar en los *reality-shows,* que Verón coloca en el
lugar de "síntoma" de emergencia de la tercera etapa de la
TV (Ibíd.). No obstante, consideramos que una y otra son
distintas maneras en que los representantes del "afuera", los
que antes eran el "público" y hoy son parte, se convierten
en *tercero simbolizante*. En el sistema mediático actual
existe, en realidad, un considerable número de casos que
podrían ser contemplados aquí. Nótese, por ejemplo, el
lugar que ocupa el destinatario en TN, el canal de noticias
más visto en Argentina, que no solo es convocado a partici-

---

[125] En el cual el semiólogo retoma la formulación de una tesis que había
comenzado a caracterizar en otro texto publicado seis años antes (Cfr.
Verón, 2003).

par desde una web especialmente creada a tal efecto bajo el lema de "TN y la gente" –www.tnylagente.com.ar– que tiene un lugar especial dentro del discurso editorial del medio, sino también se ha convertido en protagonista del programa semanal "Prende y apaga".[126] También podríamos mencionar, para seguir ilustrando lo expuesto, el creciente lugar que ocupan en algunos programas televisivos los mensajes que los miembros de la audiencia envían –participando, comentando o criticando lo que está ocurriendo en el programa– vía Facebook o Twitter y que, en algunos casos, hasta ha obtenido un segmento propio.[127]

---

[126] Este programa, que se inició en mayo de 2010, se emite todos los viernes a la medianoche y tiene una historia muy particular: es fruto del lugar creciente que los espectadores comenzaron a ocupar en el segmento informativo de las 23 hs., y del particular vínculo que ellos establecieron con el conductor Sergio Lapegüe. El mismo conductor relata: "Estaba siempre tan solo ahí en el piso... Y yo me preguntaba: '¿Alguien me verá? ¿Alguno estará del otro lado?' Mirando los edificios que mostraba la cámara del noticiero, una noche se me ocurrió decir al aire: 'Si reconocés este edificio; si es tuyo; si reconocés esta ventana y me estás viendo, dame una señal, algo... Prendé y apagá la luz'" (en "Sergio Lapegüe: una marca registrada", publicado en la sección espectáculos de *La Nación* el 14 de marzo de 2011. Lo que sucedió luego fue que, efectivamente, alguien respondió y desde ese día se convirtió en un cliché del espacio que, debido a la explosión de su rating, devino en un programa autónomo. Es de interés también cómo el conductor explica el éxito del programa: "Hay gente que necesita mostrarse. Acá aparecen, se sienten respetados, se hacen conocidos en el barrio. Hay gente que necesita fortalecer su ego y tiene una camarita para hacerlo. Se hacen amigos entre ellos, crean personajes, se hacen famosos. Está el Conejo, el Hombre Lata, la abuela Clota. Y se hacen amigos entre ellos por el programa. Lo hemos visto: bomberos en Puerto Madryn que bailan en una plaza a temperaturas bajo cero y ante una cámara que no ven porque está ubicada a más de cien metros de altura" (Ibíd.).

[127] Como muestra de este tipo podemos aludir a "Un mundo perfecto", el programa conducido por Roberto Petinato que se emitió entre 2009 y 2011 por América TV. El presentador interactuaba constantemente con la intervención que los espectadores realizaban en el Facebook oficial del programa, colocando a la audiencia casi en el lugar de panelistas. Incluso, contaron en un momento con un personaje, "Faceman", que

5.2. Los comentarios de los lectores a las noticias: un ámbito en tensión

Los espacios que le permiten al lector comentar las noticias tienen la peculiaridad de estar, dada su ubicación, en conexión inmediata y directa con el contenido informativo al que refieren.[128] Tanto *La Nación* como *Clarín* los han incorporado en sus respectivas interfaces, aunque con distintas modalidades y resultados. Pero en ambos casos se pudo observar un fenómeno que ha sido común a todos los diarios digitales que han dado paso a esta variante de intervención del público: los discursos que circulan en los comentarios de los usuarios tienden con frecuencia a canalizar los afectos más que a responder a intervenciones raciocinantes; incluso, en ciertas ocasiones, las opiniones de los lectores ni siquiera se ciñen al tema en cuestión.[129]

---

recopilaba los comentarios de los seguidores del programa por medio de una animación en pantalla verde que se insertaba sobre él.

[128]   Es incluso interesante ver, por ejemplo, la manera en que *La Nación* define el espacio destinado a los comentarios en relación con las noticias. En su tutorial de participación (https://registracion.lanacion.com.ar/tutorial) señala: "Los comentarios en las notas abren la posibilidad a cada lector de expresar su opinión sobre una noticia determinada. Las noticias funcionan como disparadores de opinión; y en este caso cuentan con dos partes fundamentales: a) La noticia en sí es la mirada del medio y el aporte profesional que realizan los periodistas del diario. b) Los comentarios que aportan los lectores enriquecen y completan la noticia con sus diferentes ópticas".

[129]   Es interesante ver, al respecto, una nota publicada en el diario argentino *Perfil*, en donde se consulta a periodistas, psicólogos, filósofos y ejecutivos de medios sobre la recurrente y notoria presencia de insultos en los comentarios a las noticias. El texto comienza así: "La noticia era el fallecimiento de uno de los contrayentes durante el festejo de su propia boda, la primera entre dos personas del mismo sexo en Mar del Plata. Para un lector, se trató de 'justicia divina'; para otro, el deceso fue a causa de un pelpa (de cocaína) mal cortado y otros dos criticaron a coro al periodista por difundir la noticia: 'Domina la prensa pro gay, por eso les dan nota a estos dos kuliaos', dijo el primero, mientras que el segundo se preguntó: '¿También ustedes son trolos?'. Sólo dos de los

Ya Francisco Yus ha explicado –deteniéndose específicamente en el análisis de los intercambios vía chats
o por mensajes en teléfonos celulares– de qué modo las
interfaces digitales le permiten al usuario decir cosas que
nunca afirmaría en una comunicación interpersonal "cara
a cara": "La imposibilidad de reaccionar con violencia al
enfado, sorpresa, etc. del usuario interlocutor en el *chat*
ofrece al usuario la oportunidad de ser sincero y decir lo
que quiera sin temer la reacción adversa del interlocutor
[...] algo que ha desembocado en un fenómeno, bautizado
en inglés como *flaming,* que consiste en decir todo lo que
al usuario le apetezca sin tener en cuenta las mínimas
reglas de etiqueta social" (2001: s/p). Incluso, hasta en
Wikipedia puede encontrarse una entrada dedicada al
neologismo *flame,* que es definido allí como "mensaje
deliberadamente hostil o insultante enviado sin ningún
propósito constructivo [...] por personas con sentimientos
muy fuertes respecto a un tema".[130]

Estos términos propios de la jerga de Internet nos
permiten pensar las características que pueden asumir los
intercambios que se realizan en entornos virtuales, donde
no solo desaparece el contacto "cara a cara", sino, muchas
veces, la identidad real de los miembros. Los comentarios de los lectores a las noticias no son una excepción; el
nombre de usuario o *nick* le otorga al lector la posibilidad

---

otros 84 comentarios llevaban condolencias". Y después aclaran: "Como
un virus informático o una enfermedad de la conciencia, los sitios en
Internet de diarios y revistas de Argentina, al igual que medios periodísticos basados en el mundo en línea, explotan en la actualidad de
comentarios agresivos y negativos por parte de sus lectores –la mayoría
con el dedo acusador levantado para denunciar desprolijidades y todo
tipo de patrañas– amparados, muchas veces, en el paraguas invencible
del anonimato". Ver nota "Por qué en los comentarios en la web hay más
insultos que opiniones" (12 de septiembre de 2010).

[130] Véase, disponible en línea: http://es.wikipedia.org/wiki/Flamer (consultado el 15 de febrero de 2011).

de escudarse en una especie de anonimato que le permite convertirse, en ocasiones, en un *flamer* que sin culpa ni cargo arroja sus palabras como "una piedra que llega desde la multitud".[131]

Para analizar este fenómeno, puede ser de utilidad la distinción que realiza Patrick Charaudeau (2003) entre *opinión* y *apreciación* como dos modalidades diferentes de *juicios reflexivos*. La primera implica el "cálculo de probabilidades" y, por lo tanto es el "resultado de un juicio hipotético sobre una posición favorable / desfavorable [...] es un testimonio del punto de vista de un sujeto acerca de un saber" (2003: 112); la segunda, al contrario, procede de "una reacción del sujeto frente a un hecho [...] no existe cálculo de probabilidades sino actitud reactiva inmediata" (Ibíd.). Esta última remite, por consiguiente, al universo afectivo: "Frente a un hecho el sujeto siente, identifica, expresa un parecer positivo o negativo, pero en ningún caso hace un cálculo" (Ibíd.). Como puede verse, cada uno de estos juicios reflexivos involucra un tipo diferente de actividad lingüística y, aclara Charaudeau, "proceden de dos movimientos inversos: la opinión sobre el hecho como evaluación intelectual y la apreciación a partir del hecho como reacción afectiva" (2003: 113).

---

[131] La frase entrecomillada fue tomada de una columna de opinión escrita por el periodista Jorge Lanata para el diario *Crítica Digital*. El texto del por entonces director del periódico porteño que ha sido ya sacado de circulación era una respuesta a los agravios sufridos por parte de la audiencia en los comentarios vertidos en una nota de su autoría, publicada el 13 de junio de 2008 bajo el título "Que el azar no sea el que premie". La categoría de "multitud" ha sido ampliamente desarrollada por Paolo Virno por considerarla clave para explicar ciertos comportamientos sociales contemporáneos. Dice el filósofo italiano: "Multitud significa la pluralidad –literalmente, el ser-muchos– como forma durable de existencia social y política, contrapuesta a la unidad cohesionada del pueblo. Es decir, la multitud consiste en una red de *individuos*; los muchos son *singularidades*" (2003: 76).

En este sentido, en la exploración de los discursos que circulan en los *comentarios* a las noticias, que pasaremos a analizar en el próximo capítulo, se ha observado la pre-eminencia de las *apreciaciones* por sobre las opiniones vertidas por el público. Asimismo, como se ha señalado en el capítulo anterior, se advirtió cierta disposición de los lectores usuarios a quebrantar el reglamento y las normas de uso de los comentarios, lo que sugiere cierto conflicto entre la lógica propuesta por el medio y las lógicas de participación del público. Por este motivo, no son pocos los medios digitales que tuvieron que reevaluar sus políticas con respecto a la participación de los lectores, a partir de los usos que ellos ejercieron y que no habían sido contemplados, estableciendo, por ejemplo, nuevas medidas de moderación.

Uno de los primeros intentos de *La Nación* por controlar el flujo comunicativo de su audiencia tuvo lugar el 23 de septiembre de 2009, momento a partir del cual se dispuso un espacio destinado a destacar a aquellos usuarios miembros de su comunidad que detenten "buena conducta", publicando un listado semanal de los diez lectores más sobresalientes en esta categoría. Aclaran en una nota: "A partir de un mecanismo por el cual se evalúa el cumplimiento del reglamento y los aportes de los miembros a la comunidad se destacará, en un listado, a los lectores que merezcan esta mención. [...] El modo por el que el usuario podrá ser elegido se establecerá a partir de una relación entre la cantidad de comentarios que haya realizado y la cantidad de mensajes rechazados que haya tenido".[132]

A mediados de noviembre de 2010, lanacion.com redobló la apuesta por conseguir el control de la dinámica de su comunidad de lectores, con el lanzamiento del "Programa

---

[132]   Véase la nota "Los usuarios de lanacion.com destacados de la semana" (La Nación, 23 de diciembre de 2009).

de calificación de usuarios". En palabras del medio: "Esta herramienta permite reconocer y recompensar a los mejores comentadores y otorgarles privilegios dentro de la Comunidad. También habilita a una gestión más eficiente de los espacios y comentarios del sitio".[133] Así, se premia a "los mejores comentadores", distinguiéndolos con medallas de oro, plata o bronce, de acuerdo al puntaje que cada usuario obtenga a través de un cálculo que tiene en cuenta distintas variables: la cantidad de comentarios, el porcentaje de posteos rechazados, los promedios de respuestas y de votos positivos obtenidos y el porcentaje de reportes pertinentes (ilustración 25). Las *respuestas* del público que suscitaron las noticias en las que el medio presentó cada una de estas iniciativas, la del *ranking de usuarios,* por un lado, y la del *programa de calificación de usuarios con medallas,* por el otro, serán recuperadas en el capítulo 6.

Ilustración 25. Imagen del especial multimedia por el "Programa de calificación"

Los factores que se calculan para calificar son:

Cantidad de comentarios que dejás en las notas. Cuantos más comentarios hagas mejor será tu calificación.

Porcentaje de comentarios rechazados. Esta variable mide tu comportamiento en la Comunidad. Cuantos más mensajes rechazados tengas peor será tu calificación.

Promedio de votos positivos por comentario. Este promedio mide la aceptación o rechazo de tus comentarios dentro de la comunidad y ayuda a evaluar el contenido de tus comentarios.

Promedio de respuestas por comentario. El promedio de respuestas indica cuán efectivos sos para generar una conversación dentro de la comunidad. Cuantas más respuestas tengan tus comentarios mejor será tu calificación.

Porcentaje de comentarios bien reportados. Si los comentarios que reportás son convalidados por el equipo de moderación y son finalmente rechazados mejor será tu calificación.

[133]   Véase la nota "Calificación de usuarios en lanacion.com" (18 de noviembre de 2010) y el especial multimedia dedicado a la nueva implementación y disponible en línea: http://especiales.lanacion.com.ar/varios/calificacion-usuarios/index.html?utm_source=basecomunidad&utm_medium=newsletter&utm_campaign=calificacion (consultado el 16 de febrero de 2011).

Por su parte, las medallas les otorgan ciertos beneficios a los usuarios condecorados. Si un usuario posee medalla de bronce, puede reportar[134] –es decir, denunciar– hasta cinco comentarios por día, hasta cuarenta si es medalla de plata, o "ilimitadamente" si tiene una insignia dorada. A su vez, los comentarios de aquellos lectores con medallas de plata u oro son promocionados en la pestaña de "Comentarios destacados" (ilustración 26), por lo cual se les pide a sus autores que se identifiquen con su número de DNI.[135] Dentro de las "Preguntas Frecuentes" de la Ayuda del sitio, lanacion.com explica:

Solicitamos un número de documento para los usuarios con medalla plata u oro ya que sus comentarios aparecen destacados en las notas y en la home de los sitios. Por esta razón es importante para nosotros validar la identidad de los usuarios, y lo hacemos tomando como datos el número de documento y el nombre y apellido declarado. Por esto, es muy importante que todos los datos estén ingresados tal cual figura en el documento.

---

[134]   Según el diario, "el reporte de abuso está diseñado para que solo los usuarios calificados puedan velar por el buen comportamiento y ser los cuidadores de los espacios de participación". Es decir, se trata de una funcionalidad solo habilitada para lectores con algún tipo de medalla. También se aclara que el uso indebido de la herramienta puede ser penalizado.

[135]   Para validar dicha información, *La Nación* también solicita el envío de una copia del documento por correo electrónico.

Ilustración 26. Comentarios en *La Nación*

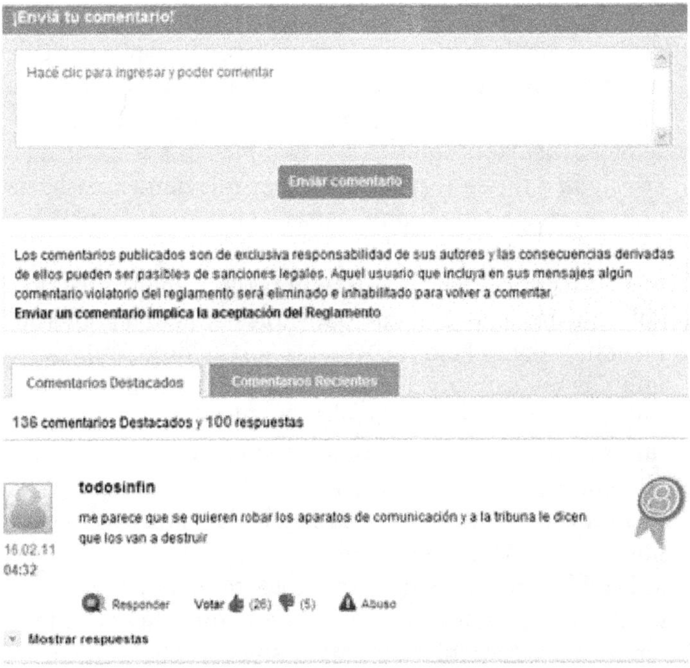

En su lucha por lograr que el usuario salga de su anonimato, lanacion.com ha recurrido también a las redes sociales en Internet. En el presente, promociona la posibilidad de relacionar la cuenta de un usuario del sitio con su perfil en Facebook. Así, los comentarios de aquellos lectores que opten por dicha alternativa serán también publicados en el "muro" personal de la conocida red social. En la página de ayuda, se aclara: "En el caso de tu nombre y apellido, así como también los datos del resto de tu perfil de Facebook [incluida la foto de perfil], se mantendrán vigentes con los niveles de privacidad que has configurado en Facebook".

Incluso, si bien *La Nación* genera constantemente notas en las que se solicita expresamente al lector que enuncie su opinión,[136] ha tenido de un tiempo a esta parte el resguardo de colocar la siguiente leyenda al pie de alguna de dichas noticias: "Esta sección tiene fines editoriales para poder conocer las opiniones de los lectores sobre el tema particular propuesto. Les pedimos que se ciñan a la consigna a fin de realizar un mejor relevamiento. Estas opiniones pueden ser publicadas en la edición papel".

Por otro lado, "por decisión editorial" este diario ha resuelto cerrar a *comentarios* las notas de opinión de ciertos columnistas abiertamente opositores al actual gobierno nacional –como Joaquín Morales Solá o Jorge Andrés–, y también pudo observarse que en algunas contadas ocasiones se decidió clausurar la posibilidad de generar comentarios en alguna noticia "por la sensibilidad del tema" que ella aborda. Entre los casos que hemos encontrado para ilustrar esto último, podemos señalar las noticias relacionadas con la intervención quirúrgica cardiovascular que se le realizó al ex presidente Néstor Kirchner un mes antes de su fallecimiento, las referidas a la muerte del ex jefe comunal de Morón, Juan Carlos Rousselot, o las concernientes al secuestro y asesinato de Candela Rodríguez.[137]

---

[136]   Solo a título ilustrativo, veamos los siguientes dos casos. El 3 de diciembre de 2008 el diario publicó la nota "Contá tu historia de navidad", en la que sostiene: "Falta muy poco para navidad y seguramente hay muchas historias que merecen ser contadas. Te invitamos a que envíes una vivencia actual tuya o ajena para publicar en lanacion.com". También, el 12 de enero de 2011, en la nota titulada "¿Qué película te gustaría volver a ver en el cine?", se lee: "Aprovechando la reposición de la primera parte de *Volver al futuro,* lanacion.com quiere saber qué otro largometraje ansías que vuelva a la pantalla grande; ¿por qué?; compartí tu elección con el resto de los lectores".

[137]   Véanse como ejemplo las siguientes noticias: "Cristina: 'Hay Kirchner para rato'" (13 de septiembre de 2010); "Murió el ex intendente Rousselot" (8 de julio de 2010); "Los errores que pueden haber torcido el rumbo de la investigación" (1 de septiembre de 2011).

En el pie de todas estas últimas noticias, puede leerse: "Estimados lectores, los comentarios en esta nota han sido deshabilitados debido a la sensibilidad del tema". Asimismo, en otras pocas oportunidades el diario se inclinó por la política de "premoderación" de los comentarios, o apremió explícitamente a sus lectores a no transgredir las normas de participación. Un ejemplo de "premoderación" puede verse en una noticia publicada el 4 de julio de 2007, que versaba sobre la desaparición de Jorge Julio López, testigo clave en una de las causas contra represores de la última dictadura militar, en donde el diario declara: "Estimados lectores: debido al alto nivel de agresión en los comentarios, lanacion.com decidió pasar este espacio a premoderación. Los mensajes se publicarán una vez aprobados por los moderadores". En otra noticia editada el 9 de abril de 2010 sobre el accidente cardiovascular que sufrió el vicegobernador bonaerense, Alberto Balestrini, lanacion.com manifiesta: "Advertencia: les pedimos a los lectores que envíen mensajes en el marco del respeto. Si se detectan comentarios ofensivos o agraviantes, la nota será cerrada a comentarios".

En el caso de *Clarín,* aun cuando el medio aclara que el espacio para comentarios tiene como objetivo que los lectores "aporten valor a la nota" y se ajusten al "tema de discusión" –es decir, al tópico de la noticia– (ilustración 27), no se ha podido evitar la trasgresión de la audiencia. Y si bien siempre se mostró rezagado con respecto a *La Nación* en cuando a política de participación en el espacio de *comentarios,*[138] el modo que adoptó para solucionar el conflicto mencionado es radical: como se reseñó en el capítulo 4, desde el rediseño de 2010 –y hasta diciembre

---

[138] *La Nación* no solo incorporó primero en su interfaz esta posibilidad, sino también lo hizo de manera rotunda, permitiendo desde un comienzo que se pudieran comentar absolutamente todas las noticias del diario.

de 2011, cuando se incorporaron los *plugs-in* de Facebook, Yahoo, Hotmail y Aol–, solo permitió comentarios en algunas contadas noticias, generalmente circunscriptas al ámbito económico. Según la justificación del Editor Jefe de clarín.com, Darío D'Atri, esto es así porque iEco –tal como se denomina la sección Economía del diario– tiene un *staff* más nutrido de periodistas y, por lo tanto, más recursos humanos disponibles para la moderación que, recordemos, queda a cargo de los mismos periodistas y editores del medio. D'Atri lo explica de la siguiente manera:

Nosotros todavía no tenemos montada una red de editores de redes sociales para poder moderar la mayor cantidad de comentarios. Hoy la única alternativa de moderación de comentario es que el mismo autor de un determinado artículo, cuando publica la nota, ponga [tilde] moderar y empiece a moderar él los comentarios [...] Ahí está nuestra gran limitación, nosotros no podemos tener de ninguna manera, hoy, abiertos los comentarios sin moderación, por la situación política que atraviesa *Clarín*. Si yo hoy abro cualquier nota –por ejemplo, una nota de Blanca Cota sobre cómo cocinar los ravioles–, a los diez minutos voy a tener cien mails, algunos de las usinas del gobierno, insultos, puteadas... Entonces determinadas notas las abrimos a comentarios en función de que el periodista o los periodistas que estén trabajando sobre el tema tengan el tiempo para hacerlo, porque es muy costoso editar comentarios [...] iEco tiene un *staff* específico de cuatro o cinco personas que trabajan en temas de economía, negocios, finanzas, etc. Como son cuatro o cinco personas que están en un nicho específico, ahí hay más tiempo y tenés más notas con comentarios; lo mismo pasa en Ñ. El resto del *Clarín* es inmenso (Deportes, Política, El mundo, Espectáculos) y hay mucho menos tiempo y recurso disponible para moderar.

Ilustración 27. Espacio para la generación de comentarios, iEco, *Clarín*

Escriba su comentario

Nombre (requerido)   e-mail (requerido)

Comentario (máximo 246 caracteres)

La finalidad de este servicio es sumar valor a las notas y establecer un contacto más fluido con nuestros lectores. Los comentarios deben acotarse al tema de discusión. Se apreciará la brevedad y claridad de los textos, y el buen uso del lenguaje: las malas palabras y los insultos no serán publicados.

Estoy de acuerdo con los términos de uso

COMENTAR

A su vez, el Editor Jefe de clarín.com sostiene:

Los comentarios se publican en tanto el diario considere que son comentarios que suman al objeto de ese artículo en especial. Podrá no resultar simpático, pero la realidad es que nosotros no tenemos que ser simpáticos. Como periodista o como editor tenés una responsabilidad que es básicamente la de informar [...] Ahora, en ningún lugar está dicho que todos aquellos materiales que sean enviados por la gente tienen que tener un espacio de publicación, porque eso genera un nivel de responsabilidad legal muy directo.

CAPÍTULO 6. LOS DISCURSOS DEL LECTOR: ANÁLISIS DE LAS GRAMÁTICAS DE RECONOCIMIENTO PRESENTES EN LOS ESPACIOS DE PARTICIPACIÓN

"Creo que sin duda uno de los elementos clave en los nuevos diarios será la comunidad que posean".
sin_nacion (usuario de lanacion.com)

6.1. Los comentarios a las noticias en *La Nación*

6.1.1. Breves consideraciones sobre el discurso del diario

Tal como se expuso en el capítulo 3, se analizaron los *comentarios de lectores* a una serie de doce noticias publicadas en lanacion.com entre el 2007 y 2010 –a razón de tres notas por año–, cuya característica distintiva es que versan sobre el diario y sus procesos o productos: anuncian cambios o rediseños del sitio, reflexionan sobre la prensa *online,* o convierten la participación de sus lectores en noticia. Revisemos cada caso.[139]

En "*La Nación* abre todas sus páginas a los lectores", publicada el domingo 15 de julio de 2007, el diario se presenta como estando a la vanguardia –junto a los "grandes medios digitales del mundo"– de las tendencias en materia

---

[139] Se aclara aquí que la siguiente exposición respecto de las noticias seleccionadas no tiene la intención de dar cuenta de sus *gramáticas de producción,* sino tan solo describir algunos elementos centrales de los discursos a partir de los cuales se efectuaron, como respuestas, otros discursos que sí abordaremos en detalle: el discurso de los lectores que se presentan en el espacio de los *comentarios* y partir de los cuales se analizaron sus *gramáticas de reconocimiento.*

de participación, al otorgarles a sus lectores "la posibilidad de comentar todos los artículos publicados en el sitio". A continuación, el diario hace uso de un recurso cada vez más habitual en este tipo de notas, al estructurar el texto en la forma de "preguntas frecuentes" –conocidas en la jerga informática como FAQS o *Frequently Asked Questions*–, lo cual converge con lo que Verón ha denominado como el *enunciador pedagógico* o *didáctico*,[140] una modalidad característica del *contrato de lectura* propuesto por *La Nación*. De este modo, el enunciador de la noticia se presenta como alguien que preordena el discurso y se dispone a informar e instruir al lector, contestando, anticipadamente, sus preguntas y manteniendo con él una *distancia objetiva* (Verón, 2004: 176) que en el caso de la nota indicada también se ve reflejada en el plano del contenido: "Al trabajo profesional se le suman otras perspectivas, aportadas por los lectores". Desde este lugar, el diario le explica al lector los procedimientos necesarios para poder comentar las notas, así como las normas a las que debe atenerse "con el fin de mantener un ambiente de cordialidad, respeto y sano intercambio de ideas". Recién en la frase de cierre puede observarse la irrupción de una *interpelación* que contrasta claramente con la *modalidad enunciativa* presente en el resto del texto: "Si tiene inquietudes o sugerencias sobre los espacios de participación de LANACION.COM, puede comunicarse vía correo electrónico a la siguiente dirección: consultas@lanacion.com.ar".

La segunda noticia seleccionada, publicada el 10 de octubre de 2007 con el título "Premian a *La Nación* por la creación de comunidades *online*", tal vez no se destaque por la cantidad de comentarios que generó –con tan solo

---

[140] Explica Verón: "La posición enunciativa pedagógica *define al enunciador y al destinatario como desiguales*: el primero muestra, explica, aconseja; el segundo mira, comprende, saca provecho" (2004: 177).

cuatro posteos es, de las notas analizadas, la que menos *respuesta* del público produjo–, pero se ocupa de uno de los aspectos centrales de la estrategia de participación del medio: la creación y el sostenimiento de una comunidad de lectores. Con un despojado tono informativo, se publicita allí la obtención de un premio que claramente distingue a este diario de otros competidores locales –entre ellos, *Clarín*–, y que, tal como se lo ha abordado ya en el capítulo 4, consiste en los esfuerzos que la compañía SA La Nación dedica a fidelizar a su audiencia, gracias a una estrategia transversal *cross-media*.

La última noticia correspondiente al año 2007 se relaciona con la primera de 2009, dado que se refieren a un fenómeno que ocupa cada vez más lugar en la *agenda* de los medios. Ambas ("El futuro de la prensa está atado al futuro de Internet y a la innovación", del 28 de noviembre de 2007, y "El futuro de los diarios en Internet", del 15 de agosto de 2009) abordan el porvenir de la prensa diaria, pero lo hacen a través de la mirada de otro(s) supuestamente "calificado". En el primer caso, se trata de una nota firmada por un "enviado especial", una suerte de crónica del encuentro de editores de medios gráficos que se llevó a cabo en la Feria Internacional del Libro de Guadalajara en 2007 –de la que también participó *La Nación*–, y en la que se recuperan las opiniones idóneas que parecieran hacer posible el titular propuesto, mientras este se presenta como resumen de las conclusiones de la reunión. Titular que construye un enunciador que expresa un *juicio intelectual* a partir de una *modalidad declarativa* con una forma aparentemente neutra. Bajo el subtítulo "Lectores inteligentes", se tematizan allí, además, los nuevos modos de lectura del diario. El título de la segunda noticia pareciera mostrar, en cambio, que el tema se ha convertido en una entidad ya compartida tanto por el enunciador como por el destinatario, y cuya fuerza pareciera estar no en informar sobre el hecho que se noticia, sino en acentuar la *dimensión metalingüística*[141] a partir de la cual se anticipa y califica el discurso que se presentará a continuación, que consiste en una entrevista realizada al fundador de la compañía *Journalism Online*. Esta forma de titulación que el diario habitualmente asume es un rasgo que podría remitirnos a la caracterización del discurso burgués realizado por Verón, en el que tradicionalmente se encuadra el diario *La Nación*. Según dicho autor, los titulares propios de un estilo que denominó con el rótulo de "prensa burguesa" se distinguirían justamente –a diferencia de lo que suele suceder en la "prensa popular"– por el predominio de la *dimensión metalingüística* por sobre la *dimensión referencial* (Verón, 2004: 86).

Por su parte, las dos primeras noticias del año 2008, en franca relación de contigüidad entre sí, presentan el séptimo rediseño de la web del diario, reiterando la *modalidad pedagógica* de "preguntas frecuentes" que antes hemos señalado, aunque en el primer caso se trata de un artículo editado especialmente para lanacion.com,[142] y en el segundo, de una nota del diario impreso que luego se sube a la web. Casi como una especie de efecto de la sentencia sobre el futuro de la prensa de la nota del año anterior, "El nuevo lanacion.com" (título de la nota del 28 de junio de 2008) se hace presente porque, tal como se argumenta, "en

---

[141]   Dice Verón: "Un título tiene al menos dos dimensiones fundamentales. En primer lugar, una *dimensión metalingüística*: en efecto, se trata siempre del título de un discurso que se presenta después de él; en ese sentido un título *califica* a este último, lo *nombra*. además, todo título tiene una *dimensión referencial*: como el discurso del cual es el nombre, habla también de 'algo'. La manera particular en que estas dos dimensiones se combinan en un título constituye lo que llamaremos *el encuadre del discurso*" (2004: 82).

[142]   Un día más tarde, se publica en la sección Cultura del diario en papel un texto titulado "Un nuevo concepto en medios digitales: lanacion.com".

una coyuntura competitiva y exigente la innovación implica la implementación de nuevas herramientas, conceptos y tecnologías para satisfacer la demanda de los usuarios". Véase aquí cómo el *colectivo* elegido para designar a los destinatarios reemplaza el tradicional "lectores" por un *apelativo* propio del *campo semántico* de la informática. Y es que, como veremos más adelante cuando recaigamos en las *gramáticas de reconocimiento* que podemos inferir a partir del estudio de los comentarios, el colectivo "usuarios" y el colectivo "lectores" no remiten, necesariamente, al mismo conjunto de personas, y no es idéntico el lugar que se atribuye al destinatario en uno y otro caso. Además, vale aclarar que a diferencia de lo expuesto sobre la noticia "*La Nación* abre todas sus páginas a los lectores", aquí se acorta la distancia de la posición de enunciación, lo cual se manifiesta a partir de ciertas marcas como la presencia de un "nosotros" que remite al diario, o en el hecho de que algunas de las preguntas (como "¿dónde encuentro la edición impresa de *La Nación*?" o "¿dónde puedo encontrar la información de tránsito?") estén construidas en una primera persona del singular que refiere, precisamente, al usuario del sitio. Esto último –la presencia de ciertas inflexiones que reducirían la distancia entre enunciador y enunciatario– podría ser considerado como propio del *dispositivo enunciativo* que el diario construye en su versión *online,* dado que, como puede observarse a simple vista, está ausente en la nota "Cómo aprovechar mejor el nuevo lanacion.com" que se publica el 6 de julio siguiente en la edición impresa del medio.

"Los lectores de lanacion.com rechazaron la estatización de las AFJP", del 23 de noviembre de 2008, es producto de un procedimiento discursivo que ya hemos señalado en el capítulo 5, y que consiste en incorporar en el universo informativo del diario –es decir, convertir en un acontecimiento noticiable– la participación de los lectores, que en este caso se canalizó a través de los comentarios a las noticias referidas a la mencionada estatización. No es casual que sea esta una de las dos oportunidades en que al menos entre las noticias que constituyen nuestro corpus nos encontramos frente a un título informativo donde se refuerza la *dimensión referencial;* el segundo caso de este tipo pudo observarse en la nota *"La Nación* estrenó su Redacción integrada" del 27 de diciembre de 2009. No obstante, en la primera, la operación discursiva parece forzada por la necesidad de dar entidad a un hecho que no es tal. Sin ánimos de detenernos en las intenciones editoriales que propiciaron este discurso, solo señalaremos que es cuanto menos sospechoso el uso que el diario hace de la opinión de su público y el escamoteo de la posición minoritaria relegada al final de la noticia, que presenta el punto de vista disidente al del medio como un mero acto de adhesión de "los que apoyan la decisión del Gobierno". Es esto último lo que motivó un conjunto profuso de ricas intervenciones por parte de los lectores –sobre todo de aquellos que no se encontraron representados en la noticia–, que más adelante analizaremos.

Las notas "Los usuarios de lanacion.com destacados de la semana" y "Calificación de usuarios de lanacion. com" –del 23 de septiembre de 2009 y el 18 de noviembre de 2010, respectivamente– tienen varias semejanzas entre sí: ambas presentan implementaciones que el diario efectuó para reconocer "la buena conducta de los integrantes de la comunidad" o "el buen desempeño de sus lectores",[143] y a su vez, han sido publicadas especialmente para la edición digital del medio –en la sección "Opinión"– y, por lo tanto,

---

[143] Estas notas han sido también trabajadas en el capítulo 5 para analizar las estrategias que *La Nación* ha diseñado en pos de controlar el flujo comunicativo de la audiencia que se da a través del espacio de los comentarios.

en su discurso se articulan el clásico tono distanciado del diario con algunas interpelaciones que se gestan a partir del uso del *modo verbal imperativo* y en donde se manifiesta la preeminencia de la posición enunciativa que Culioli caracterizó bajo el rótulo *Modalidades-4,* y que Fisher y Verón (1986) recuperaron para describir la relación modal que pone en copresencia al enunciador y al destinatario.[144] Así, por ejemplo, en la primera noticia el diario explica que "la participación dio lugar a una numerosa y activa comunidad de lectores que, a diario, se encuentra en lanacion. com. En el espacio provisto por el diario intercambian pareceres, opiniones, puntos de vista, etc" y, acto seguido, continúa: "Te invitamos a tomar el desafío de ser uno de los usuarios destacados de la semana. ¡Participá, tu perfil puede ingresar al *ranking*!".

Por último, "Cumpleaños del suple en el país de Twitter" y "La batalla cultural" –del 23 y el 29 de abril de 2010– son dos notas de opinión que de algún modo se separan del resto por sus peculiaridades. La primera se inscribe en la habitual columna denominada "La compu", que el periodista Ariel Torres escribe semanalmente para el suplemento "Tecnología", y que ha sido recuperada en nuestro corpus porque fue la primera vez que el diario editó una nota a partir del intercambio "colaborativo" con su audiencia vía Twitter, "[el] primer experimento en un territorio del que no existen mapas. Pero en el que uno, como periodista, ya no viaja solo". El tipo de vínculo que se ha establecido entre el suplemento Tecnología y su público lector –que desde los inicios vio plasmada su voz tanto en la edición impresa como *online,* tal como ya hemos trabajado

---

[144]   Se trata de "enunciados que suponen un co-enunciador anónimo ('cualquiera') [...] a quien corresponde tomar a cargo las operaciones que terminan por definirlo como destinatario interpelado por la enunciación del enunciado" (Fisher y Verón; 1986: s/n).

en el último apartado del capítulo 4– permite un *marco de complicidad* que puede observarse tanto en el *enfoque* del título como en el *nivel presuposicional del texto*[145] a partir del cual se manifiestan ciertos saberes compartidos por el enunciador y por el destinatario. Finalmente, la segunda ("La batalla cultural") es una nota de opinión firmada por Beatriz Sarlo, cuyo título no determina el acontecimiento específico al que se refiere, sino que *lo denomina*, y que por lo tanto remite nuevamente a las *operaciones de encuadre* propias de lo que Verón caracterizó como "prensa burguesa". Esta última noticia ha sido seleccionada porque desencadenó un considerable número de comentarios de lectores, gracias a que en el texto se alude a "los *condottieri* que recorren la web buscando palabras clave que les permitan llegar a intervenciones en portales, periódicos digitales, blogs, que piden a gritos un comentario de la ortodoxia doctrinaria kirchnerista".

Más allá de las inferencias realizadas sobre las noticias elegidas, y antes de pasar al análisis concreto de los *comentarios* a ellas, retomemos algunas apreciaciones sobre el *dispositivo discursivo* de *La Nación* a partir de la recuperación del análisis que realiza Rubén Biselli (2005) sobre el *contrato de lectura* de las portadas de la edición impresa de este diario que, como ampliamente fue analizado por Ricardo Sidicaro (1993; 2004), representa el pensamiento liberal-conservador. Esto puede, seguramente, sernos de utilidad para explicar, más adelante, las relaciones que se establecen entre el *campo de efectos de sentido* que se dispone en *producción* y los *efectos* concretos que pueden observarse en *reconocimiento*.[146]

---

[145]   Nos referimos aquí al "grado y tipo de saber atribuidos al lector" (Verón, 2004: 179).

[146]   Como lo explican Boutaud y Verón: "Por un lado, cada producto discursivo es una configuración de trayectorias semióticas posibles (operaciones de lectura, en el caso de la prensa escrita), configuración sobredeterminada,

Dice Biselli:

En rigurosa observancia de un diseño inalterable, en la
obsesiva delimitación de rectángulos y cuadrados explícitos
e implícitos –que se incrustan unos a otros casi al infinito–,
la primera página de *La Nación* impone desde lo gráfico un
orden, una estabilidad y una cohesión que no sólo connotan
un posicionamiento ideológico, sino que buscan domesticar
el siempre caótico mundo de lo noticiable [...] y hacer actuar
en un espacio compatible tradiciones disímiles de las que
el diario se quiere deudor y baluarte y diferentes *imágenes
de sí* que busca consolidar e imponer a sus lectores desde
la tapa misma. (2005: 107).

Por un lado, dice el autor, hay ciertas "propiedades
sensibles" –como el conservado *formato sábana,* la distintiva calidad del papel y la impresión, o la ubicación
del titular principal– que asocian al matutino con lo que
denomina como la *tradición de la cultura libresca,* mientras
que al mismo tiempo se da cabida también a una inevi-
table *tradición mediática* que se manifiesta, por ejemplo,
en la importancia que se otorga en tapa a las fotografías o
en la publicación de "alguna noticia para el gran público"
(Biselli, 2005: 111), como lo son las pertenecientes a la
sección "Deportes". Tensión que según veremos luego se
traslada a los *comentarios* de algunos lectores de lanacion.
com, sobre todo a los de aquellos que se reivindican como
"lectores habituales" del diario.

Sucede que lanacion.com ha demostrado que sabe
muy bien que si quiere trasladar a la web la "calidad" que
tan propia le es en su edición impresa,[147] más que seguir

---

por supuesto, por las hipótesis del productor sobre su público-blanco.
Por otro lado, cada gramática de reconocimiento puede ser caracterizada como un conjunto de reglas que activan ciertas trayectorias (y sus
combinaciones), en detrimento de otras" (2007: 5).

[147] Que como afirma Biselli (2005), además de los otros aspectos que ya
hemos destacado, intenta también distinguirse por la alta calidad del

ajustándose a esa "rigurosa observancia de un diseño inalterable" que mencionaba Biselli, debe adaptarse a las
lógicas que el entorno de Internet impone y, por lo tanto,
relegar cierta cuota de la "estabilidad" que la embandera-
ba.[148] El hecho de que haya modificado su logotipo para
establecer una distancia con la edición papel es solo un
ejemplo de ello.

No obstante, y más allá de lo anteriormente expuesto,
La Nación pareciera seguir siendo "el diario argentino
que más intenta sostener la tradición del diario serio, objetivo, distante, que más intenta seguir definiendo su rol
en consonancia con una esfera pública sujeta a la razón
argumentativa" (Biselli, 2005: 113).

6.1.2. Tras las respuestas del público[149]

A partir del análisis de las *gramáticas de reconocimiento*
de los 3.578 posteos de lectores –presentes en el espacio de

---

papel en que se imprime y por la impresión misma –que lo hace el diario
"que menos mancha" (Valdettaro; 2005: 101)–, así como la publicación
de fotografías a color con alta definición.

[148] Lo expuesto aquí puede confirmarse también en la lectura de una de las
notas de opinión que publicó el diario con motivo de su 140° aniversario,
titulada "Entre la tradición y la novedad". Allí se argumenta que *La Nación*
"ha sabido hacer simultáneamente dos cosas que parecen contrapuestas:
mantener una tradición y reinventarse a sí mismo. Quien solo defiende
una tradición, corre el riesgo de perecer como los dinosaurios; quien
solo busca reinventarse, corre el riesgo de perder su identidad. 140
años son el fruto de una reflexión acerca de ese difícil equilibrio. Y son
seguramente, también, fruto de una fidelidad a los lectores, porque no
se puede llegar tan lejos si no se sabe crear un vínculo entrañable con
quienes finalmente deciden cuánto ha de vivir un diario". Disponible
en línea: http://www.lanacion.com.ar/1217813-entre-la-tradicion-y-
la-novedad (21 de julio de 2011).

[149] Cabe señalar, antes de proceder con este apartado, que a la hora de
citarse un comentario se indicará el número asignado a él, tal como
figura en la interfaz de *La Nación,* y a continuación, la fecha de la
noticia a la cual responde y el *nick* del usuario. Cuando un número de
comentario esté antecedido por un signo # es porque se trata de una

comentarios a las noticias del diario *La Nación,* que conforman nuestro corpus-, se han podido distinguir ciertas
constantes o recurrencias significativas en las *respuestas*
del lectorado a la estrategia enunciativa del medio. Dichas
recurrencias permitieron inferir un conjunto de lógicas
de reconocimiento -es decir, la discriminación de tipos
o categorías de lectura o, mejor dicho, de lectores[150]- que
serán identificadas al final de este apartado.

Comencemos por retomar la diferenciación que realizó
Patrick Charaudeau (2003: 112-113) entre la *opinión* que
manifiesta una evaluación intelectual y la *apreciación* que
canaliza una reacción afectiva, distinción que ya se expuso
previamente en el capítulo 5. Aunque existe un claro predominio de la segunda sobre la primera, en el conjunto
total de los discursos estudiados se detectó la presencia
de ambas modalidades de juicios reflexivos e, incluso, de
comentarios en donde estas dos actividades lingüísticas
son puestas en acto y en que, por lo tanto, el universo de la
racionalidad y el universo afectivo se fusionan. Ilustremos
lo expuesto con los siguientes ejemplos de opinión, apreciación y técnica mixta, en ese orden:[151]

> (60 - 15/07/2007) mikelou: Corrupción, soberbia, petulancia,
> nepotismo, son algunas de las palabras que usamos a diario

---

respuesta a un comentario de otro lector. Por otro lado, se señala que los
comentarios son expuestos sin alterar en absoluto su contenido, por lo
cual se encontrarán los errores ortográficos y de tipeo efectuados por los
lectores. No obstante, por cuestiones de espacio algunos comentarios
demasiado extensos son reproducidos solo en parte; en estos casos se
señalará la operación de recorte con la siguiente indicación: [...].

[150] Dado que el acto de lectura es en sí inabordable, "el estudio del reconocimiento *es más bien un estudio del lector que de la lectura, basado
en el análisis del discurso del lector*" (Verón, 2004: 209).

[151] Vale aclarar aquí que es casi imposible encontrar estos "tipos" en su
estado puro, sobre todo en el caso de la opinión, por lo que los comentarios seleccionados son aquellos que podrían acercarse más a una u
otra categoría de actividad lingüística.

para definir hechos y actitudes del Gobierno. Junto con unos amigos se nos ocurrió, tratar de organizar una suerte de "cacerolazo" o algo similar, buscando el efecto de llamado de atención a todos estos funcionarios que entre otras cosas, tratan de explicar o justificar casos escandalosos, tomando a la ciudadanía, por lo menos como "estúpidos". La idea no es tomar partido por alguien ni por ningún partido político o conjunto organizado que represente tendencia alguna. Para nada la propuesta tendría características desestabilizantes o agraviantes, sino que puedan tomar nota, de que hay una gran porción de gente que no esta conforme cuando se la subestima, ofende, desacredita y que en Octubre también "vota". Me gustaría saber si la idea prende en algunos de los lectores y, tal vez en conjunto encausar algo positivo para nuestra democracia.

(8 - 15/07/2007) florencia9699: Me parece una idea genial!!! Me encanta como crece este diario!! :D Gracias por darnos la oportunidad de participar y expresar nuestras ideas, que es algo que cada vez se ve menos en otros medios de comunicación.

(93 - 15/07/2007) enrivilar: Me parece re bien esta iniciativa. Ya estuve participando en las notas que hasta ahora permitian los comentarios y será mejor desde hoy. Creo que en la medida que nos todos nos involucremos en algún aspecto, aunque parezca pequeño, de los asuntos de nuestra Nación, las cosas mejorarán incesantemente. El leer los comentarios de otros e intercambiar visiones y experiencias diferentes nos enriquece y colabora en el indispensable don de la tolerancia y el respeto, que cada vez más necesitamos enarbolar para unirnos como pueblo. Gracias "La Nación" por permitirnos ser parte de ustedes.

Los comentarios examinados han sido significativamente ricos para analizar el vínculo entre el diario y su público, porque en ellos los lectores no se limitan solo a expresar su punto de vista acerca de la nota –y del tema al que esta refiere– o a adherir o polemizar con la opinión de otro lector, sino que en muchas ocasiones, realizan sugerencias que en algunos casos luego el diario adopta:

(44 - 15/07/2007) weac05: Creo que *lo relevante de esto es la capacidad de participar activamente en la discusion y generacion de los contenidos.* No que un sociologo pueda refeljar quienes somos, ya que estos son temas puntuales, en todo caso *los lectores deberian poder votar las diferentes pocisiones de los lectores y el diario de cada tema en cuestion y ahi enteder si la informacion es como se comunico o si los usuarios piensan de la misma forma que el diario comunica...* Claro que este concepto contradice el origen de los medios que es consolidar y comunicar temas preseccionados y con el enfoque politicamente correcto (en funcion de los intereses del medio en cuestion). Saludos.

(49 - 28/06/2008) manugw: Me gusta, es mas moderno, mas funcional, y por sobre todo, funciona mas rapido. Sugerencia: *Mucha gente, (calculo que mas del 90%) hace un comentario en una nota y despues se vuelve a buscar "..que onda con su comentario.",* cuando hay mas de 1000 comentarios resulta engorroso encontrarse, debieran para cada nota hacer una funcion en funcion de su nick "busca tus comentarios" para que pueda ver si lo votaron, si tuvo respuestas, si lo rechazaron, etc, etc

(968 - 18/11/2010) DSHaro: Va una propuesta alternativa [...] ser*ía fantástico poder marcar usuarios como "invisibles" (pero sólo para mí) y otros como "favoritos" para poder ser informado de sus nuevas participaciones y poder filtrar con una opción de lectura "sólo favoritos" cuando esté con poco tiempo.* Así, naturalmente y sin ningún "Hermano Mayor" cada uno iría viendo cuantos lo quieren cerca o bien lejos y se irían formando grupos de interés y debate de forma absolutamente espontánea. En fin, *una idea inspirada en las capacidades de la WWW y no en la Olimpia de cuando Pericles.*

A diferencia de lo que suele afirmarse, pudo verse que la mayoría de los comentarios se atienen a la temática propuesta por la noticia que los provoca y que, por lo general, la ausencia de relación tópica se acentúa a medida que pasa el tiempo. Es decir, que si una noticia fue objeto de respuesta de lectores por varios días, son los posteos más alejados de su fecha de publicación los que, tendencialmente, suelen perder relación temática con la nota. Entre estos últimos, se destacan los posteos en los que se expresan reclamos y denuncias, se solicita información, o se busca algún tipo de colaboración de los otros usuarios o del medio:

> (183 - 15/07/2007) m_beron: HOLA SI ALGUN LECTOR LEYO LA NOTA DE LA SRA ELVIRA Y TIENE GANAS DE AYUDARLA Y A LAS 30 FAMILIAS QUE SOBREVIVEN ALLI ,POR FAVOR CONTACTARME A MI MAIL donzoilo_b@ yahoo.com.ar SE ESTA FORMANDO UN LINDO GRUPO DE AYUDA ,EL SABADO FUIMOS A LLEVARLE LO JUNTADO EN LA SEMANA .Y QUEREMOS SEGUIR HACIENDOLO .DESDE YA MUCHAS GRACIAS

> (198 - 15/07/2007) sofi1301: *Aprovecho este nuevo espacio de expresión, que desde ya agradezco al diario La Nación, para poner sobre aviso a quien corresponda,* -creo que en este caso es a la gente de AYSA- que en la estación Scalabrini Ortíz de la línea D de subte (andén a Congreso de Tucumán) hay, hace ya varios meses, una pérdida de agua permanente. Son litros y litros de agua que se están perdiendo. [...] Se podrá solucionar. Muchas gracias.

> (201 - 15/07/2007) LilianaZelaschi: Hola, tengo un problema de paralisis facial, buscando informacion al respecto,mi hno, encuentro una nota del año 2003 agosto, donde un Dr. de Tucuman realizaba aplicaciones de apucuntura para estas dolencias entre otras. El mismo expresa que este tratamiento se realiza tambien en Neuquen, lugar mas proximo a mi residancia puesto que vivo en Rio Negro. *Mi inquietud es saber la direccion de este centro para podeer contactarme y ver si hay alguna posibilidad de solucion a mi problema.* Les agradeceria mucho si pueden ayudarme con esta direccion. Sin mas y felicitandolos por lo objetivo y profecionales que son los saluda muy atte. Liliana Zelaschi

Con respecto al apelativo a partir del cual el público se designa a sí mismo en el espacio de los comentarios, y en clara disonancia con lo que sucede incluso con frecuencia en las noticias de *La Nación* –sobre todo en aquellas que se generaron especialmente para la versión digital del diario–, podemos afirmar que el término "usuario" casi no aparece, siendo el apelativo "lector" aquel a partir del cual se reconocen a sí mismo gran parte de los enunciadores. También desde fines de 2008, se va haciendo cada vez más recurrente el calificativo "forista". Pero a diferencia de este último, que pareciera apelar indistintamente a cualquier tipo de enunciador, quienes con frecuencia se autodesignan como "lectores" ("cotidianos", "habituales", "asiduos") son aquellos que manifiestan una franca afinidad con la línea editorial del periódico y cuyo vínculo con el medio parece asentarse en la relación iniciada otrora con el diario papel, cuya representación en el discurso de estos lectores coincide con la *imagen de sí* que intenta construir el matutino y que se caracterizó más arriba, asentada en los valores de la "calidad", la "seriedad" y la "objetividad":

> (36 - 15/07/2007) hector_focanti: Apertura de las páginas de LA NACION: *Con esta iniciativa el diario cumple con un viiejo anhelo de sus lectores*, felicitaciones.

> (76 - 15/07/2007) dichter: Sin dudas, *una iniciativa que debe contar con el beneplácito unánime de los habituales lectores de La Nación y que viene a confirmar los motivos por los cuales hemos elegido este medio a la hora de informarnos.* Infiero que esto se deriva de la participación de La Nación en el 60º Congreso de la W.A.N., y demuestra que *es un medio innovador, atento a las nuevas tendencias y deseos de los lectores.* Esta práctica es un novedoso avance en la forma de participación y *solidifica el sistema democrático ampliando la libertad de expresión.*

> (484 - 28/06/2008) lilianacabezali: *Siempre he sido lectora de La Nación*, principalmente por su seriedad e indepen-

dencia, objetividad y excelentes periodistas, como tales y como personas. Hoy, en la era de la cibernética, continúo siguiendo a quienes me informan, desde la computadora, claro está, dado que nunca han olvidado sus pricipios. Mejoran en forma positiva día a día, y les agradezco por ello. Sigan siempre así, para bien de todos los argentinos.

(100 - 18/11/2010) onofre: a lso foristas ... *los que leemos LN impresa y digital* lo hacemos seguramente porque *este diario satisface nuestra necesidad de información* ... es evidente y como todo diario que tiene un línea editorial diferente a otros y *los lectores habitué* estamos en general conforme tanto por los comentarios como por los periodistas que los vierten ... como así también *es un placer poder leer e intercambiar opinion con foristas que compartimos el mismo ideal de país que queremos tener* ... y reitero y no quiero ofender a nadie porque a veces se repetir esto ... *el que no comparte estos principios mejor no ingrese!!!*

Estos "lectores" afines a la propuesta del diario son quienes reivindican la raigambre republicana de *La Nación* –aquel de la "tribuna de doctrina" fundada por Mitre–, y designaron como "democrática", "participativa" y "valiente"[152] la iniciativa del diario de permitirles comentar todas las noticias y ejercer, de esta manera, su lugar de "ciudadanos":

(21 - 15/07/2007) d_luzuriaga2007: Me sumo a los elogios de otros lectores por la iniciativa. Con un *uso audaz de las nuevas tecnologías este diario en apariencia "conservador" crea una tribuna de opinión a la antigua usanza que es democrática y revolucionaria.* En la Argentina actual, donde no abundan las conferencias de prensa con repreguntas, *este ida y vuelta "emisor-receptor" nos muestra cómo el circuito de la comunicación se retroalimenta continuamente.*

(40 - 15/07/2007) idebchaco: *La Nación, guía señera de la democracia, no podía dar mejor ejemplo de lo que significa*

---

[152] Sería interesante pensar cómo la reivindicación de la "valentía" del diario pareciera remitir a la conformación de un escenario de confrontación del cual el diario es parte.

la participación del ciudadano en el pensamiento y acción de la República. Sin lugar a dudas, *muchos funcionarios "sufrirán" por ésto.* Mejor así. Así podrán aprender como se debe conducir. Felicitaciones.

(35 - 15/07/2007) estelex: Felicitaciones La Nación. Abrir a la *comunidad de lectores* la posibilidad de apoyar o criticar la postura editorial del Diario o la de sus columnistas *es un acto de valentía y fé democrática.*

(15 - 27/12/2009) pedrocolman: LA NACION ES UN MEDIO PERIODISTICO CONFIABLE. El desarrollo de esta nueva plataforma informativa ampliará notoriamente su influencia. *La extensión convierte a los foros abiertos por la LN en genuino parlamento republicano para que el ciudadano comun puede expresar sus ideas, incluidas las opiniones contrarias a la LN.* Este singular estilo de libertad periodística, *impulsa a recordar al visionario BARTALOME MITRE, fundador de este matutino, quien definió al mismo como "Tribuna De Doctrina".*

Se va configurando así un tipo de enunciador –que como veremos al final de este apartado, hemos definido como el *lector fiel*– para quien el peso de la tradición es tan importante como para el diario, lo cual en muchas ocasiones se materializa en la alusión expresa de una "herencia" o "legado" de lectura que trasciende generaciones y se perpetúa en el tiempo:

(140 - 15/07/2007) pablobabino: los felicito por esta nueva idea de *este prestigioso diario que se lee en mi casa desde l950*, que *mi padre era suscripto*r, un saludo muy grande para todos los componentes del diario, [...] pablo babino

(15 - 06/07/2008) s_wilker: *Leo LA NACION desde los 15 y ya tengo 50. Creo tener derecho a opinar; trabajo para mi país en el exterior.* [...]

(196 - 28/06/2008) mariano2010: *En mi familia somos la cuarta generación que leemos la Nacion* , nos hemos acostumbrado a cambios tipográficos, cambios en el soporte,

hemos recibido todo cambio tecnológico con beneplácito pero siempre este cambio ha significado una reafirmación tangible y visible de la ideología y conducta de este diario por el cual guardo un gran aprecio, ahora bien *cuando estos cambios priorizan otros aspectos que menosprecian lo esencial es para preocuparse, y creo fehacientemente que estos cambios priorizan aspectos mas populares como he leído a modo de ejemplo por ahí en el encabezado que dice "lo mas popular" esto NO ES CLARIN como algún comentarista sugirió esto es LA NACION* , por favor nadie se opone a los cambios estéticos ni tecnológicos, pero más respeto por la tipografía con la que se escribe el nombre o mejor dicho la forma, y sobre todo el ordenamiento y la presentación de las noticias, el anterior recuerdo que les valió premios, manténganlo. Igualmente quiero decir que esta nueva versión tiene pocas pero interesantes cuestiones a rescatar como la limpieza de la publicidad excesiva. Espero que estas consideraciones les sean de utilidad.

(198 - 28/06/2008) pipiola: sr.director, *soy una alumna adulta con deseos de aprender*, me resulta un poquito extraño el cambio, pero como todo en la vida, si es para mejorar bienvenido sea,(esperemos que el moderador también se modernice un poquito y no nos saque tantas veces de los comentarios!!),gracias por las novedades y sigan siempre POR FAVOR como prensa INDEPENDIENTE!!!, *mi padre leía siempre su diario y era verdaderamente un seguidor muy fiel y aquí estoy, siguiendo sus pasos, de otra forma, pero muy interesante*, muchas gracias, cariños, abuela PIPI.......

La fuerza del lazo que parece haberse establecido entre ciertos lectores y el diario puede verse también materializada en la apelación explícita a la "comunidad de lectores" –alusión que no hemos encontrado en los comentarios de enunciadores que se presentan como abiertamente opuestos a la línea del diario–, que con ahínco *La Nación* trabaja por consolidar –al menos en el plano discursivo– en el marco de su *contrato*:

(10 - 18/11/2010) venturestar: Me parece excelente idea, mas que nada por el hecho de que *los que tienen mejor puntuacion pueden reportar los mensaje y no cualquiera, eso hace que la comunidad en el foro sea mas responsable.*

(640 - 18/11/2010) d_peralta2008: Mi opinión ?. Seré simple pero claro. REPUDIO FERVIENTEMENTE ESTE SISTEMA ANTI-MÉRITOS DE LNOL. *Les han otorgado Medallas de Oro a foristas nuevos, que ni siquiera conoce la comunidad de foristas de este espacio social.* No se consideró la antigüedad, ni la calidad literaria, intelectual, filosófica, cultural de los comentarios. [...]

(#1 677 - 18/11/2010) mamaisa: Estimado Bobsacomano: Me metí a leer parte del historial de sus comentarios impulsada por la curiosidad de conocerlo un poco más al haber leído éste de las 7,30 hs. Al leer algunos, compruebo , a mi parecer, que *hace aportes para la comunidad,* como así también coincido plenamente con algunos.. [...]

Pero habría que aclarar, no obstante, que los lectores construyen los límites de esta comunidad de una manera muy singular. El tipo de vínculo que se establece entre los lectores que comentan asiduamente determinadas secciones del diario (como Opinión, Política, Economía, Cultura) no se corresponde con el que se da entre los usuarios que comentan en Canchallena –aquí, por ejemplo, se destaca la particular relación que se consolidó entre los usuarios que participan en "Flashes deportivos"[153]– o en algunas de las

---

[153] "Flashes deportivos" es una especie de subsección de la sección Deportiva del diario *online* (hoy Canchallena), en el que se publica diariamente un *slide* de fotografías –generalmente ocho: siete referidas al deporte y otra de alguna modelo que encarna a la "miss" del día– con originales e ingeniosos epígrafes que el mismo *La Nación* ha calificado como "epígrafe loco" en una nota publicada el 3 de noviembre de 2005. En este singular espacio, el diario establece un contrato cómplice con su público, apelando al humor y a la participación y, por lo tanto, desencadenando diariamente un conjunto de comentarios que provienen, por lo general, de los mismos usuarios que en lo cotidiano se "encuentran" en ese espacio. Resaltamos "encuentran" por las características peculiares

revistas de SA La Nación –como *OHLALÁ!, Rolling Stone* o *Espacio Linving*–, que parecen haber consolidado sus propias comunidades. Los primeros buscan diferenciarse de los segundos, como se evidencia en los siguientes posteos:

> (#4 354 - 18/11/2010) jr_ewing: Y lo otro que está consiguiendo el tal Santos es que, por segunda noche consecutiva, me vaya a dormir pasadas las dos, cuando a las 6.30 suena mi despertador para ir a trabajar.... *TENGO MUCHO LABURO, NO ME PUEDO PASAR EL DIA POSTEANDO COMO LOS FLASHERS...!!! (Cómo me gustaría saber donde laburan esos...!!!)* De paso, tiro otra injusticia provocada por la calificación: *se premia al vago.* Buenas noches.

> (#1 356 - 18/11/2010) BeatrizGalindo: Joya, no puedo entender que usted no tenga medalla, si es uno de los foristas más distinguidos. *¿Por qué no prueba comentar por un tiempo en una de las revistitas donde no se puede votar en contra?* ¡Qué ridículo es todo esto!

> (384 - 18/11/2010) tiririca: *Es obvio, si yo comento sobre las notas de jardin, paseos sobre Madonna, quien me va a reportar*??? Pero si me importa el pais y quiero opinar de temas calientes del dia, y si ademas, mi comentario, tiene picardia y estilo, por supuesto que me van a reportar!!!!! *** PREFIERO NO TENER MEDALLAS, PERO VOY A PONER LO QUE PIENSO Y SIENTO.

Como puede verse si se repasan los comentarios citados en las páginas precedentes, en algunos casos el "*aggiornamiento*" y la "innovación" del medio se presentan como

---

de las conversaciones que allí suelen darse. Sin ánimos de detenernos a analizar de un modo sistemático estos intercambios –que se dan fuera de nuestro corpus–, solo mencionaremos que allí abundan comentarios como: "Muy buen día a todos. Feliz maldito lunes"; "Buen día, acá les dejo tostadas con manteca y miel [...] Yo espero los mates de Carlos con la mejor yerba"; "Buenos días, flasheros, les recomiendo, los que todavía siguen en sus casas, que saquen el piloto y el paraguas, va a llover de lo lindo"; o "Dejo el mate preparado para los que gusten. Hoy no se éi voy a andar seguido por aquí".

valores que renuevan la "calidad" del periódico, mientras que en otros se consideran como manifestación o causa de la pérdida de esa tradición en la que, precisamente, una parte importante del vínculo se asienta. Esta última visión puede verse con mayor claridad si reproducimos algunos posteos que critican el rediseño del sitio presentado en el año 2008, que contempló, entre otras transformaciones, el cambio de logotipo:

> (#1 5 - 28/06/2008) Lissete: Lo siento, pero este nuevo formato es demasiado minimalista. Por más que trato, no le encuentro la fortaleza del impacto del diseño anterior. Bueno, quizás sea cuestión de costumbre, pero, sinceramente me va a costar adaptarme, no porque yo sea medio "lentejita" sino porque *ya no tiene el estilo tan serio y personal que caracterizó siempre a La Nación. No se trata de mayor o menor rapidez, se trata de personalidad,* y me parece que con esto, LNOL la ha perdido

> (162 - 28/06/2008) seagull14: Es como todo lo moderno. Modernoso. O postmodernoso, si prefieren. No bien se acostumbra uno a manejar y ubicar los datos, noticias y secciones, Zas!! CAMBIA TODO. Una especie de retrocede mil casilleros. *Los conservadores no tenemos lugar en el cyberespacio.* Ya tengo temor de abrir el diario mañana y que sea distinto al de hoy [...]

> (211 - 28/06/2008) jafranco: Hoy noté el cambio de diseño en la página. Creo que no hay problemas en cuanto al contenido pero sí en algo fundamental que es la lectura. *No crean que los que acceden aquí son todos jóvenes que tienen buena vista. No es el caso de mi esposa y el mío. Ambos somos habitués de esta página y por edad los dos usamos anteojos para leer.* Señores: el tamaño de las letras en las notas es demasiado pequeña. *Tienen que volver al estilo anterior si quieren seguir teniendo lectores como nosotros o si no tendremos que buscar otra opción.*

> (226 - 28/06/2008) horcrux85: Honestamente el cambio me parece un desacierto. No porque el cambio mismo sino por-

que *el nuevo formato le quita atractivo a la página.* Incluso
dejé de leer La Nación estos días y consulto otros diarios,
forzosamente porque leo La Nacion desde que aprendí a leer
y me gustaría seguir haciendolo. Asique les pido por favor
que vuelvan al formato anterior o mejoren este!!!!!!!!!

A estos comentarios que perciben el cambio de diseño como una "pérdida de identidad" –que incluso, según
ciertos lectores, haría que el diario se parezca cada vez
más a un competidor local que ni siquiera se permiten
nombrar–, se suman expresiones de rechazo como "es un
blog cualquiera" (3 - 28/06/2008); "no parece un diario"
(6 - 28/06/2008); "no es mi diario" (20 - 28/06/2008); "ha
perdido estilo" (24 - 28/06/2008); "parece un diario menos
serio" (#3 407 - 28/06/2008). Asimismo, es significativa
la emergencia –sobre todo en los discursos de aquellos
enunciadores que parecieran querer ocupar el lugar de
la "persona mayor"– de ciertas representaciones sobre la
"juventud", ligada a la inmadurez y la falta de experiencia,
y sobre la conformación del equipo que gestiona el diario
online:

(437- 28/06/2008) aigomez: *MÁS LIMPIO, MÁS JUVENIL.*
MENOS NACIÓN. CAMBIEN PERO NO PIERDAN LA IDEN-
TIDAD, Q ES LO Q LOS MANTIENE VIVOS Y LOS DIFE-
RENCIA!!!!! SER PERFIL O CRITICA ON LINE ES FÁCIL,
LO DIFÍCIL ES SEGUIR TENIENDO LA IDENTIDAD DE
LA NACION PERO EN INTERNET!!!!

(#1 4 - 06/07/2008) c_faedi: Totalmente de acuerdo, *pienso*
que los que manejan hoy a La Nación son gente joven muy
entendidos en computadoras pero sin conocimientos ni ideas
de lo que es el periodismo [...]

(#1 290 - 06/07/2008) DiabloQleao: strasbourg te vote positivo porque opino 100% igual que vos. Muchas gracias por
tu sensatez. A mi tambien *me ASUSTA la falta de madurez*
del pobrecito que propuso este sistema. No esta a la altura del
Ex-prestigioso Medio que fue LANACION, pero es una mas

de las tantas decadencias que vivimos los que conocemos el diario desde nuestra juventud. Pensar que *antes decias LA NACION Y eran palabras MAYORES, ahora para mi son menores, minusculas y en franco declive !!*

(788 - 06/07/2008) diderot: me parece que "algo huele mal en Dinamarca" [...].Creo que *los chiquilines que manejan esto, no estan maduros para organizar y mantener un buen nivel de discusion.* He dicho !

Han sido también notorias las oportunidades en donde los enunciadores que se construyen como fieles a la línea editorial del medio se autodefinen como abiertamente opositores al actual gobierno nacional, lo cual de algún modo ilustra el *tono adversativo*[154] que en muchos casos presentan los discursos que circulan en el espacio de los comentarios del diario:

(47 - 18/11/2010) savant: Ehhh...Hola, vengo a que me den una medalla o me destierren.*Soy anti K*, por las dudas si suma o resta. Respecto al sistema nuevo de calificaciones veremos como funciona, el tiempo dira si es bueno malo o igual.

(127 - 18/11/2010) derosario: *Yo soy anti k aserrimo!!* Pero no me meti ni en media nota en hablar mal de Nestor cuando ya habia muerto... [...]

Por otra parte, existe un gran número de comentarios en donde el enunciador se manifiesta abiertamente en disidencia con la línea editorial de *La Nación* o se distancia de la ideología que el diario representa. Allí, el colectivo "lectores" se utiliza para designar a un "ellos" del cual no se es parte, aun cuando en ciertas ocasiones el perfil de

---

[154] Utilizamos aquí el término *adversativo* en el sentido atribuido por Eliseo Verón (1987: 16). Si bien no es nuestra intención sugerir la inclusión de los *comentarios de lectores* dentro del "tipo" del discurso político, sí consideramos posible afirmar que en muchos de los discursos estudiados se advierte, claramente, una *dimensión polémica,* de franco enfrentamiento con las posiciones propuestas por un "otro" que se considera enemigo, adversario.

usuario del cual provengan ostente alguna medalla (de oro, plata o bronce), es decir, sea un usuario frecuente y participativo del sitio:

> (91 - 22/11/2008) Diogenes00: *Lo que les molesta a los foristas citados en la nota y al diario LN es que el estado intervenga al "mercado" cuando ellos quieren todo lo contrario, que el estado sea intervenido por el "mercado".* Ese es el punto central y que tanto molesta. [...]

> (80 - 22/11/2008) Henry_Riviere: Ja ja ja mortal La Nación !!!. No juntaron a nadie en la plaza de Mayo (no llegaron ni a 5000, por ende Carrió ni fue para no quemarse en una manifestación tan escueta). No hubo cacerolazos, excepto uno donde hubieron *una 10 o 12 mujeres de recoleta.* Las encuestas de todo tipo decían que estaban a favor del fin de las AFJP. El congreso voto aplastantemente a favor de la medida impulsada en el gobierno, en el interior del país no se escuchó ni una cacerola, nada. Pero... *La Nación destaca que sus lectores (que votan masiva y positivamente a un forista que pone un "viva Videla") en su mayoría... no estarían de acuerdo... Jaja..ok. ¿Por que no disolvemos el congreso y que de ahora en más todo se decida entre los 70 u 80 foristas de La Nación On Line?...*En fin, ya no saben por donde hacer lobby...¿Muchachos, tanto dinero en pautas publicitarias pierden?...

> (150 - 22/11/2008) megustaunmonton: *No se puede esperar otra cosa de los lectores de LA NACION.*¡ SI AÑORAN LA DICTADURA GENOCIDA!¿QUE ESPERABAN? Les importa poco perder si la argentina y si gobierno pierden.

> (15 - 29/04/2010) istocco2: Esta señora escribe en la revista Viva todos los domingos, o sea, es empleada de Clarín..¿qué independencia puede tener? *El problema de este sector es que sin los tanques jamás va a poder retomar el control político del país.*

Este tipo de comentarios se encontró sobre todo en las noticias concernientes a la estatización de las AFJP y al sistema de calificación de usuarios que emprendió el diario o en la columna de opinión de Beatriz Sarlo. Allí pudo verse, además, que la crítica al diario y la descalificación de los "lectores" desataron en muchas ocasiones la respuesta de los que sí se sienten enmarcados por dicho colectivo, ocasionando el intercambio y la polémica entre los distintos tipos de lectores:

> (4 - 22/11/2008) Graisabel: *Se ve que los lectores de La Nación no representan a la mayoría del pueblo argentino.*
> (#3 4 - 22/11/2008) ruleman: *Se nota que estas alineada con el gobierno al que adheris.* El método de descalificar las verdades mas evidentes, es uno de los preferidos del matrimonio K. Pero veamos si podes sostener tu falacia: *indicame un foro de un medio de comunicación publico y de trayectoria reconocida que demuestre lo contrario a lo que opinan los lectores de La Nación.*
> (#5 4 - 22/11/2008) Gabriel110: Siempre me dan gracia estos comentarios. *Vos también son una lectora de LN. Y mas si estás registrada.* Por lo tanto, reformulo tu comentario para lograr cierta coherencia: "Se ve que los lectores de La Nación no representamos a la mayoria del pueblo argentino".
> (#6 4 - 22/11/2008) ejdevillegas: Los lectores de La Nación no representan la mayoría del pueblo argentino, porque gobiernos como el actual promueven la ignorancia, que es la manera de tener cautivos una gran parte de la población que son usados para mantenerse en el poder.

> (17 - 22/11/2008) hernangarcia: *Los lectores de la nacion? quiénes son los lectores de la nación? "Comizo", "Corsario negro, paturuzú?* Señores, un poco más de seriedad. No inventen noticias. "Los lectores de "El argentino" apoyaron la ley" *Eso no es informar, es hacer politiquería barata. Y firmen con sus nombres, lectores de "La Nación Derecha"*
> (#1 17 - 22/11/2008) Patoruzus: NO MANOSEE EL NOMBRE *DEL PUEBLO ARGENTINO AL QUE USTED NO REPRESENTA..*¿SI FUERA ASI POR QUE NO HICIERON UN REFERENDUM...? ¡ANIMENSE A HACER ELECCIONES ANTICIPADAS A VER COMO LES VA....! (*Yo creo que usted forma parte tambien de los lectores de la nacion....*)
> (#2 17 - 22/11/2008) MARZO2: *¿Y vos, que hacés acá?*

(53 - 22/11/2008) alexandro1982: Los lectores de lanacion. com que hicieron tal votacion tienen intereses creados, por un lado, y son profundamente reactivos, por el otro...

(#3 53 - 22/11/2008) laissezfaire: *no encontràs algùn medio acorde con tus ideas?* yo por ejemplo, pàgina 12 no la leí en mi vida! Por lo que se está hecha para el pueblo ignorante masa votante responsable del pais de mmierda que tenemos... te sentís identificado?

Los lectores que no comparten la línea editorial del diario también manifestaron su desacuerdo con la iniciativa del medio de establecer categorías de usuarios a partir de la distinción que otorgan las medallas, sobre todo porque su obtención requiere "una mejor valoración de la comunidad",[155] lo cual sería considerado como un objetivo engorroso cuando se es parte de la posición minoritaria[156]:

(226 - 18/11/2010) albordani: o sea, *aquel que esté de acuerdo con la línea de pensamientos del diario (y por ende, de la mayoría de sus lectores) y opine en concordancia, recibirá una galletita o medalla como el perro Patán.* Y los que estén en desacuerdo, podrán ser reportados o serán "presionados" (¿esto es el congreso?) para que cambien de opinión. No me parece una buena iniciativa, no estimula el debate de ideas, sino la competencia entre foristas.

(227 - 18/11/2010) livioflores: A mi no me molesta la calificación, pero hay un punto que se tiene en cuenta que me hace mucho ruido y me parece muy injusto porque depende de

---

[155] Este sintagma es parte del mensaje que aparece en el perfil de los usuarios que no detentan ninguna medalla, en donde puede leerse la siguiente leyenda: "Tu participación en lanacion digital aún no es suficiente para alcanzar una medalla. Tendrás más chances de lograrlo si realizás más comentarios y lográs una mejor valoración de la comunidad".

[156] Aunque vale aclarar que en los hechos son muchos los lectores no afines a la línea editorial de *La Nación* que poseen una medalla, como por ejemplo, "livioflores" o "JavierSan1976", que tienen medalla de plata y bronce, respectivamente. Lo que sí se pudo observar durante el análisis de los comentarios es que estos enunciados disidentes son los que acumulan mayor cantidad de votos negativos.

si uno opina en favor o en contra de una postura política, el punto es cuestión es este: "Promedio de votos positivos por comentario: Este promedio mide la aceptación o rechazo de tus comentarios dentro de la comunidad y ayuda a evaluar el contenido de tus comentarios." La premisa es errada y falsa, ya que si opino en contra de lo que opine Mariano Grondona o Cachanosky en alguno de sus artículos me voy a llenar de votos negativos así lo haga recurriendo al mejor lenguaje y a los mejores argumentos; y ni que hablar si de repente digo "Viva Kirchner", me parece discriminatorio este parámetro siendo que la línea editorial del diario y las simpatías políticas de sus lectores es bastante sesgada. Es mi opinión.

(415 - 18/11/2010) 1HoldenCaulfield: "Buen desempeño"??? *Encontraron la forma de bloquear comentarios que no convienen a los intereses del diario,* a mí me han reportado comentarios tales como "no estoy de acuerdo con vos".Y no fueron repuestos por el moderador (ente inexistente).... *Me parece que les agarró miedito de ver cómo en las notas de economía y política hay cada vez más gente que postea comentarios favorables al gobierno y es necesario frenarlos...* Los comentarios NO deben ser censurados nunca, ni aun con insultos... el que insulta se pone en evidencia solo, los demás juzgan su comentario pero hay que dejar que la gente se exprese libremente y diga LO QUE QUIERA, *mal que le pese a LN o a sus lectores.* Resulta que ahora hay "lectores VIP" ??? *Profundamente antidemocrático el foro, para eso hagan como Clarin, que jamás pone comentarios- y todos contentos !!!!*

(797 - 18/11/2010) JavierSan1976: *El sistema de puntuación perjudica a los usuarios que piensan diferente a la línea editorial del diario y al pensamiento "derechoso" de los foristas. Yo leo frecuentemente el diario y casi nunca estoy de acuerdo con la forma de pensar de los columnistas y de los foristas por lo tanto son más los votos negativos que recibo que los positivos. Yo doy fundamentos en mis respuestas y jamás censuro comentarios de otros personas.* [...]

Como puede advertirse, las opiniones o apreciaciones suelen aparecer polarizadas: se está a favor o en contra, se es "anti-k" o "pro-k". De un lado y del otro, es corriente la designación del *contradestinatario*[157] a partir de apelativos completamente peyorativos y descalificantes, tales como "forista K", "ñoki", "ciber kk", "cavernícolas", "goriforista", etc. Ambos "bandos" se acusan mutuamente de utilizar el "reporte" como una herramienta para callar y censurar la opinión contraria:[158]

> (125 - 22/11/2008) Laly34w: *chiquitines KK (por el cerebro digo!!) sigan reportando mis mensajes que me tomare el trabajo de volver a poner las veces que sea necesario* y si con ello no alcanza sacare una solicitada, pero como estoy segura que no dije nada malo, ni agraviante, [...]
> (#1 125 - 22/11/2008) nachost_2: se me acabaron las balas, si no te reportaba por gil

> (#3 19 - 18/11/2010) roci_cai: lo del moderador es terrible, a veces decis lo mismo que otras personas y te sacan comentarios, a mi me reportaron y rechazaron comentarios varias veces, y no insulte a nadie, ni me referi a nadie de mala manera... o tal vez deberían sacar el "hiere la sensibilidad"... en este tipo de foros si no pensas igual, te reportan xq "heris la sensibilidad" del otro...

> (95 - 18/11/2010) onofre: con este sistema veo como muy positivo el hecho que no se permita realizar reportes a "todo

---

[157]   Categoría que refiere al destinatario negativo de un discurso polémico, que está "excluido del colectivo de identificación" (Verón; 1978: 17).

[158]   De ambos lados hay, también, una crítica continua al sistema de moderación que propone el diario. Se cuestiona sobre todo el hecho de que el "reporte" de un usuario ocasione que el comentario objeto desaparezca hasta que el moderador –calificado con epítetos como "ese amigo del purismo que siempre está al acecho" (9 - 22/11/208); "los Torquemadas del diario" (46 - 22/11/2008); o "el amigo manos de tijera" (54 - 22/11/2008)– decida si debe ser definitivamente eliminado porque en efecto ha infringido alguna de las normas del sitio, o no se considere que haya incurrido en un abuso y se lo vuelva a publicar.

el mundo" ... se van a terminar muchos *foristas que padecen de reportitis!!!*

(98 - 18/11/2010) Lazarev: Esperemos que esto sirva para evitar los *reportadores seriales,* y también los *cyber-comentadores-pagos*

También proliferan las denuncias de un uso "indebido" del espacio de los comentarios por parte de "comentadores pagos" o "a sueldo", imputaciones que hemos encontrado ya tempranamente desde mediados de 2007 y que se fueron multiplicando con el paso del tiempo hasta encontrar su momento de mayor exposición en 2010:[159]

(#1 83 - 22/11/2008) arturitolight: Este mensaje es bueno para llevar el conteo de los empleados de la SIDE que hoy están trabajando en el foro........Porque cuando los K se vayan tendremos que ir a ver que se hayan liquidado correctamente sus horas extras.

(29 - 29/04/2010) gon2010: OJO... *Los bloggeros K ya se despertaron y están como locos... Se ve que hoy les prometieron un "adicional", pagado con la plata que nos roban a todos...* Pero sus mediocres intervenciones no le hacen sombra a la brillantez del artículo.

(35 - 29/04/2010) desantafe55: En un universo donde la única verdad era la de los medios, basta un programa pequeño, para que se pongan tan nerviosos? 678 ha sido para ellos una especie de terrible demonio. Dice cosas sencillas, que los medios son funcionales a alguien. Que no son independientes y lo demuestra. [...]. *Habla de ciberk, al igual que lo hacen habitualmente los foristas, pero ignora a sabiendas el*

---

[159] La presunción de la existencia de "comentadores pagos" no pareciera ser un fenómeno exclusivo de la arena mediática nacional. En una investigación sobre los espacios de *comentarios* en la prensa digital catalana –estudio que ha sido oportunamente glosado en el capítulo 2–, se precisó también que "en más de una ocasión se tuvo la impresión de que algunas formaciones políticas destinaban a personas concretas para participar en el diálogo con el fin de la propaganda" (Ruiz *et al.,* 2010).

accionar de los chicos de La Ese, de Souto. En nuestro país, y eso aunque no les entusiasme, algunas verdades sagradas han empesado a cuestionarse.

(#3 45 - 29/04/2010) jrcmaciel: parafraseando tu imagen, todo es relativo. Ahora bien, si te informás un poquito, apenas un poquito, podrás deducir que es obligatoriedad del gobierno invertir en publicidad, está dentro del presupuesto nacional. Entonces ese dinero va a parar a un espectáculo que llega a millones de argentinos como es el espíritu de la pauta oficial, y cuando esa pauta era direccionada a otros medios a nadie le molestaba, y ni siquiera era un gasto que pagamos todos. *Utilizá argumento propios y serás feliz, no trabajes para Souto, en tus términos se desnuda el profesionalismo con el cual escribís*, y si de fin hablás, que me contás del relevo de Bergesio???

El desencuentro que se produce entre ambas categorías de lectores –de *lectores fieles* por un lado, y *lectores disidentes*, por otro– es tan fuerte que el hecho de que se pongan de acuerdo en algo llama de inmediato la atención:

(#27 64- 18/11/2010) algundia: despues de hoy no voy a comentar mas por q arruinaron el foro y tampoco voy a leer mas el diario por q lo leia por el foro....... pero antes de irme *quiero felisitar a la nacion por q logro lo imposible......... nos puso de acuerdo a todos....... k y anti k estamos de acuerdo este sistema es una bazofia*

(#3 354 - 18/11/2010) jr_ewing: No CyR. Buenísimo, Kafka...!! Otro motivo para sumar lanzas. Antes unos insultábamos a Souto, y los otros insultaban a Gvirtz. *AHORA TODOS JUNTOS INSULTAREMOS A RODRIGO SANTOS. Que, paradójicamente, con esta tontería está logrando la proeza que no pudo ningun político: estar todos de acuerdo en algo.*

(943 - 18/11/2010) ATEO_PLU: *Con este sistema La Nación consiguió algo hasta hace unos días era impensable.* Que practicamente todos los foristas hayan dejado de lado por un rato las ideologías y las peleas entre los que aborrecen o son afines al gobierno para mancomunadamente proce-

der a manifestar de las maneras más variopintas que este sistema de medallitas y censura calificada es una reverenda porquería.

Como se ve en los tres comentarios anteriores, esto sucedió, por ejemplo, con las críticas que desencadenó el nuevo sistema de calificación de usuarios implementado a fines de 2010, que no solo fue repudiado por los lectores disidentes –como ya se ha expuesto más arriba–, sino también por los "habituales lectores" del diario. Estos últimos descalificaron dicha práctica como "infantil" y "escolar", y en muchos casos, como medida de protesta o táctica de resistencia, ocultaron voluntariamente la insignia obtenida:

> (83 - 23/09/2009) tiempotormentoso: Ché, ¿qué quisieron hacer? ¿El viejo Cuadro de Honor del colegio, versión LNOL? Blanqueen los que reportan, si no, no sirve...

> (496 - 18/11/2010) coketa_e: "Chupamedias", "perfectitos", "olfas", "señorita, señorita, Fulanito no hace bien los deberes, castíguelo, lo voy a reportar" Jajaja!! Eso es lo que vamos a pensar de los "medallas de oro" Prefiero opinar como siempre, sin faltar el respeto, pero libremente, y no preocuparme por premios y castigos. No a la hipocresía, sí a la libertad de pensamientos.

> (116 - 18/11/2010) Shamed: Un horror! me hicieron acordar lo q sufrí en la secundaria por figurar en el cuadro de honor, qué papelón!!! me quería morir! OBVIO QUE LO PRIMERO QUE HICE, FUE ESCONDER LA MEDALLITA MILAGROSA, PARECEMOS MILICOS MOSTRANDO LAS INSIGNIAS. Reconozco q es creativo, no lo vi en ningún medio extranjero, pero qué bobagem!

El campo semántico de lo militar estuvo, por supuesto, presente en estos comentarios, aunque primaron sobre todo las referencias al dominio conceptual de la oligarquía ganadera, con respuestas como "me siento en plena Rural" (#4 114 - 18/11/2010); "el diseño de la cucarda es de mal gusto, lo asocio inmediatamente con la SRA" (558 - 18/11/2010);

o "esto es una tribuna de doctrina y no un concurso en el que podemos aspirar a ganar una cucarda tipo vaca" (641 - 18/11/2010). También estuvieron quienes consideraron que la medida adoptada por el diario contribuía a "masificar opiniones" (140 - 18/11/2010), a adoptar "medidas populacheras" (316 - 18/11/2010), a "hacer populismo y tinellización" (348 - 18/11/2010).

Por otro lado, se pudo advertir que entre los lectores afines a la línea editorial y los lectores que abiertamente se definen como opositores al medio, hay un conjunto –menor en cantidad– de comentarios que remitirían a una posición intermedia, en donde se construyen enunciadores, que podríamos calificar con el nombre de *lector crítico*, que no se sienten representados por una u otra postura y que presentan un discurso más mesurado que el resto:

> (55 - 22/11/2008) mnc1963: *Hay gente que piensa que el que lee La Nacion online o escribe en estos foros es de derecha, lamentablemente no existe foros en otros diarios donde uno puedo expresar lo que piensa(mas alla de los que se sienten sensurados por algun mensaje que no le salio publicado).* Yo cuando quiero saber de algun tema de actualidad sobre la argentina entro a todas las paginas de todos los diarios, cada uno tiene sus motivos y no me importa cuales de pubicar mas notas o menos sobre algun tema. Yo solo busco lo que me interesa saber. Voy donde esta la informacion. En este foro hay gente que hace catarsis, hay gente que hacer politica y otros como yo que buscan saber si existe alguna forma de recuperar su dinero o simplemente enterarse que se lo robaron todo, y asi cerrare otro capitulo de mi vida(tal vez el ultimo) con la Republica Argentina y sus saqueos a mis ex-patrimonios (ya que no me queda nada que me puedan robar ya)

> (38 - 29/04/2010) flecher: *Yo miro 678 a veces y también veo tn y la verdad que no veo la diferencia en cuanto al fondo que es mostrar la realidad de la forma que mas le convenga a los jefes.* La diferencia está en los modos, 678 es más

directo y vulgar y TN (y los grandes en medios en general) son más sutiles e hipocritas. Aunque están perdiendo lo sutil ultimamente. Yo no voté a los K en ninguna elección y no los voy a votar salvo que lleguen a un ballotage con Macri, Reutemann o De Narvaez. *Yo creo que ningun medio es independiente y que para estar mas o menos informado hay que escuchar las dos campanas.* Para mi los K hicieron algunas cosas buenas y en otras le pifian mal. Y no tengo ninguna duda que son unos corruptos y ojalá que algún día vayan en cana.

(70 - 29/04/2010) gabmer: Inconductas. ¿Qué lleva a un intelectual de izquierda como B Sarlo a migrar a columnista estrella del diario de Mitre? ¿A considerar a los intelectuales de C Abierta como parte de un mero dispositivo cultural sin entrometerse en su discurso y dar discusión? (Ni hacer mención a los dispositivos culturales del neoliberalismo que impusieron palabras, prejuicios y tabúes). ¿Como Gregorio un día, se despertó y vio que estaba cambiando? La izquierda argentina participa de un odio de clase, prolongación del sentimiento de superioridad del inmigrante europeo por sobre aquel proveniente de las provincias. Y el antiperonismo de B S es extensión del ese racismo que hoy sustenta al antikirchnerismo rabioso de la clase media. *Lo que el peronismo llama gorilismo (palabra arbitraria que sufrimos muchas personas con posiciones críticas respecto del peronismo, aunque jamás hubiésemos sido parte de la Libertadora).* Pero BS es parte de la Libertadora 2, recalcitrante como su primer edición. Qué tristeza.

(366 - 18/11/2010) Eduomca: Teniendo en cuenta que hay una polarizacion mayoritaria (pro gobierno - anti-gobierno), *cada vez que algun "independiente" como yo opina en contra o a favor de una accion del gobierno o de un opositor, recibimos votos negativos de alguno de los dos bandos.* Supeditar la calificacion del usuario a su "popularidad" me parece bastante injusto y el resultado poco serio.

Haciendo un repaso de todo lo expuesto hasta ahora, puede observarse que aun cuando la mayoría de los comentarios se ajustaron al tema propuesto por cada noticia, fue frecuente encontrar la alusión –implícita o explícita– al contexto de producción de los discursos, que por supuesto forma parte de las *condiciones productivas* (Verón, 1998: 127) tanto de la nota como de los comentarios del público, es decir, que tiene que ver tanto con las restricciones de generación del discurso del medio como con las restricciones de su recepción. Ya sea a partir de remisiones tangenciales e indirectas –al estilo "estos tiempos", "los tiempos que corren" o "la sociedad en que vivimos"– o de la referencia expresa de acontecimientos como las discusiones en torno a la Resolución 125, la Ley de Medios o la disputa entre *Clarín* y gobierno nacional, dicho contexto se hizo presente de manera continua en el discurso de la audiencia.

Asimismo, los "motivos" de la participación también fueron, en muchos casos, explicitados en los comentarios. De este modo, los lectores valoran la posibilidad que *La Nación* les brinda para:

- *Conocer los puntos de vista de otros lectores y ampliar la información suministrada por el diario:* porque "los comentarios a las notas de La Nación son muchas veces más trascendentes que las notas mismas" (121 - 15/07/2007); "hacen reflexionar o tomar otra postura respecto al tema" (22 - 15/07/2007), "y de esa manera construir un criterio o una idea más acabada en temas determinados"; y "siempre es bueno leer la opinión de los otros lectores, estemos o no de acuerdo con lo que expresen (84 - 15/07/2007), ya que "esta dinámica de un diario proponiendo un tema y lectores sumando más información, es lo que los diarios en papel nunca podrán lograr" (#1 1 - 15/08/2009).
- *Compartir con otros las propias ideas,* esos "muchos otros con quienes compartimos, aunque no los veamos" (6 - 15/07/2007), ya que "al menos hay un espacio

para los que no tenemos dónde volcar nuestras opiniones" (8 - 23/09/2009) y "necesitamos no sólo que nos comuniquen sino comunicar" (1118 - 27/12/2009), "reconocerse y ser reconocido en el pensamiento" (#5 55 - 18/11/2010), "pasar de pasivos lectores a activos participantes" (167 - 18/11/2010), y "al fin [...] poder contestar a Grondona" (97 - 1115/07/2007).

- *Hacer catarsis:* expresando "las opiniones, emociones y sensaciones de quienes nos quedamos con la impotencia de no poder manifestarnos" (153 - 15/07/2007), porque "hay una necesidad de desahogo psíquico" (171 - 15/07/2007), ya que si "estás caliente por algo que te molesta ¿qué hacés? en vez de guardártelo [...] te descargás escribiéndolo, habrá mucha gente que lo lea, podrás debatir y así aliviar tu stress" (160 - 18/11/2010), y "es terapéutico" (#1 160 - 18/11/2010).

Y estos tres aspectos se resumen en dos comentarios que hemos seleccionado para ilustrar lo expuesto:

(20 - 15/07/2007) sweaterazul: *La noticia tal como aparece en los medios es la punta del iceberg.* Muchas gracias a La Nacion por permitir que se vea y se ponga de manifiesto *la parte sumergida del iceberg,* que es la mayor, que es la opinion de los lectores. *A algunos nos sirve de catarsis, a otros nos ilustra la opinion de lectores mejor formados y con mayor claridad de pensamiento.* Gracias otra vez por permitirlo

(85 - 18/11/2010) arcoiristuc: normalmente leo el artículo y luego algunos comentarios. *Si puedo aportar, lo hago.* Aveces *cuando estoy un poco con la depre, me divierto con los comentarios que hacen.* Ahora lo de calificar, no me parece. *Pienso que la gente no hace los comentarios por ganar un premio y sí por intercambiar ideas, pareceres, y aveces bronca que nos arranca la situación en la que nos vemos inmersos por las malas políticas que emplean desde el estado.*

Por último, resta señalar que el estudio de los comentarios de lectores de *La Nación* nos permitió también recuperar ciertas declaraciones sobre los *nuevos hábitos de consumos culturales* en los que el vínculo entre diario y lector se enmarca. De esta manera, se ha observado la correspondencia entre las disquisiciones concernientes a las nuevas experiencias de lectura del diario *online,* que han sido desarrolladas al final del primer capítulo de este libro, y lo que los lectores dicen acerca del modo en que se relacionan con la prensa. En primer lugar, en varios comentarios se pone en evidencia que los lectores leen –o han leído– otros periódicos en línea, lo cual se enlaza con las hipótesis sobre la retracción de la credibilidad o afinidad a una cabecera concreta que caracterizaba al consumo del diario papel (Cerezo y Zafra, 2003; Mancini, 2011). Tomemos como ejemplo de ello los siguientes posteos:

(240 - 28/06/2008) AhoraBien: ¿Que pasó muchachos? *Leo asiduamente la edición electrónica de buena parte de los diarios más importantes de nuestro medio, desde Clarín hasta Página Doce, pasando por Infobae o El Cronista*; y más allá de la cantidad, calidad, u orientación ideológica de la información, en lo que a diseño concierne La NaciOn Line es -¿o debo decir era?- un oasis en medio de esa inconmensurable planicie de lugares -comunes- que polucionan la web, distinguiéndose precisamente por lo que hasta ayer nomás era una E-N-O-R-M-E personalidad visual, de la cual hoy no quedan rastros. [...]

(469 - 28/06/2008) aeizayag: en general el sitio no me gusta mucho. La tipografía no agrega, y la distribución del espacio empeoró. Una pena, porque *vivo afuera, y estoy TODO EL DIA con la nacion.com conectada, y es mi forma de saber lo que pasa en Argentina. espero no lo toman a mal, pero estoy empezando a leer mucho más Clarin y criticadigital, que antes casi no miraba....* tanto me cuesta a mi leer el diario ahora... [...]

(11 - 06/07/2008) megasoft: Hola. Buena idea, buen desarrollo y muy buen diagrama. Ademas, no entiendo por que, la apertura de la pagina es mas rapida, que *dentro de los tres periodicos que leo, la de la nacion era la mas lenta.* Como me imagino que van a seguir mejorando, les deseo lo mejor. Buen dia

En segundo lugar, podemos precisar que la navegación a través de distintos medios se asocia con el hecho de que cada vez más los lectores manifiestan su necesidad de buscar, profundizar o chequear la información que consideran de interés, actividades para las cuales los diarios ya no solo compiten con otros diarios, sino también con el conjunto profuso de generadores de contenido *online* (redes sociales en Internet, weblogs, buscadores, etc.):

(2 - 28/11/2007) robermol: [...] Concretamente, *a quienes nos gusta leer los diarios, mantendremos esta costumbre hasta el final de nuestros días... Pero igualmente profundizaremos la información que necesitamos a través de la red de redes.*

(8 - 28/11/2007) andresjfriedman: *El internet tiene a mi parecer una gran ventaja sobre los diarios en papel.Una información puede ser cotejada a través de diferentes periódicos* de distintas partes del mundo en poco tiempo.Y una noticia local puede cotejarse en distintos medios locales de tendencias opuestas, para permitirle al lector sacar sus propias conclusiones

(3 - 15/08/2009) mariosorsaburu: Los diarios, los noticieros en radio y t.v., tenderán a no ser leídos y escuchados, en la medidad que estps medios defienden intereses que no se pueden criticar abierta y sinceramente, desde el momento que los medios forman parte de esos intereses. Es COMO EL DINERO Y LA AMISTAD, queda contaminado. *A los medios ya no se les cree y en realidad se buscan para lo fáctico- subió o bajó la bolsa, pasó tal o cual hecho en tal lugar, mas cuando se pasa a la fase editorial, a la especulación de causas efecto sobre procesos histórico-políticos, los medios no son creíbles.* Es desde ese punto que me parece que su

expansión a terminado y comienza su contracción definitiva con vista a veinte años. *Nosotros traíamos las costumbres de nuestros padres, los de cuarenta años hoy, menos y los jóvene de veinte ya no leen el diario y descreen del resto.* Los medios, con su accionar, mataron las fuentes para saciar su propia sed.Atte.Mario Sorsaburu

En tercer lugar, parecen confirmarse ciertos supuestos en cuanto al contexto de consumo, que asocian cada vez más la lectura de la prensa digital con el ámbito y el horario laboral, aunque también pueden observarse otras tendencias, más recientes, como el crecimiento de la franja horaria nocturna:[160]

(160 - 28/06/2008) g11kanu: Coincido con la mayoria de los usuarios. Me encanta el nuevo diseño del diario, y sigue para mi, siendo por lejos el mejor. [...] *No lo pude ver desde mi lugar de trabajo, donde habitualmente lo leo*, pero me parece que carga mucho más rápido. Los felicito a todos... [...]

(444 - 28/06/2008) mrivero57: *Como lector nocturno de lanación.com*, y por el poco tiempo del que dispongo, los * me son de suma utilidad para, en menos clicks, tener un panorama global de las notas que me interesan. [...]

(23 - 06/07/2008) da10vid: a mi me gusta el nuevo formato. pero de todos modos no lo uso a fondo sobre todo por una cuestion de tiempo... *la mayoria de las veces lo leo a la mañana en el trabajo en la primer media hora.* Pero la verdad es q me gusta lo q veo.

(343 - 18/11/2010) sasha5: *Anoche entré al diario para leer las repercusiones del escandalo Camaño Kunkel* y me llevé una sorpresa, pero mala, la verdad es que estoy en desacuerdo

---

[160] Un conjunto importante de los comentarios indagados fueron publicados por la noche, sobre todo en el período que va entre las 21:30 PM y las 2 AM. Incluso, se pudo observar que en este momento del día el espacio de comentarios se convierte en una especie de sala de chat, dado el tipo de intercambio –mucho más sincrónico que en otros horarios– que se establece entre los usuarios.

con este nuevo sistema porque implica opinar igual a la mayoría para lograr votos positivos en los comentarios, [...]

Finalmente, y en cuarto lugar, cabría marcar que se advierte la tendencia a asociar la experiencia de la lectura con variables que adquieren cada vez más peso a la hora de comprender el vínculo entre un periódico *online* y su público, tales como la *usabilidad*[161] del sitio o el tipo de dispositivo tecnológico desde el cual se accede a él:

(33 - 28/06/2008) gusv2007: [...] En mi caso particular, no es tanto la forma en como aparecen las secciones, pero si cuanto consume de memoria y procesador cada vez que el navegador abre y comienza a cargar todas las aplicaciones/publicidades/flash/popups/etc. [...], *leo lo principal y luego me paso a otros diarios menos demandantes de recursos.* (Clarin es imposible de leer con compus viejas). Bueno, eso es todo por ahora. No me parece ni mal ni bien el cambio, *lo importante es que sea livianita para los navegadores.* [...]

(47 - 28/06/2008) cyruja: hola, apenas entro y luce bien. La Nación es SUPER sitio de diario, espero que no pierda las buenas características de jerarquización de la info, entre otras. Por lo pronto sí *les pido que habiliten el sitio estandar para móvil, uso un iphone y me lleva sí o sí a WAP y no quiero eso.* Saludos y Suerte.

(453 - 28/06/2008) AhoraBien: Hablando de diseño y formato de periódicos... Saben cuál es uno de los "locos" motivos por los qué pienso que Clarín impuso aquello de "gran diario argentino"? Simplemente porque, más allá de calidad informativa o consideraciones ideológicas, su formato en papel es decididamente amigable: la gente siempre lo puede abrir en una mesa de café o en el bondi o por caso envolver una docena de huevos al día siguiente; mientras que por su tamaño "la sábana" de La Nación no se adapta a un, con suerte, tres ambientes: para desplegarlo tenés que sacar

---

[161] Una de las definiciones de *usabilidad* que ha adquirido mayor trascendencia es la de Jakob Nielsen (2003), quien la define como el atributo a partir del cual se evalúa cuán fácil de usar es una interfaz.

el florero de la mesa del comedor, y eso los que tenemos mesa del comedor con florero. Por otra parte *en la web, y también más allá de calidad informativa o consideraciones ideológicas, en lo que a diseño amigable respecta, entiendo que el gran diario es (¿o debo decir era?) La Nación*: hasta el sábado uno simplemente entraba y navegaba ya desde la PRIMERA VEZ, en mi caso varios años ha. Y no hacía falta publicar una guía de instrucciones post re-engineering de dónde encuentro esto o lo otro ahora, después de las mejoras (?). [...]

Para cerrar y sintetizar todo lo expuesto hasta aquí, podemos distinguir entonces al menos *cuatro diferentes lógicas de reconocimiento* –que por supuesto, no pretenden ser exhaustivas– que han podido ser identificadas gracias a la presencia de ciertas *disparidades invariantes* en las *respuestas* del público a las estrategias enunciativas de lanacion.com, y que decidimos denominar de la siguiente manera: *lector fiel integrado*; *lector fiel excluido*; *lector disidente*; *lector crítico*.

La primera y la segunda lógica señaladas son muy cercanas entre sí, ya que ambas remiten a un lector participante afín a la línea editorial de *La Nación,* que se reconoce como parte de la "comunidad de lectores", que por lo general es o ha sido también lector del diario de papel, y cuyo vínculo con el medio se enmarca en los consumos culturales que ha heredado. Ambos también conciben en la posibilidad de participar en el espacio de los comentarios como una extensión del carácter "republicano" del diario que hoy, más que nunca, les permite ejercer su función de "ciudadanos". Lo que diferencia a uno y otro tipo de "lector fiel" es que el primero –el *lector fiel integrado*– considera que los cambios que permanentemente alteran la interfaz de lanacion.com son parte de un proyecto editorial que brega por brindarles lo mejor a sus usuarios, mientras que el segundo –el *lector fiel excluido*– se resiste a dichas innovaciones porque las percibe como ajenas a la tradición del diario. Esta última categoría de lector manifiesta sentirse continuamente expulsada del sitio, no viéndose reconocida en los valores –populares, juveniles, posmodernos– que, desde su punto de vista, los cambios mencionados promueven.

La tercera lógica es la del *lector disidente*, que es aquel lector participante que explicita abiertamente su falta de afinidad con el perfil editorial del diario, y que si bien se considera "forista", no se reconoce a sí mismo como "lector" de *La Nación,* por los valores negativos que eso podría representar para él. Aunque participa de un modo activo del espacio de comentarios, se siente parte de una "posición minoritaria" dentro de él.

Por último, la cuarta lógica anunciada ha sido designada como la del *lector crítico,* porque remite a aquel lector participante que se enuncia desde una "posición intermedia", que no se siente representado por la polarización en la que incurren tanto el *lector fiel* como el *lector disidente*. Sus posiciones suelen ser, en consecuencia, más moderadas –con mayor presencia de *opiniones evaluativas* que de *apreciaciones afectivas*– que las del resto.

6.2. Los comentarios a los posteos en Clarín Blogs

6.2.1. Apuntes sobre la estrategia enunciativa del blog del medio

A diferencia de lo que sucede con *La Nación,* y tal como se expuso al final del capítulo 3 y se trabajó con más detalle en el capítulo 4, no ha sido el sector destinado a los *comentarios a las noticias* el *espacio de participación* privilegiado por *Clarín*. Por lo tanto, no es posible confrontar lo analizado en el punto 6.1 con un conjunto equivalente de noticias de *Clarín* que versen sobre el medio, sus procesos y productos y que, a su vez, presenten un corpus de comentarios de lectores pasibles de indagación.[162] En contrapartida, el "gran diario argentino" ha decidido centrar su *estrategia de participación* en el ámbito de los *blogs*.

Como bien señala José Manuel Noguera Vivo (2008: 133), clarín.com fue el primer medio en español en publicar un weblog, lo cual sucedió muy tempranamente, en febrero de 2003, cuando puso en línea "Conexiones", que meses más tarde ya admitía *comentarios de lectores*. Bajo esta impronta pionera fue sumando poco a poco nuevas bitácoras que en octubre de 2007 fueron aglutinadas en la sección denominada Clarín Blogs. Asimismo, el 8 de enero de 2008 el periódico puso a disposición de los usuarios una plataforma propia que permite la generación y administración de blogs personales; innovación que realiza en clara sintonía con la lógica de "servicios", que –podría decirse– forma ya parte del *contrato de lectura* que intenta construir el medio.

Nacido 75 años después que *La Nación*,[163] el diario fundado por Roberto Noble tuvo desde sus orígenes una raigambre más popular que su principal competidor: desde sus comienzos, privilegió ciertos temas desechados por otros, como los propios del ámbito del "Deporte" y el "Espectáculo". Sin embargo, podríamos argumentar que lo que distingue a *Clarín* de otros diarios es el hecho de haber apostado de entrada a los "servicios" para los lectores. Por ejemplo, la empresa de Noble asignó siempre un lugar de relevancia a los avisos clasificados, espacio del diario que creció vertiginosamente luego de que el matutino *La Prensa* fuera expropiado durante la primera

---

[162] Como ya se precisó, hasta diciembre de 2011 eran muy pocas las noticias que *Clarín* abría a comentarios.

[163] Mientras que la primera tirada de *La Nación* salió a la calle el 4 de enero de 1870, la de Clarín lo hizo el 28 de agosto de 1945. Para conocer más sobre la historia de ambos diarios, Cfr. Ulanovsky (2011 y 2011b).

presidencia de Juan Domingo Perón y estuviera un tiempo fuera de circulación y, debido a esto, los anunciantes se vieran obligados a migrar su pauta publicitaria (Ulanovsky, 2011: 134-140). Como afirmó Daniel Burzaco, creador del periódico *Tiempo Argentino*: "Con los clasificados, *Clarín* pasó a ser el diario de servicios. Todo el cuentapropismo del país empieza a comprarlo como herramienta de diálogo y para saber cómo está parado en el mercado" (en Ulanovsky, 2011: 140). Del mismo modo y sobre todo a partir de la década de 1990, el diario utiliza "recursos extraperiodísticos" (Ulanovsky, 2011b: 247) como estrategia comercial para mejorar las ventas; tal es el caso del concurso deportivo "El Gran Director Técnico", que hace unos años retomó su vigencia en clarín.com bajo el rótulo "El Gran DT". El creciente grado de especificación, actualización y autonomía de algunos suplementos también da cuenta de esta estrategia, cualidades que han adquirido su mayor grado en productos como el diario deportivo *Olé* o la *Revista Ñ*, que el *holding* comenzó a editar en 1996 y en 2003, respectivamente.

En este sentido, es posible afirmar que Clarín Blogs es parte también del grupo de espacios semiautónomos que el multimedios genera y que tienen como claro espacio vinculante al diario *Clarín*. Como explica Noguera Vivo, en el nuevo ecosistema mediático los blogs también forman parte de la acción corporativa de los medios de comunicación que buscan "crear redes de páginas web y comunidades para fidelizar a los usuarios y crear nuevos productos buscando nichos de audiencia muy especializados [...] De este modo, la audiencia no sólo entiende por participar el hecho de 'colaborar con', sino también la sensación de 'sentirse parte de'" (2008: 267-268). Así, "cuanto más 'blogueen' los lectores y más se conecten entre sí, mayor es el peso de un periódico como nexo comunitario" (2008: 106).

El weblog "Novedades" –cuyas notas y comentarios analizaremos en este apartado– se puso en línea junto con la aparición de la plataforma que permite a los lectores generar sus propios blogs,[164] como un espacio para informar acerca de los distintos cambios que se producen en el servicio de *blogging*, brindar consejos de uso y canalizar respuestas a las dudas de los lectores usuarios.[165] "Novedades" podría ubicarse, entonces, dentro de la categoría de "blogs corporativos de medios", que desarrolla Noguera Vivo para caracterizar a aquellas bitácoras en las que no predomina una finalidad informativa ligada a la actualidad, sino que están "dedicadas a explicar las decisiones que toma diariamente el medio de comunicación, a responder a la audiencia sobre cuestiones referentes al cibermedio o a proporcionar un espacio de encuentro y expresión para la audiencia" (2008: 264). Dichos weblogs, cierra el autor, "desarrollan proyectos de participación con la audiencia y

---

[164]   Fuera del corpus, más precisamente en marzo de 2011, el nombre del servicio cambió y comenzó a denominarse "Blogs de la Gente".

[165]   Por supuesto, este blog cumple con las tres características que suelen detentar, según Mark Briggs, este tipo de espacios; se trata de: "1) Un diario en línea frecuentemente actualizado, escrito en un estilo conversacional, con entradas mostradas en orden cronológico inverso [...]; 2) enlaces a otras noticias e información encontrados en la Web, complementados con análisis del bloguero (o blogueros); 3) un enlace a 'comentarios' que permite a los lectores publicar sus propios pensamientos sobre lo que el bloguero está escribiendo" (2007: 64). En el perfil –espacio destinado a que cada blog se presente– de "Novedades" se puede ver la siguiente descripción: "Desde acá podés conocer todas las novedades de tu comunidad de blogs. Además vas a encontrar tutoriales de ayuda, recomendaciones para mejorar tu blogs y que más gente lo lea. Estaremos posteando en el blog de novedades: Vanina (Coordinadora de Clarín Blogs) y Ezequiel (Asistente de Coordinación de Clarín Blogs). Sumános a tus enlaces y mantenéte al día de todo lo que pasa en Clarín Blogs. Contacto: novedadesclarinblogs@gmail.com". Los posteos, por otra parte, son clasificados en las siguientes categorías: Destacados, Eventos, General, Novedades, Rediseño, Tips de Ayuda y Tutoriales.

con esto, logran representar una determinada imagen del cibermedio" (2008: 269).

Si bien hemos incorporado en nuestro corpus de estudio todas las notas posteadas en "Novedades" –y por supuesto, todas las respuestas o comentarios que ellas desencadenaron–, no analizaremos aquí una por una, como sí lo hicimos con las doce noticias de *La Nación*, porque suman un total de 253 entradas (cuadros 6 a 10).[166] Nos limitaremos aquí, por lo tanto, a señalar ciertas *constantes o cualidades recurrentes*.

Como suele suceder en este tipo de discursos, se pudo observar que la mayoría de los posteos presenta una construcción enunciativa típica del universo de los blogs que, como bien recuerda Francisco Yus en su *Ciberpragmática 2.0*, "son publicaciones en línea que se caracterizan por entradas cortas que, a menudo, están escritas con un estilo expresivo y cotidiano" (2010: 120). De este modo, se destaca la utilización de una *posición enunciativa de complicidad* –casi en la vereda opuesta de lo que sucedía en *La Nación*–, mediante la cual el enunciador dialoga con el destinatario, utilizando recurrentes y francas *interpelaciones* y, en muchas ocasiones, apelando al recurso del *nosotros inclusivo* para acentuar la presencia de un *colectivo de identificación* del cual tanto quienes escriben en el blog de *Clarín* como quienes lo leen y comentan serían parte.[167]

---

[166] En los cuadros mencionados se indican la fecha de publicación, el título y la cantidad de comentarios que obtuvo cada nota.

[167] Cfr. "Nos toca a nosotros y tenemos entradas para la Feria del libro" (5/5/2008), o "¿Sos educado en Internet?" (31/5/2008). En la última, se expone: "*Como usuarios de Internet y sus diferentes aplicaciones, a veces, nos olvidamos* de las normas de buena convivencia. En definitiva, la Web es una comunidad en la que *todos participamos y deberíamos mantener cierta reglas* para que todo funcione mejor y navegar la red se convierta en una experiencia positiva".

Cuadro 6. Notas de "Novedades" desde enero a junio de 2008

8/01/2008: Bienvenidos a Clarín Blogs (3)
14/01/2008: Nuevas pastillas (9)
21/01/2008: Amigos y otros blogs (7)
21/01/2008: Creatividad para tu blog: 6 consejos (19)
8/02/2008: Los destacados de Clarín Blogs (54)
14/02/2008: Ahora los usuarios de Clarín Blogs tienen su lugar en Clarín.com (22)
12/03/2008: Los usuarios de Clarín Blogs se acuerdan de Jorge Guinzburg (25)
31/03/2008: ¿Sos educado en Internet? (7)
24/04/2008: ¡Clarín Blogs en la Feria del Libro! (2)
26/04/2008: Clarín Blogs en la Feria. Te esperamos hoy 16.30 hs! (1)
27/04/2008: Clarín Blogs en la Feria: Programa completo de charlas (4)
28/04/2008: Blogs, actualidad y medios (en la Feria del Libro) (0)
28/04/2008: Blogs y Cultura (hoy charla en vivo desde la Feria del Libro) (1)
30/04/2008: Blogs y Educación (Desde las 16:30, hoy charla en vivo desde la
Feria del Libro) (0)
2/05/2008: Mañana: Blogs y Ciudadanía en la Feria del Libro (1)
5/05/2008: Blogs, Prevención y Salud en la Feria del Libro (1)
5/05/2008: Nos toca a nosotros y tenemos entradas para la Feria del Libro (1)
5/05/2008: ¡Blogs, Prevención y Salud en vivo! (1)
5/05/2008: ¿Querés ir a la Feria del Libro y encontrarte con otros bloggers de
Clarín Blogs? (2)
6/05/2008: Mañana: los miembros de la comunidad de Clarín Blogs en la Feria
del Libro (0)
7/05/2008: Problemas técnicos ¡Mil disculpas! (8)
7/05/2008: ¡Los usuarios de Clarín Blogs en vivo! (7)
8/05/2008: ¡Los bloggers de Clarín hablaron en la Feria del Libro! (11)
8/05/2008: El campo, el Chaitén, el tren bala y el Nargis (9)
9/05/2008: Los destacados de la semana en Clarín Blogs (25)
9/05/2008: Mañana: Blogs y Humor en la Feria del Libro (5)
10/05/2008: ¡Blogs y Humor en vivo desde la Feria del libro! (5)
12/05/2008: Lo que quedó del ciclo de encuentros "Todos podemos tener un
blog" en la Feria del Libro (7)
13/05/2008: ¡Consejos útiles para mejorar tu blog! (15)
14/05/2008: Consejo útiles para tu blog: cómo escribir y mejorar los títulos (12)
16/05/2008: Los destacados de la semana (16)
19/05/2008: Nuevos diseños para tu blog (41)
20/05/2008: Consejos útiles para tu blog: cómo usar categorías y etiquetas (tags) (5)
20/05/2008: Una lavada de cara para tu blog (7)
21/05/2008: Todos los blogs que quieras (16)
22/05/2008: Consejos útiles para tu blog: cómo usar enlaces y por qué son
importantes (7)
23/05/2008: Más, más, más: nuevos diseños para tu blog (16)
23/05/2008: Los destacados de la semana (10)
26/05/2008: Consejos útiles para tu blog: por qué la frecuencia de publicación
es importante (30)
27/05/2008: ¡Te invito a publicar en mi blog! (20)
29/05/2008: Mañana empieza "Samsara, la tira vagabunda" (8)
30/05/2008: Los destacados de la semana (11)
3/06/2008: Las declaraciones de José Pablo Feinmann (21)
6/06/2008: Insertar imágenes en los posteos (39)
6/06/2008: Los destacados de la semana (18)
10/06/2008: 15 de junio: Día Internacional del Comentarista (20)
12/06/2008: Cómo abrir un blog en Clarín Blogs (1)
13/06/2008: Los blogs destacados de la semana (14)
20/06/2008: Los destacados de la semana (24)
28/06/2008: Los destacados de la semana (22)

Cuadro 7. Notas de "Novedades" desde julio a diciembre de 2008

4/07/2008: Los cinco destacados de la semana (17)
8/07/2008: Los bloggers de la comunidad se encuentran (17)
11/07/2008: Los destacados de la semana (33)
15/07/2008: Problemas con la visualización de la portada (25)
18/07/2008: Los destacados de la semana (16)
18/07/2008: Aprender a vivir en comunidad (44)
24/07/2008: Inconvenientes técnicos (25)
25/07/2008: Los blogs destacados de la semana (26)
1/08/2008: Los blogs destacados de la semana (22)
8/08/2008: ¿Por qué la autocensura? (26)
8/08/2008: Los destacados de la semana (17)
11/08/2008: ¡Cuidado con el perro! (0)
12/08/2008: Inauguración de la muestra de Paio (15)
14/08/2008: ¡Nos encontramos el sábado! (10)
15/08/2008: Los destacados de la semana (14)
21/08/2008: Fotos del encuentro de bloggers (36)
22/08/2008: Los destacados de la semana (13)
26/08/2008: ¡No te pierdas el BLOGFEST 08! (4)
29/08/2008: 31 de Agosto Día del Blog (5)
29/08/2008: Los destacados de la semana (13)
1/09/2008: Arrancaron los premios BOBs 2008
4/09/2008: Blogfest en imágenes y palabras (14)
5/09/2008: Los destacados de la semana (24)
14/09/2008: Los destacados de la semana (35)
22/09/2008: Los destacados de la semana (38)
26/09/2008: ¡Sorpresa! El nuevo diseño de Clarín Blogs (49)
26/09/2008: Haciendo ajustes y recibiendo sugerencias sobre el nuevo diseño (74)
29/09/2008: Los candidatos para los premios BOBs 2008 (53)
30/09/2008: Primeros ajustes del nuevo diseño (59)
3/10/2008: Los destacados de la semana (51)
10/10/2008: Los destacados de la semana (33)
17/10/2008: Los destacados de la semana (37)
23/10/2008: Spam en los comentarios de la comunidad (38 comentarios)
24/10/2008: Los blogs destacados de la semana (39)
31/10/2008: Los destacados de la semana (32)
7/11/2008: Los destacados de la semana (3 al 7 de Nov) (19)
10/11/2008: Tertulias literarias en Caseros (4)
11/11/2008: "El cielo espera a los buenos de corazón" (Hipo) (31)
13/11/2008: Rosario Blog Day 2008 (5)
14/11/2008: Los destacados de la semana (10 al 14 de Nov) (20)
17/11/2008: Charla sobre infertilidad en el Congreso (1)
19/11/2008: Convocatoria: Cuento de Navidad 2008 (75)
21/11/2008: Los destacados de la semana (17 al 21 de Nov) (23)
24/11/2008: Votaciones del Cuento de Navidad 2008 (90)
28/11/2008: Los destacados de la semana (19)
1/12/2008: Y los escritores del Cuento de Navidad 2008 son: (28)
1/12/2008: Las parejas del Cuento de Navidad 2008 (25)
2/12/2008: Buscamos un nuevo ilustrador (36)
5/12/2008: Día Internacional del Voluntariado (2)
5/12/2008: El sorteo del nuevo ilustrador (9)
9/12/2008: Los destacados de la semana (10)
12/12/2008: Los blogs destacados y el rediseño de Clarín.com (18)
14/12/2008: Los destacados de la semana (8 a 12 de Dic) (10)
17/12/2008: Concurso "1 año en 1 post" (38)
17/12/2008: Encuentro y festejo blogueril (16)
19/12/de 2008: El Cuento de Navidad en Clarín.com (15)
22/12/2008: Los destacados de la semana (15 al 19 de Dic) (35)
23/12/2008: El Cuento de Navidad completo (23)

Cuadro 8. Notas de "Novedades" desde enero a junio de 2009

9/01/2009: Los destacados de la semana (5 al 9 Ene) (8)
12/01/2009: ¡Votaciones en la comunidad! (29)
16/01/2009: Los destacados de la semana (12 al 16 Ene) (34)
22/01/2009: Cómo publicar videos en tu blog (28)
23/01/2009: Los destacados de la semana (19 al 23 Ene) (46)
29/01/2009: Encuentro blogueril en el Abasto (20)
30/01/2009: Los destacados de la semana (26 al 30 Ene) (28)
6/02/2009: Los destacados de la semana (2 al 6 Feb) (16)
9/02/2009: Inconvenientes técnicos + Segovia (9)
9/02/2009: Twestival: encuentro twittero solidario (10)
13/02/2009: Los destacados de la semana (9 al 13 Feb) (20)
16/02/2009: Bloggers solidarios por Tartagal (10)
18/02/2009: 9º Feria del Libro Chaqueño y Regional (16)
20/02/2009: Los destacados de la semana (16 al 20 Feb) (20)
24/02/2009: Vuelven los destacados a Clarín.com (28)
27/02/2009: Los destacados de la semana (23 al 27 Feb) (19)
5/03/2009: Inconvenientes con notificaciones por mail (24)
6/03/2009: Los destacados de la semana (2 al 6 Mar) (24)
13/03/2009: Los destacados de la semana (9 al 13 Mar) (11)
16/03/2009: ¡Comienza el concurso "Cyber Humor"! (1)
16/03/2009: Concurso "Cyber Humor" (semana 1) (30)
19/03/2009: Encuentro blogueril en Ramos Mejía (19)
20/03/2009: Los destacados de la semana (16 al 20 Mar) (21)
25/03/2009: Concurso "Cyber Humor" (semana 2) (6)
27/03/2009: Los destacados de la semana (23 al 27 de Mar) (19)
31/03/2009: Concurso "Cyber Humor" (semana 3) (9)
31/03/2009: VeoVeoTV, el videoblog de Clarín Blogs (15)
3/04/2009: Los destacados de la semana (30/3 al 03/4) (12)
6/04/2009: Concurso "Cyber Humor" (semana 4) (12)
13/04/2009: Roca Blog Day 2009 (6)
17/04/2009: Los destacados de la semana (13 al 17 Abr) (23)
23/04/2009: ¡Clarín Blogs dice presente en la Feria del Libro! (6)
24/04/2009: Programa completo de charlas en la Feria del Libro (14)
24/04/2009: Los destacados de la semana (20 al 24 Abr) (7)
27/04/2009: Encuentro blogueril en Palermo (13)
5/05/2009: Los usuarios de Clarín en la Feria del Libro (4)
8/05/2009: Lo que quedó del encuentro en Palermo (5)
8/05/2009: Los destacados de la semana (27 de Abr al 08 de May) (6)
8/05/2009: Mañana: "Redes Sociales, tu identidad virtual" en la Feria del Libro (1)
12/05/2009: Reflexión y aprendizaje en el Día Internacional de Internet (1)
12/05/2009: Por segundo año, los blogs dijeron presente en la Feria (5)
15/05/2009: Los destacados de la semana (11 al 15 de May) (15)
22/05/2009: Los destacados de la semana (18 al 22 de May) (15)
26/05/2009: Spam en los comentarios de la comunidad (70)
28/05/2009: Internet, web y blogs 1 (8)
29/05/2009: Los destacados de la semana (25 al 29 de May) (10)
5/06/2009: Los destacados de la semana (1 al 5 de Jun) (25)
16/06/2009: Los destacados de la semana (8 al 12 de Jun) (20)
24/06/2009: Clarín Blogs en Twitter: ¡sumate! (18)
26/06/2009: Los destacados de la semana (22 al 26 de Jun) (9)

Cuadro 9. Notas de "Novedades" desde julio a diciembre de 2009

6/07/2009: Los destacados de la semana (29 de Jun al 3 de Jul) (9)
8/07/2009: Internet, web y blogs #2 (2)
10/07/2009: Los destacados de la semana (6 al 10 de Jul) (4)
17/07/2009: Los destacados de la semana (13 al 17 de Jul) (12)
21/07/2009: Mantenimiento de servidores (16)
22/07/2009: ¡Sumá tu sugerencia, estamos escuchando! (13)
24/07/2009: Internet, web y blogs #3 (0)
24/07/2009: Los destacados de la semana (20 al 24 de Jul) (19)
31/07/2009: Los destacados de la semana (27 al 31 de Jul) (31)
6/08/2009: Mar del Plata Blog Day 2009 (11)
18/08/2009: ¡Se viene la Kermese de Blogs! (8)
19/08/2009: Internet, web y blogs #4 (2)
21/08/2009: Los destacados de Clarín Blogs (17)
26/08/2009: ¡Día del Blog 2009! (5)
28/08/2009: Los destacados de la semana (24 al 28 de Ago) (15)
31/08/2009: ¡Feliz Día del Blog! (14)
31/08/2009: ¡Un concurso ideal para los usuarios de Clarín Blogs! (7)
2/09/2009: Banners en Clarín Blogs (17)
4/09/2009: Internet, web y blogs #5 (1)
4/09/2009: Los destacados de la semana (31 de Ago al 4 de Sep) (14)
8/09/2009: Solidaridad 2.0: ¡se viene el Twestival local! (1)
11/09/2009: Los destacados de la semana (7 al 11 de Sep) (15)
16/09/2009: Segundo encuentro de la Kermese de Blogs (5)
18/09/2009: Los destacados de la semana (14 al 18 de Sep) (15)
25/09/2009: Los destacados de la semana (21 al 25 de Sep) (8)
28/09/2009: Internet, web y blogs #6 (2)
2/10/2009: Los destacados de la semana (28 de Sep al 2 de Oct) (14)
5/10/2009: El blog "Ciega a citas" llega a la televisión (12)
9/10/2009: Los destacados de la semana (5 al 9 de Oct) (7)
13/10/2009: Internet, web y blogs #7 (2)
16/10/2009: Los destacados de la semana (12 al 16 de Oct) (8)
23/10/2009: Los destacados de la semana (19 al 23 de Oct) (9)
2/11/2009: Inconveniente: cambio de horario (5)
2/11/2009: Los destacados de la semana (26 al 30 de Oct) (7)
6/11/2009: Los destacados de la semana (2 al 6 de Nov) (6)
9/11/2009: Internet, web y blogs #8 (1)
10/11/2009: ¡Se viene Mendoza Blog Day 2009! (2)
13/11/2009: Los destacados de la semana (9 al 13 de Nov) (9)
17/11/2009: ¡Llega Rosario Blog Day 2009! (4)
20/11/2009: ¡Primer concurso de blogs cordobeses! (3)
20/11/2009: Los destacados de la semana (16 al 20 de Nov) (5)
25/11/2009: Internet, web y blogs #9 (4)
27/11/2009: Los destacados de la semana (23 al 27 de Nov) (8)
4/12/2009: Los destacados de la semana (30 de Nov al 4 de Dic) (4)
9/12/2009: Inconveniente: inestabilidad de la comunidad (7)
9/12/2009: ¡Fiesta de fin de año entre bloggers! (16)
11/12/2009: Atención: ¡Llega un nuevo Clarín Blogs! (103)
29/12/2009: "El almohadón de plumas" en la comunidad (17)
30/12/2009: ¡Falta mucho menos para tener un Clarín Blogs renovado! (32)
31/12/2009: ¡Feliz Año Nuevo! (20)

Cuadro 10. Notas de "Novedades" desde enero a diciembre de 2010

4/01/2010: Nuevo Clarín Blogs: puesta online en proceso (53)
4/01/2010: Nuevo Clarín Blogs: Tutoriales (instructivos) (94)
8/01/2010: Preguntas y respuestas sobre el nuevo Clarín Blogs (111)
18/01/2010: WordPress, la nueva plataforma de Clarín Blogs (64)
19/01/2010: ¿Por qué blogueás? (31)
20/01/2010: ¿Qué posteo recordás? (22)
21/01/2010: ¿Sabiás que una ONG en Argentina puede ganar 1 millón de dólares? (6)
22/01/2010: ¿Cómo son los comentarios? (37)
11/02/2010: The BOBs 2010: los mejores blogs del mundo (13)
17/02/2010: ¡Se viene el Twittbaire! (0)
26/02/2010: Concurso: ¡Atención ilustradores y amantes de la ficción! (12)
1/03/2010: Reportes de Abuso y Denuncias en Clarín Blogs (24)
17/03/2010: ¡Se viene el Twestival 2010! (0)
18/03/2010: Recordatorio para Ilustradores y Dibujantes (3)
22/03/2010: Twitter está de festejo (3)
26/03/2010: The BOBs 2010: ¡ya podés votar a tus candidatos! (10)
12/04/2010: Un blog, una mujer y un año de donaciones (2)
19/04/2010: Se viene el Roca Blog Day 2010 (2)
27/04/2010: Clarín blogs, nuevamente en la Feria del Libro (16)
4/05/2010: Las Redes Sociales, presentes en la Feria del Libro (1)
4/05/2010: Internet como espacio de experimentación de nuevas narrativas (13)
4/06/2010: Twitter llegó a los protagonistas del Mundial (5)
10/06/2010: TEDxBuenosAires: ya están disponibles los videos (0)
11/06/2010: Los destacados de la semana (7 al 11 de junio) (9)
16/06/2010: El tweet más bello del mundo (8)
18/06/2010: Si Facebook fuera un país (12)
25/06/2010: Un espacio para debatir sobre la escritura en la red (5)
8/07/2010: ¡Los destacados de la semana! (12)
13/07/2010: Se viene la película de Facebook (5)
16/07/2010: El prisma de los medios sociales (5)
27/07/2010: El crecimiento de Twitter (12)
2/08/2010: Inconvenientes técnicos: solucionado (46)
11/08/2010: Legisladores porteños y política 2.0 (2)
13/08/2010: ¡Los destacados de la semana! (15)
17/08/2010: Mar del Plata Blog Day 2010 (2)
19/08/2010: Prueba: captcha en los comentarios (30)
20/08/2010: ¡Día del Blog 2010! (12)
22/09/2010: ¿Te gusta la tecnología? ¡No te pierdas el Social Media Week BA! (3)
22/09/2010: Mañana: corte programado de Clarín Blogs (20)
1/10/2010: ¡Los destacados de la semana! (16)
5/11/2010: ¡Los destacados de la semana! (13)
12/11/2010: ¡Los destacados de la semana! (4)
25/11/2010: Una red de noticias a partir de Twitter (4)
1/12/2010: Wikileaks: el método (11)
10/12/2010: ¡Los destacados de la semana! (15)

Veamos, para ilustrar todo lo antes expuesto, la primera nota posteada:

> **Bienvenidos a Clarín Blogs**
>
> 08 Ene 2008 | Por Comunidad | Claves audios, blogosfera, blogs, fotos, novedades, textos, videos | # Enlace permanente
>
> **¡Hola!**
>
> A partir de hoy, en **Clarín Blogs,** vas a poder crear tu propio blog donde podrás subir fotos, textos, audios, videos y mucho más.
>
> Todo lo que quieras decir tendrá un lugar acá y si querés compartir tus gustos, temas de interés y opiniones con tus amigos, familiares y todos los usuarios de la red, éste es tu lugar.
>
> En este blog de **Novedades** te vamos a ir informando de todo lo interesante que ocurra en tu comunidad de blogs. Habrá nuevos tutoriales de ayuda, consejos para mejorar tu blog y su rendimiento, noticias de la blogósfera en general, pero sobre todo, este espacio será el canal de comunicación para que realices todas las consultas que creas necesarias para conocer mejor tu blog.
>
> Bienvenido y disfrutá ya la posibilidad de tener tu propio espacio de comunicación.
>
> **¡Abrí tu blog!**
>
> www.blogs.clarin.com/novedadesclarinblogs

La cercanía y complicidad que se construye entre enunciador y destinatario se manifiesta en la elección de la segunda persona del singular, "tu", pronombre con el cual se apela, de entrada, al lector, así como por el tono cotidiano y "descontracturado".[168] También vale señalar la

---

[168] Véase, por ejemplo, el siguiente fragmento de "¡Consejos útiles para mejorar tu blog!" (13/5/2008): "¡Ah! Casi me olvido. Cualquier duda, pregunta, sugerencia o aporte que quieran hacer será bienvenido ¿Tienen algún consejo o estrategia a la hora de optimizar su blog o no le dan mucha bolilla al tema? Queremos saber, che. Somos muy curiosos por naturaleza".

presencia de ciertas *reglas de cortesía*[169] –como el saludo inicial– y el refuerzo de la copresencia a través del uso de la posición enunciativa caracterizada por Culioli como *Modalidades-4,* que ha sido trabajada antes y que el sintagma *¡Abrí tu blog!* de la nota arriba citada ilustra. A su vez, los editores del blog "Novedades", que además son los coordinadores del espacio Clarín Blogs, suelen identificarse a través de la utilización de la primera persona del singular[170] y, en algunos casos, mediante la firma del posteo.[171] Estos dos últimos procedimientos discursivos se convierten en *índices* –en el sentido propuesto para este término por Peirce (1987)– que fomentan la identificación entre los miembros del medio y la audiencia, a partir de lo que podríamos calificar como una *estrategia discursiva del contacto,* es decir, de un régimen enunciativo que propone "un tipo de relación afectiva y singularizante cuya eficacia comunicativa se mide en términos no de manipulación, ni de influencia o persuasión, sino de seducción" (Biselli y Valdettaro, 2004: 219). Con el tiempo, los usuarios comienzan a dirigirse –en sus comentarios– directamente a los coordinadores por sus respectivos nombres de pila. Por su parte, los coordinadores –principalmente el asistente de coordinación, que se identifica como Ezequiel– suelen

---

[169] "La cortesía es una estrategia típicamente humana destinada a favorecer las relaciones entre los semejantes y mitigar la imposición de determinadas acciones a otras personas" (Yus, 2010: 275).

[170] En la nota "Creatividad para tu blog: 6 breves consejos" (21/1/2008) puede leerse: "Hay muchos consejos para que tu blog crezca y mejore día a día. Todas las semanas *iré posteando* acá algunos de los más reconocidos".

[171] Por ejemplo: "Consejos útiles para tu blog: cómo usar categorías y etiquetas (tags)" (20/5/2008) o "Aprender a vivir en comunidad" (18/8/2008), firmadas por Ezequiel y Vanina, respectivamente.

utilizar el espacio de los comentarios para responder a las distintas consultas de los lectores usuarios.[172]

En algunos posteos, sobre todo en los generados durante el primer año de funcionamiento de Clarín Blogs, el medio analiza el modo en que ciertos acontecimientos de la agenda mediática de *Clarín* (como el fallecimiento de Jorge Guinzburg, el conflicto entre el gobierno y el sector del campo, la erupción del volcán Chaitén, el tren bala, o las declaraciones de Feinmann sobre los usuarios de blogs) repercuten en su comunidad de bloggers.[173]

La alusión explícita a "la comunidad" o "la comunidad de usuarios de Clarín Blogs" es otra recurrencia observada tanto en el discurso del blog de *Clarín* como en las respuestas del público. Esta operación se ve refrendada por la presencia

---

[172]   Por ejemplo, debajo de la nota posteada el 19 de mayo de 2008 puede leerse el siguiente comentario de uno de los coordinadores de Clarín Blogs: "¡Gracias a tod@s por las recomendaciones! Catalina y Ana: los comentarios están moderados en el blog, por eso sus comentarios no aparecen publicados al instante. Saludos. Ezequiel". Veamos también otro ejemplo, en este caso en los comentarios a un posteo del 18 de julio de 2008: "*linyumlc:* dentro de poco vamos a publicar un tutorial para aprender a seguir la conversación en la blogósfera. Es decir, distintas formas y sistemas de seguir los comentarios. Podés comenzar a probar con la sugerencia de Morggan.
monicaiforte: dejo anotado como sugerencia lo del índice. De cualquier forma, con la portada, las categorías y el directorio creo que tenemos suficiente. Te recomiendo esperar el tutorial para seguir la conversación.
thematito: que raro el problema con la actualización de 'amigos'. Supuestamente, desde la opción 'gestionar contactos' de la administración de tu blog, deberías poder eliminarlos y/o editarlos a tu gusto. Ya lo estoy chequeando y lo reporto.
Susani: gracias por el aviso. Sumo tu problema al reporte de 'thematito', en una de esas es un problema un poco más general. Cualquier cosa te aviso.
Belén Albornoz: a ver si entendí bien. Tu problema es que, cuando alguien deja un comentario en tu blog, no te llega el mail avisándote del nuevo comentario ¿no? Saludos a todos y gracias por las opiniones".

[173]   Cfr. "Los usuarios de Clarín Blogs se acuerdan de Jorge Guinzburg" (12/3/2008); "El campo, el Chaitén, el tren bala y el Nargis" (8/5/2008); y "Las declaraciones de José Pablo Feinmann" (3/6/2008).

de *indicadores de vínculos grupales y comunitarios,*[174] como
es el caso de las remisiones a las reuniones físicas que se
generaron "para ponerles caras a los blogs" –organizadas
por el medio o por un grupo de usuarios–[175] o trabajos colaborativos entre distintos bloggers.[176] Con respecto a los

[174] Yus desarrolla en su libro –retomando una tipificación de Lilia Efimova,
Stephanie Hendrick y Anjo Anjewierden– los siguientes indicadores de la
existencia de lazos comunitarios: "a) la diseminación [...] de información
comunitaria entre los blogs; b) los patrones de lectura de los blogs, que
pueden ser analizados según la opción del *blogroll* antes mencionado,
las suscripciones a fuentes de información vía *feeds* de RSS, etc.; c) los
patrones de enlace, que pueden reflejar hasta qué punto son valorados
(ej. recomendados) los blogs; d) las conversaciones entre blogs, cuando
un blog desencadena una retroalimentación de los demás, o bien usando
los comentarios a la entrada inicial, o con respuestas desde otros blogs
que hacen referencia a esa entrada mediante enlaces; e) los indicadores
de eventos, en el sentido de que mencionar reuniones físicas de blogueros
que han tenido lugar o participar de eventos en línea puede indicar que
existen relaciones comunitarias entre los blogueros, fomentar nuevas
relaciones, etc.; y f) las marcas 'tribales', espacios grupales y directorios
de blogs" (2010: 136).

[175] Cfr. "Mañana: los miembros de la comunidad de Clarín Blogs en la Feria
del Libro" (6/5/2008); "Los bloggers de la comunidad se encuentran"
(8/7/2008); "Inauguración de la muestra de Paio" (12/8/2008); "¡Nos
encontramos el sábado!" (14/8/2008); "¡No te pierdas el BLOGFEST
08!" (26/8/2008); "Tertulias literarias en Caseros" (10/11/2008); "Encuentro y festejo blogueril" (17/12/2008); "Encuentro blogueril en el
Abasto" (29/1/2009); "Encuentro blogueril en Ramos Mejía" (19/3/2009);
"Encuentro blogueril en Palermo" (27/4/2009); y "¡Fiesta de fin de año
entre bloggers!" (9/12/2009). En la nota del 19 de marzo de 2009, puede
leerse: "La idea surgió en una charla de msn con Tishy y salió este encuentro para la gente del oeste. El significado es de amistad, que pasa
de lo virtual a otro plano más afectivo y que día a día se va afianzando.
A partir de estos encuentros surgen amistades mas reales".

[176] De este tipo de eventos se encontraron al menos tres casos, dos generados
por los mismos bloggers y uno motivado por el medio: un blog de *comics*
"colectivo" que tres usuarios historietistas deciden hacer en conjunto –Cfr.
"Mañana empieza 'Samsara, la tira vagabunda'" (29/5/2008)–; un blog
en el que varios usuarios rescriben un cuento de Horacio Quiroga –Cfr.
"'El almohadón de plumas' en la comunidad" (29/12/2009); un blog

encuentros presenciales, se pudo leer en una de las notas del blog: "Espero que seamos muchos así podemos sortear las barreras de la virtualidad [...] mañana vamos a poder conocer las caras de..." (6/5/2008). En este marco, *Clarín* promocionó la plataforma de Clarín Blogs en las Ferias del Libro de 2008 y 2009, con un stand que contó, incluso, con la participación de algunos bloggers destacados de la comunidad que relataron sus respectivas experiencias.[177]

Por otra parte, en la nota "Amigos, blogs que leo y quiénes me leen" (21/1/2008), el medio apela a la formación de una *red social* propia de Clarín Blogs. Así como suele suceder en la actualidad con redes como Facebook o YouTube, se establecen entre los bloggers distintas relaciones de afinidad que se cristalizan en los entramados de enlaces internos de la comunidad. Como afirman en una nota: "Clarín.com les propone a sus lectores formar parte de una red social que integre información, entretenimiento y participación ciudadana".[178] En este sentido, Yus explica que las comunidades suelen ser demasiado grandes como para que todos sus miembros puedan afianzar entre sí un vínculo cercano, "por lo que se trataría más bien de redes de relaciones personales que se solapan unas con otras en diferentes grados" (2010: 44).

El diálogo que parece haberse instituido en este caso entre el medio y su público se manifiesta también en la proliferación de notas generadas especialmente para responder a inquietudes o dudas que los usuarios canalizan

---

que presenta, por episodios, un cuento de navidad escrito colaborativamente –Cfr. "Convocatoria: Cuento de Navidad 2008" (19/11/2008) y "El cuento de navidad en Clarín.com" (19/12/2008).

[177] Cfr. "¡Los bloggers de Clarín hablaron en la Feria del Libro! (8/5/2008) y "Los usuarios de Clarín en la Feria del Libro" (5/5/2009).

[178] Cfr. "Ahora los usuarios de Clarín Blogs tienen su lugar en Clarín.com" (14/2/2008).

a través de los comentarios.[179] El medio parecería también devolverle la mirada a su público cuando se informa que algunos cambios de la plataforma son producidos a raíz de las sugerencias de los usuarios.[180] El universo blog parece haberle permitido a *Clarín,* al menos en parte y en el interior de un ámbito restringido a un nicho de audiencia particular, romper con el carácter monolocutivo propio de la prensa tradicional (Charaudeau, 2003: 248 y ss.), al proponerle expresamente a sus lectores usuarios: "¡Sumá tus sugerencias, estamos escuchando!" (22/7/2009).

En cuanto a lo "acotado" de la audiencia a la cual este servicio de *Clarín* se dirige, recordemos la importancia de la consideración del "mercado de nichos" para la vigente teoría de *The Long Tail* –traducida como *larga cola* o *larga estela*– propuesta por Chris Anderson (2004), según la cual, la nueva tendencia económica de las industrias de medios, prensa y entretenimiento se centra –o debería centrarse– en la generación y aprovechamiento de recursos que permitan llegar a segmentos específicos de público o microaudiencias. Los usuarios más activos de la plataforma de *Clarín,* los bloggers que más participan, que pueblan los espacios de comentarios y que hasta han sido calificados por el medio como "bloggers inquietos",[181] porque

---

[179] Por ejemplo, "Nuevas plantillas" (14/12008), en donde se expone: "Algunos ya preguntaron si habrá otras plantillas o themes para vestir el blog. Sí, efectivamente. Poco a poco, iremos integrando algunas nuevas. ¡Paciencia! Una vez que estén, van a poder cambiar la que pusieron cuando abrieron el blog por la nueva".

[180] Cfr. "Nuevos diseños para tu blog" (19/5/2008) o "Atención: ¡Llega un nuevo Clarín Blogs!" (11/12/2009).

[181] "Parece que la cosa gustó después del primer gran encuentro en la Feria del Libro. Algunos bloggers inquietos de la comunidad se están encontrando y conociendo en el mundo real. Creo que los primeros fueron los '4 fantásticos', que se juntaron para asistir a la inauguración de la muestra del negro Fontanarrosa", en "Los bloggers de la comunidad se encuentran" (8/7/2008).

son los que motivan las reuniones presenciales y generan trabajos colaborativos entre ellos, son una minoría selecta. No obstante, el potencial de este servicio radicaría en los millares de blogs que se han abierto en la plataforma de *Clarín* y que cuentan cada uno con unos pocos lectores que, sumados, le garantizan al medio un número no despreciable de ingresos a su sitio.

Por otro lado, un caso particular es el de las notas a través de las cuales el medio pretende instruir a los usuarios acerca del uso de las distintas herramientas de la plataforma, que generalmente son acompañadas con imágenes que ilustran los "pasos a seguir". En estos casos, la *modalidad enunciativa* habitual se altera en parte, y el *tono cómplice* se intercala con enunciados en donde puede evidenciarse una posición más *didáctica* –en la que el enunciador explica o aconseja–, aunque no tan distanciada como sucede en algunas de las noticias de *La Nación,* sino vehiculizada mediante la adopción de un *estilo* similar al que suelen tener los "tutoriales" de uso en la web.

Otro tipo de posteo peculiar está representado por aquellos que bajo el título de "¡Los destacados de la semana!" tienen como finalidad distinguir periódicamente algunas bitácoras de la comunidad "que pisen fuerte, generen un espacio propio de comunicación e interactúen con los lectores". Como ellos mismos lo explican: "De esta forma, los blogs que se destaquen dentro de la red de usuarios de comunidad *Clarin Blogs* se reflejarán en el sitio principal de Clarín.com. Con el objetivo de reconocer y valorar la participación de los bloggers y lectores, desde ahora todos tendrán la oportunidad de ser destacados y de que sus opiniones sean leídas".[182] Mediante este mecanismo, y en un intento por motivar a la audiencia para que se "sienta parte de", se seleccionan los blogs que semanalmente

---

[182]   Ibíd.

comparten un espacio en la portada de clarin.com con los "reconocidos bloggers del medios".[183]

Como puede advertirse en uno de los últimos fragmentos citados en el párrafo anterior, el medio agrupa a su público en dos *colectivos*[184] distintos: "bloggers" y "lectores", que en algunas notas son reunidos bajo el colectivo "usuarios". Veremos más adelante de qué modo esta división se

---

[183]   Este procedimiento se lleva a cabo a partir de febrero de 2008 y solo fue interrumpido entre diciembre de dicho año y febrero de 2009, por problemas técnicos derivados del rediseño del sitio de Clarín. Luego de esa breve interrupción, es posible leer en la nota "Vuelven los destacados a Clarín.com" (24/2/2009) la siguiente declaración: "Para nosotros, que los usuarios tengan un lugar en la portada del diario es una forma de reconocer y valorar su trabajo y de incentivar la participación dentro de la comunidad". De este mecanismo participan también los usuarios, porque desde Clarín Blogs se les solicita explícitamente que colaboren con la elección de las bitácoras destacadas "dejando el enlace a su blog o a los blogs que les gusten en los comentarios". De modo que, cada vez que el medio publica un listado de blogs distinguidos, los usuarios responden generando comentarios en donde se expresa la propia elección: "Voto por éste: http://blogs.clarin.com/manuelabal. Alas" (16/5/2008, *alas-tango* en "Los blogs destacados de la semana"); o "Yo también voto por manuelabal!! Y también recomiendo este: http://blogs.clarin.com/usuarios/-edgardo El blog se llama 'Alma y Vida' y postea links a muy buena música, las letras, también buen texto, y además, es muy activo intercambiando ideas con los otros bloggers. Ya había mandado este comentario. Pero se cuelga en el 'enviar', debe haber mucho tráfico. Como no apareció lo repetí..." (16/5/2008, *analatana* en "Los blogs destacados de la semana").

[184]   En una de sus columnas de opinión en diario *Perfil*, afirma Verón: "En nuestras sociedades, el sistema de medios no hace otra cosa que generar, día tras día, colectivos. En el lejano pasado histórico y hasta no hace mucho, esos colectivos eran públicos presenciales y en tiempo real, como en el teatro. [...] Todos estos son colectivos de comunicación, que existen en la medida en que sus miembros comparten la focalización, más o menos intensa, en una escena. La obsesión de todo especialista de marketing es poder comunicarse con esos colectivos en el momento en que están funcionando". Cfr. "El canto de las sirenas", nota publicada en la edición impresa del diario *Perfil* (1/2/2009) y consultado en http://www.diarioperfil.com.ar/edimp/0335/articulo.php?art=12478&ed=0335 (13/8/2011).

corresponde o no con las distintas *lógicas de reconocimiento* del espacio de Clarín Blogs.

Finalmente, y antes de pasar a analizar los discursos de los lectores en el espacio de los *comentarios,* cabe hacer notar que –como ya se ha expuesto en las reflexiones sobre el último rediseño de *Clarín* referido en el capítulo 4– la actividad de Clarín Blogs decae notablemente durante el año 2010, y esto se ve reflejado, por supuesto, en el weblog "Novedades". Recuérdese que tal como lo explicó el Editor Jefe de clarín.com, Darío D'Atri, el crecimiento de las *redes sociales* en Internet, en las que el medio también participa a través de sus cuentas oficiales en Facebook y Twitter, se han llevado parte de la participación del público que antes era capturada por la plataforma de blogs del diario. Puede cotejarse, por ejemplo, que durante el 2010 se publicaron en "Novedades" menos de la mitad de notas que en 2008 y 2009,[185] y que los temas referidos a los nuevos *social media* fueron ganando terreno en el discurso del blog de *Clarín* hasta ocupar casi un tercio de los posteos del último año bajo estudio.

6.2.2. El espacio de los comentarios: respuestas de bloggers y lectores o la *larga cola* de *Clarín*

Tal como se procedió con los discursos de lectores de *La Nación,* se llevó a cabo el análisis de las *gramáticas de reconocimiento* presentes en los 4.308 comentarios a los posteos del blog "Novedades" incluidos en nuestro corpus. Dichos comentarios pueden ser generados, según la disposición establecida por el medio, de dos diferentes maneras:

- *los usuarios registrados en la plataforma de Clarín Blogs*[186] pueden, en el momento de realizar un co-

---

[185]   En 2008, se publicaron 108 notas, en 2009, 100, y en 2010, tan solo 45.
[186]   Es "usuario registrado" quien a su vez posee un weblog –es un blogger– en el servicio de blogging de *Clarín.*

mentario, decidir "iniciar sesión" y así firmar con su respectivo "avatar";[187]

- *los usuarios no registrados* pueden igualmente dejar su comentario en el blog, indicando nombre y cuenta de correo electrónico. Si un usuario no registrado cuenta con una página web o un blog de otra plataforma –de Blogger, por ejemplo– puede indicar su URL en el campo "Tu sitio web o weblog" del formulario para envío de comentarios, y así dicha dirección web será asociada –mediante hipervínculo– al nombre del usuario.

Por las características del espacio en que se generan –un weblog dentro de la plataforma de blogs de *Clarín*–, estas *respuestas* del público presentan ya ciertas diferencias significativas con respecto a los distintos tipos de respuestas encontradas en los comentarios a las noticias de *La Nación*. En los comentarios a "Novedades" es mucho más notoria la ausencia de *juicio intelectual* sobre los temas propuestos por el medio, así como más marcado el lazo afectivo en las *apreciaciones* que los comentarios constituyen. A diferencia de lo que sucede en *La Nación,* y tal vez por el tipo de intercambio que se da en el espacio de comentarios del blog de *Clarín,* abunda el uso de *reglas de cortesía* propias de la conversación en Internet, tales como el saludo inicial o la despedida. Por otro lado, la dimensión polémica y el marcado *tono adversativo* de las respuestas

---

[187]   Según Wikipedia, en el ámbito de Internet se denomina como "avatar" a "una representación gráfica, generalmente humana, que se asocia a un usuario para su identificación". Cfr. entrada "Avatar (Internet)", consultada en http://es.wikipedia.org/wiki/Avatar_(sociedad_virtual) (consultado el 15 de agosto de 2011).

a las notas de *La Nación* están mucho menos presentes en estos discursos.[188]

En sintonía con el *contrato cercano y cómplice* que les ha sido propuesto por *Clarín,* los lectores parecen percibir que hay alguien particular del otro lado, que funciona como *nexo* con el medio y, por lo tanto, el vínculo se hace más personal, tal como se puede ver en los siguientes comentarios:[189]

7/5/2008, *elmagnífico* en "Los usuarios de Clarín Blogs en vivo"
Gracias a vos, Doña Novedades, por invitarnos.
¿Y la fiesta de Clarín Blogs para cuando será...?

16/5/2008, *analatana* en "Los blogs destacados de la semana" (16/5/2008)
Vanina, muy buena selección. Y muy buena la actividad de Novedades desde que terminó la feria.
Pregunta: *en alguno de tus blogs leí* un post que tenía que ver con los bloggers exitosos, y se había planteado el tema de qué significaba eso, y yo pregunté algo. Le perdí el rastro... *Me lo refrescás, por favor?* Hoy posteé algo sobre ganar dinero con los blogs (que ilusa) y me gustaría ponerle un link al tuyo... Gracias y saludos!!

6/10/2008, *anila-rindlisbacher* en "Los destacados de la semana " (3/10/2008)

---

[188] También son aisladas –o casi inexistentes– las remisiones al contexto político y económico local.

[189] Cabe señalar que para identificar correctamente los comentarios analizados, se indicará la fecha de su generación, seguida por el nombre de usuario (en itálicas en el caso de los usuarios registrados o de usuarios no registrados que indicaron web o blog personal) y la referencia de la nota que les dio origen (cuando se corresponde con "Los destacados de la semana" se agrega también su fecha de publicación, por existir muchos posteos con el mismo titular). Los comentarios son citados sin alterar su contenido (errores ortográficos incluidos) y seguiremos utilizando la indicación "[...]" para señalar la operación de recorte.

Hola Ezequiel (yo digo Ezquiel pero el mensaje es para todos los de Clarin Blog) era para agredecerles que salió mi post en clarin.com!
la verdad que para mi es un GRAN GRAN estímulo. Chicos, *no se cuanta gente trabaja en Clarin Blogs, yo siempre me dirijo a Ezequiel,* pero GRACIAS DE CORAZON un beso para todos Uds.
Anila

La mayoría de los comentadores son "usuarios registrados" en Clarín Blogs, y por lo tanto, el apelativo más frecuente para designarse a sí mismos y a los otros usuarios es el de "bloggers" o "blogueros":

10/1/2010, *jacintocantalapiedra* en "Nuevo Clarín Blogs: Tutoriales"
El TEMA DE LA HORA queda por solucionar. Por lo demas, me gusta el nuevo formato. Lo que dice confundida es verdad, *a mi me aclaró mucho mas la red Solidaria de algunos Bloggers (Sugus, Miguel T, Jaker, jorgeluis entre otros*; que esta pagina. Al menos si me respondieron alguna pregunta que yo plantie, no me entere jamas. Saludos.

2/9/2010, *imperiodismodigital* en "¡Los destacados de la semana!" (13/8/2010)
[...] *Saludos a todos los blogueros,* es un espacio genial en donde todos podemos expresarnos. Eso es, para mí, lo más destacado: la diversidad.
Buen finde para todos!

13/2/2011, *penelope* © en "¡Los destacados de la semana!" (10/12/2010)
[...] Como ocurre mas a menudo de lo deseable, *los bloggers de Clarin Blogs estamos experimentando ahora inconvenientes a la hora de editar los post,* ya que el sistema rechaza la subida de videos de Youtube o de widgets de música desde Goear y Listen Go, impidiendo completar y publicar nuestros trabajos. Solicito POR FAVOR! tengan a bien solucionar este problema a la brevedad posible, que nos perjudica y nos produce un sentimiento de frustración toda vez que vemos que en vez de mejorar, esta plataforma empeora cada vez más.

Numerosos bloggers amigos han abandonado, cansados de estos inconvenientes, y han migrado a otras plataformas o directamente han renunciado a seguir, mermando así una comunidad que en su momento llegó a ser de una calidad excelente [...]

Sin embargo, también se pudo observar la presencia de algunos comentarios en donde el enunciador se presenta tan solo como un "lector habitual" de ciertos blogs de *Clarín*:

25/72008, Ferchu en "Los destacados de la semana" (25/8/2008)
Vivo en alemania y soy lectora fiel del BLOG DE TAI-TOKU ,de Alas, de el de Margarita Blanco Y de Muñeca Brava .Creo que sobresalen entre todos. Ah Morgan es un capo. Prometo ser una nueva blogger y alcanzar esa excelencia. Besos

6/9/2008, La viejita "Grandiva" en "Blogfest en imágenes y palabras"
No tengo Blog! pero les cuento que me leí todo lo de la fiesta!!!!!! . Felicitaciónes Vanina y Ezequiel. Y que la fiesta se repita! La viejita "Grandiva"

30/9/2008, Maria Rihards en "Los destacados de la semana" (22/9/2008)
Todavia no tengo blogs pero soy lectoras de muchos de ellos. los que mas me gustaron:
"Tengo algo que contar" *http://blogs.clarin.com/tengoalgoquecontar*
"LA Fabrica y yo" *http://blogs.clarin.com/lafabrica*
"mis notas" *http://blogs.clarin.com/misnotas*
son lo mas!!!!

Como "Novedades" es un espacio desde el cual los usuarios pueden ponerse en contacto con los responsables de Clarín Blogs, los comentarios son utilizados en muchas oportunidades para canalizar preguntas técnicas, dudas u otros tipos de consulta, así como para dejar sugerencias que, como también sucedía en *La Nación,* el diario luego contempla o incorpora.[190] Es en este tipo de comentarios donde puede advertirse la presencia de *diferentes grados de pericia* entre los usuarios "avanzados" o "expertos" en el uso de distintos *softwares* –o con práctica o experiencia en las plataformas de blogs– y usuarios "novatos", recién llegados al "universo 2.0":

> 1/2/2008, *elmagnifico* en "Creatividad para tu blog..."
> Don Novedades:
> Gracias por aclararme dudas. En cuanto a las plantillas, mi duda más que nada es si habrá nuevas que MEJOREN el diseño actual.
> El cambio es de colores y detalles menores, pero por ejemplo, *me gustaría agregar una imagen al header como en mis otros blogs en Blogger* y eso no es posible en las plantillas actuales. O algún banner o contador de visitas en la columna lateral [...]

> 19/12/2009, *mujermamayargentina* en "Atención: ¡Llega un nuevo Clarín Blogs!"
> Hola! Acabo de abrir mi blog en la Comunidad y me alegra saber que los bloggeros vamos a tener la posibilidad de agregar más "chiches" a nuestros blogs. Yo soy una de esas a las que les gusta "decorar con pavadeces" su blog. *Tengo otro en Blogger y me encanta jugar con el HTML y ver cómo puedo modificar y adornar mis posts.* Muchas gracias por esta posibilidad y espero que dentro de muy poquito ya estén listas las nuevas herramientas para comenzar a usarlas. Les dejo un saludo a todos y que tengan un muy lindo día! (a pesar de...)

> 12/1/2010, *María José* en "Nuevo Clarín Blogs: Tutoriales"
> *Yo soy usuario avanzado de Wordpress asi que no tengo problema para manejarme.* El unico tema es que casi no hay

---

[190]   Véase el siguiente comentario a la nota "Haciendo ajustes y respondiendo sugerencias" (28/9/2008), del usuario tishy: **"EN GENERAL ME GUSTA COMO VAN ADAPTÁNDOSE A NUESTROS PEDIDOS MODIFICANDO LO QUE LES SUGERIMOS. [...] SALUDOS Y FELICITACIONES A TOD@S"** (la mayúscula es del autor).

disponibles plugins para poner, deberian instalar alguno de estadisticas y el widget "TEXT" que permite poner texto o codigo html en el sidebar

\----------------------------

1/3/2008, *margarita-blanco* en "Los destacados de Clarín Blogs" (8/2/2008)

Acabo de llegar con la buena intención de crear mi blog "Dormir es un placer!", pero *no tengo idea de por dónde empezar.* Socorrooooooo!!!! No sé por dónde empezar. Yo tampoco sé como poner mi foto ni nada! Mejor me voy a dormir tranquila y mañana lo veo con calma. Espero que alguien se apiade de mí. Besos y abrazos para todos.

30/6/2008, *gmt* en "Consejos útiles..." (26/5/2008)
Al ser un Ciberblogeano (terminoque me gusta) nuevo te pregunto algo ignorante seguramente, pero he intentando resolverlo y no he podido, como hago para agregar a mas amigos. Porque he leio varios blogs que me han gustado y quisiera comprartir mi blogs con los mismos, mis ideas y sentimientos con ellos, disculpame la pregunta pero no he podido hasta el momento. Gracias.

11/4/2009, Marcelita en "Consejos útiles..." (26/5/2008)
Hola!!!
soy nueva,ayer solo puse los datos del blog, titulo y eso ,pero no se como usar el agregador o no termino de entender que es,escribi en el disco c de mi compu,y quiero bajarlo al bnlog, pero hoy lo busque y no lo encuentro,me desespera, me siento impotente,gracias por tranquilisarme al enviarme tu rta.ni siquiera puedo entrar al blog,puse como miles de veces usuario y contraseña y nada......

Muchas veces, quienes se constituyen, al menos desde lo discursivo, como usuarios inexpertos tienen la necesidad de justificar con su edad el manejo menos idóneo de la plataforma:

8/5/2008, *amy* en "Creatividad para tu blog..."

*Buenos los consejos, pero me cuesta ponerlos en práctica, soy
de la época de "composición tema",* tienen tantos minutos
para entregarlo. Así que cuando recuerdo algo sobre lo que
puedo escribir, lo hago y listo....
¿Ansiosa yo? SI Sepan disculpar mis errores de puntuación,
no uso corrector ortográfico, si se me desliza una falta orto-
gráfica, *recuerden que tengo 66 años y me la banco bastante
bien* Chau

19/8/2008, *penelope* en "Los blogs destacados de la semana"
(16/5/2008)
Por lo visto,fotos incluídas, el "bloggismo" parece dominio
casi exclusivo de los menores de 40 (¿o menos?). *Con mis
65 a cuestas, me inicié hace muy poco en esta gaya ciencia.*
Todavía me falta mucho por aprender, incluído un curso
acelerado de tecnicismos informáticos en inglés, para no
perderme en el bosque de los feeds, los tags y otras lindezas
por el estilo. Pero algo es algo, espero avanzar en el tema
cada día un poco mas. No tengo compu, porque no puedo
pagar Internet,ergo trabajo desde un ciber,por eso no pu-
blico mas de una vez por semana . *Espero ser bienvenida
a la comunidad,total las canas y las arrugas no salen en la
web...* Gracias!

5/11/2010, *jaker2* en "¡Los destacados de la semana!"
(5/11/2010)
Podrían destacar a todos los blogs de jaker2 ? creo que son
como 5 o 6 ya perdí la cuenta [...]
Saben que..? necesitamos saltar a la fama lo mas rápido
posible vio...*acá el mas pendejo tiene 40 y yo con casi 60
estamos en tiempo de descuento vio* [...]

No obstante, vale señalar que tal como se infiere en
el último comentario reseñado, una revisión ligera de los
perfiles de usuario de quienes son comentaristas asiduos
de "Novedades" nos permite advertir que el promedio de
edad no bajaría –estimativamente hablando– de los 35 o 40
años. Este dato se refrenda también con las indicaciones
de edad que puede uno conjeturar a simple vista de las
fotografías que retrataron los distintos eventos presenciales

entre miembros de la comunidad. Porque recordemos que tal como expusimos más arriba, se han generado, por lo que pudimos contabilizar, al menos ocho encuentros presenciales entre usuarios –se reúnen en la Feria del Libro, en bares, en plazas, en la muestra de algún bloguero amigo, para festejar algún cumpleaños o en el Blogfest organizado por *Clarín*–, todos ellos por supuesto en lugares de la Capital Federal o el Gran Buenos Aires. Acciones estas que, como también se ha dicho, se convierten en indicadores de la existencia de lazos comunitarios:

> 8/5/2008, *lulita* en "Los usuarios de Clarín Blogs en vivo"
> HOLAAA!!!!!!, Bueno antes que nada *queria agradecerle a Vanina esta oportunidad que tuvimos para estar en la feria del libro,* y poder hablar de la comunidad, y conocernos, por su respeto, por su trato, realmente un amor de persona, y nos hizo sentir muy comodos, nuevamente muchisimas gracias. Y--el magnifico!!!!!!!!!pide fiesta!!!ajja, quien te dice, ...no?. un beso a todos!!!!!!!!!y *un gusto conocerlos, a carlos saf, a el magnifico, esteban!, a bety, a susani y a paio, nos estamos escribiendo!!!,* besote.

> 8/5/2008, *betina-pascar* en "¡Los bloggers de Clarín Blogs hablaron en..."
> Vanina: personalmente *quiero agradecerte esta posibilidad de haber integrado el panel, de charlar con el público y de conocer otros bloggers.* [...] Gracias también a los bloggers Presidiario, Ale Sweet (que ayer cumplió años!!), Rubén, Analatana, Renzi, Roru, Carlosaf y Su, por la buena onda. *Y gracias, sobre todo a Gra y a mi Iván, quien sentado en la primera fila, quizá haya podido finalmente comprender porque su mamá se pasa tantas noches sentada frente a la compu.* El sábado estaremos allí acompañando a nuestro genial blogger Paio, para hacerle la hinchada y el aguante! Beso, Betu [...]

> 21/5/2008, *amy* en "Lo que quedó del ciclo de encuentros..."
> *Estuvo muy bueno, vernos las caras y saber, que no somos meros entes virtuales,* valió la pena.Chau

Así, se observa que con el transcurrir del tiempo, se fortalece el lazo que une a Clarín Blogs con sus usuarios –y a algunos de estos últimos entre sí–, mientras que otra parte del público se manifiesta en su discurso como quedando por fuera de dicha lógica. Si bien la mayoría de los "bloggers" reconocen la existencia de una "comunidad de usuarios de Clarín Blogs", no todos "se sienten parte de" ella:

15/7/2008, *jubilada-feliz* en "Los bloggers de la comunidad se encuentran"
[...] Jamás leí a Stone, pero voy a buscar algo de lo que dicen...(*A veces me siento aislada,siento que hay grupos de amigos,donde me da cosa meterme*)...al menos me informo de lo que sucede. 2°) Sííí....quiero joda!!!!! me encantaría ir y conocer a gente como maia08,que anda con su paraguas de aquí para allá,Adónde voy ,la encuentro!y a otros tantos,que son joyas escribiendo.ESTOS son los amigos que me gustaría tener!!!Gente como uno,vio? Besos para todos

22/7/2008, *penelope* en "Aprender a vivir en comunidad"
Ja,ja, no tengo esa suerte. *Gozo del raro privilegio de no recibir comentario alguno en mi blog, quizás porque carezco de lectores habituales* (salvo uno!) o porque mis post son demasiado sesudos para el gusto general. [...] *propongo crear una nueva comunidad, la de los "PUBLICANTES NUNCA LEÍDOS", ya que sospecho somos amplia mayoría en la blogosfera clarinera.* Claro, no es fácil que te lleven el apunte,somos miles, [...] De todos modos,gracias por aceptarme,y avanti con el bloggeo!

26/11/2008, *ondicdos* en "Votaciones del Cuento de Navidad 2008"
OK, por ahí ando... entre los postulados, no tengo votos en absoluto y creo que es normal *muchos de uds se conocen, yo soy una colgada que aparece de vez en cuando.*- Como a todos me encantaría participar y dejo mi voto para anila... Besitos, que sea un cuento hermoso!!!!!

20/1/2010, *ATHENNE@* en "¿Por qué blogueás?"

todo muy lindo.pero mi blog no se ve nada.sinceramente yo no pedi ningun cambio.sin embargo me gusto,por que prometia,para màs. al final mi blog no se ve nada.*parece que aqui sòlo se presta atenciòn a ciertas personas el resto que nos parta un rayo. o me equivoco.*? espero que sea asi.

Algunos bloggers, por ejemplo, hasta desconocían la existencia del weblog "Novedades":

2/8/2008, *veronicad1969* en "Los blogs destacados de la semana" (25/8/2008)
A pesar que ya Ezequiel pasó y me dejó el comentario (*no sabia que existia este blog*), asi que vuelvo a agradecerles el haberme destacado esta semana [...]

1/8/,2008, *lucia-angelica-folino* en "Arrancaron los premios BOBs 2008"
CON RETRASO, FELIZ DÍA DEL BLOGGER PARA TODOS. (*no sabía que se reunían por aquí*). Lu

1/92009, *mil455* en "Los destacados de la semana" (27 al 31 de Jul)
No sabía de la existencia de este blog. Ahora que lo descubro gracias a Lils, aprovecho para agradecer que hayan destacado mi blog! [...]

Son numerosos los usuarios que abrieron varios blogs en *Clarín* o que tienen bitácoras aquí y en otros servidores, pero de la lectura de los discursos dispuestos en los comentarios puede presumirse que para ellos esta no es "otra" plataforma cualquiera, sino que le reconocen el hecho de pertenecer al diario más importante en el ámbito nacional, lo cual amplifica sus posibilidades de ser leídos.[191] Lo expuesto se materializa, por ejemplo, en expresiones como: "Muchas Gracias por permitir que la comunidad de Juegos de Azar se vincule a través del Diario más importante de

---

[191]   Tal como lo expresó una usuaria: "Aunque tengo mi propia web decidí armar el blog en Clarín confiando en poder captar más lectores" (23/1/2008, analatana en "Nuevas plantillas").

América Latina" (4/4/2008, fonta en "Los destacados de Clarín Blogs"); "muchas gracias por la oportunidad de tener un blog en Clarín" (5/3/2008, benjamín-cochia en "Ahora los usuarios de *Clarín* tienen su lugar..."); "muchas gracias por la oportunidad de publicar en clarín a través de un blog" (22/1/2009, maria-sol-alonso en "Los destacados de la semana en *Clarín*"); o "estoy muy contento con esto de bloguear en Clarín" (26/2/2009, yomarcelo en "Los destacados de la semana"). En este mismo sentido, son sumamente interesantes los comentarios que algunos bloggers –a quienes por supuesto les interesa saberse leídos, comentados y reconocidos– realizan luego de haber sido distinguidos dentro de "Los destacados de la semana":

> 9/4/2008, *radionet* en "Los destacados..." (8/2/2008)
> Hola a todos ! [...] *Hace una semana Clarin me dio la posibilidad que puedan conocerme en la pagina central.* Deseo que cada uno de ustedes logren vivir *esta experiencia de estar entre los periodistas de Clarin.com.* [...]

> 4/7/2008, Anónimo en "Los cinco destacados de la semana" (4/7/2008)
> *Clarín: agradezco el honor de estar actualmente en la tapa del digital compartiendo espacio con prestigiosos periodistas,* el tema es que con esta distinción *voy a tener que ser más responsable de mis escritos...* esto quitará frescura aunque no reniego de la mayor publicidad, solamente que vamos a tener que adaptarnos a una situación que no creíamos tan expuesta hasta hace poco tiempo... veremos como lo logramos... bloggear es un desafío. Un saludo Stone

> 26/9/2008, *lucia-angelica-folino* en "Los destacados de la semana" (22/9/2008)
> Muchas gracias por el destacado de la semana anterior. *Me avisaron los comentaristas y me felicitó tanta gente que me abrumó.*[...]
> La difusión que obtuvo el blog fue inequívoca. *Subieron las estadísticas de ingreso directo en un porcentaje sumamente elevado.*

Me escribieron y saludaron familiares, amigos, antiguos clientes que conocí a través del ejercicio de la abogacía, colegas profesionales, compañeros de trabajo y de rutina, alumnos y vecinos como si fuera una estrella de rock. A eso me refiero siempre cuando hablo del nuevo panoptismo. *El poder didáctico de los medios masivos de comunicación y su manera de instalar problemáticas. Los grupos de poder legitiman el discurso. Esta es una verdad indestructible* [...] Si clarin.com tiene una presencia y una llegada alentada por el prestigio de una trayectoria sólida en el marco de la información de su historia, de sus directivos, de los periodistas, editores, historietistas y personal técnico y especializado en servicio y distribución, es por el arrastre de un nombre instalado en el imaginario colectivo. [...]

Por otra parte, así como también sucedió con los lectores de *La Nación*, los usuarios de *Clarín* explicitan a menudo en sus comentarios los "motivos" de su participación en Clarín Blogs, explicando en este caso qué los impulsó a abrir y mantener un weblog. De este modo, destacan que la plataforma de *Clarín* les permite:

- Expresarse, desahogarse o hacer catarsis:
  12/12/2008, *tuprincesa* en "Los blogs destacados y el rediseño de Clarín.com"

  [...] yo hablo de mi y de las cosas que me pasan a mi... [...] mi blog es mi terapia, es mi desahogo, es mi vida en palabras, porque ahi voy escribiendo lo que siento, lo que me pasa... por decirlo de alguna manera mi blog es algo asi como mi diario virtual, [...]

  20/1/2010, *fata-morgana* en "¿Por qué blogueás?"

  Comencé a bloggear cuando estuve muy deprimida. Lo hacía compulsivamente, 2 o 3 posts por día enormemente largos... Ahora ya no estoy deprimida pero el canal de expresión es invalorable. La comunicación vía los blogs es algo grande, hay que saber dosificarla para que no te absorba...pero es genial.

- Desarrollar la pasión por la escritura y ser leídos:

13/1/2009, *flaco-delmonton* en "Los destacados de la semana (9 al 13 Mar)"

[...] *Pienso que escribir, para tantos de nosotros, se ha convertido en muchas cosas.* Placer, necesidad, terapia, forma de expresarse y de vincularse con gente ... Y me encanta y me sirve leer a personas que escriben fantástico [...]

19/1/2010, *amy* en "¿Por qué blogueás?"

[...] *Comencé a bloguear porque tenía una asignatura pendiente conmigo misma y tuve la hermosa bendición de que que muchos me leyeran,* cosa que agradezco porque hay un ida y vuelta maravilloso, del que todos sacamos provecho... [...]

- Compartir información sobre temas que les interesan: 3/1/2008, *margarita-blanco* en "Los destacados de Clarín Blogs" (8/2/2008).

  [...] Tengo la intención de transmitir información sobre los problemas del sueño, como el insomnio, el ronquido y otros. [...]

  10/3/2008, *janescar* en "Los destacados de Clarín Blogs" (8/2/2008)

  [...] *Creé mi blog con la intención de sensibilizar a los lectores sobre la problematica de la infancia,* y esa sigue siendo mi meta. [...]

- Intercambiar experiencias con personas que están atravesando situaciones similares: 29/5/2008, *romina* en "Los destacados de Clarín Blogs" (8/2/2008)

Quisiera generar un espacio de encuentro en que madres y padres compartamos nuestras primeras experiencias, desde un medio que nos permite encontrarnos sin descuidar a los pequeños, que tanto tiempo demandan. *Me gustaría además de contar lo que me está pasando, que otros lo hagan y que podamos generar una corriente de in-*

formación sobre los temas que nos interesan el relación con la maternidad/paternidad. [...]

23/1/2010, *laur* en "¿Por qué blogueás?"

yo blogueo porque para mi ver los videos y escuchar la musica que me trae buenos recuerdos .es una pasion!!! *para mi el blog es una forma de compartirlo con gente que le pasa lo mismo..* saludos

- Publicar y promocionar la propia producción artística o profesional:
  22/10/2009, *Skorp* en "¡Te invito a publicar en mi blog!"

Soy un diseñador amateur de firmas y pequeños diseños para foros, la mayoría hechos con Photoshop. *El motivo de haber creado este espacio no solo es para poder acceder a mis diseños en forma más directa sino también para que pueda servirles a aquellos que recien comienzan de inspiración.* Además incluye un sector de recursos que comparto para todos aquellos que deseen o necesiten de nuevos elementos para crear cosas nuevas. [...]

25/1/2010, *RAQUEL SARANGELLO* en "¿Por qué blogueás?"

EL BLOG ME SIRVE PARA DAR A CONOCER MI ARTE Y MIS DISEÑOS
Desde hace mucho tiempo mi arte viaja a europa sin embargo en Argentina es más fácil que se le dé cabida a los extranjeros artistas plásticos que a los nuestros.[...]*El sistema del blog es una herramienta muy simple de manejar y es imprecindible para quienes no vivos en las grandes ciudades para mostrar nuestros trabajos.*[...]

Antes de cerrar, vale advertir que así como en el apartado anterior se señaló la merma de la producción del blog de *Clarín* a partir del año 2010 –momento en el que se observa una retracción en la periodicidad de las notas publicadas y un desplazamiento temático al ámbito de las nuevas redes sociales en Internet –,también se registra un decaimiento del interés en este *espacio de participación* por parte del público. Como ya se afirmó en el capítulo 2, el 2010 fue el año en el que comenzaron a sentirse con más fuerza las repercusiones de la consolidación de Facebook y Twitter. Y en este marco, las estrategias de participación centradas en los blogs empezaron a manifestar signos de caducidad. En un blog de un usuario de la plataforma de *Clarín,* cuya última publicación data de enero de 2011,[192] puede leerse el siguiente posteo:

> Amigos internautas:
> CaMbIa ToDo CaMbia...! *Hace un par de años, nuestra cita diaria era a través del blog.!* No había día en que no leyéramos un nuevo post, o no dejáramos un comentario. Y casi con una frecuencia de reloj cada 4 o 5 días subíamos un nuevo post. *Luego de a poco la comunidad fue emigrando a Facebook! Allí, a través de las fotos pudimos conocernos un poquito más... Ahora lo NuEvo es Twitter...* un nuevo espacio para seguir comunicándonos, conociéndonos y sobre todo dIvIrTiÉn-DoNoS!
> Por eso creamos una cuenta *@peoresreloaded* y tenemos pensado algunos juegos para que podamos divertirnos! Si no tenés cuenta en Twister! Abrila yá! Y avisanos!!!
> Y si ya tenes Twitter seguinos que pronto nos comunicaremos ...
> Te esperamos aquí *@peoresreloaded*

Si tomamos como muestra de la población total de weblogs de usuarios de *Clarín* los 375 blogs que desde principios de 2008 y hasta fines de 2010 fueron distinguidos entre los denominados "destacados de la semana" (cuadro 9), es posible advertir que solo una tercera parte (el 33%) de ellos continúa en actividad. El resto de las bitácoras se encuentran inactivas (el 47%) o directamente han sido

---

[192] Cfr. disponible en línea: http://blogsdelagente.com/nosotras-las-peores-reloaded/2010/11/10/peoresreloaded-on-twitter/. Posteo del blog "Nosotras las peores reloaded", del 10/11/2010.

dadas de baja (el 20%). Por otro lado, si bien en muy pocos casos se encontró un posteo de despedida en donde el autor del blog "inactivo" justificara el cese de actividad, en la mayoría de estas entradas se explicita la migración hacia otro servicio gratuito de blogging, generalmente el de Blogger, una de las plataformas más reconocidas, que fue adquirida por Google en 2003.

Cuadro 9. Estado de blogs "destacados" por *Clarín*

Listado de weblogs "Destacados" por Clarín Blogs
• Cantidad de blogs de usuarios "destacados" en "Novedades": 375
• Cantidad de blogs "destacados" activos en la actualidad: 122
• Cantidad de blogs "destacados" inactivos: 178
• Cantidad de blogs "destacados" clausurados: 75

Clasificación de estados:
• Blog "activo": aquel que tiene al menos un posteo durante el año 2011.
• Blog "inactivo": aquel que no tiene ningún posteo durante del año 2011.
• Blog "clausurado": aquel al cual no se puede ya acceder porque ha sido cerrado por su autor o por el diario.

Estado de los blogs "destacados", a agosto de 2011 (porcentajes)

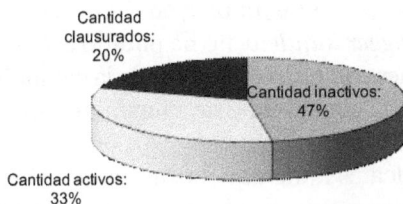

Cantidad
clausurados:
20%

Cantidad inactivos:
47%

Cantidad activos:
33%

Para recapitular y resumir lo que hasta aquí hemos presentado, resta distinguir las *diferentes lógicas de reconocimiento* que han podido ser reconstruidas a partir de las *disparidades invariantes* que se manifiestan en las *respuestas* del público a la *estrategia discursiva* del blog de *Clarín,* y que darían lugar a cuatro tipos de usuario que decidimos nombrar de la siguiente manera: *blogger inquieto, blogger aislado o recluido, blogger novato, y lector habitual de blogs.*

La primera lógica es la que refiere a un usuario "reconocido" por los demás bloggers, que se identifica a sí mismo como miembro de la "comunidad de usuarios", que posee un blog en la plataforma de *Clarín* casi desde sus inicios y su experiencia en ella –y en otros servicios de blogging– le han permitido ubicarse en el lugar del "usuario experto". Como participa activamente de todas las propuestas de Clarín Blogs, comenta con asiduidad en "Novedades", es parte de los encuentros presenciales y muchas veces los impulsa –por lo general, este tipo de usuario reside en Capital o el conurbano bonaerense– e interviene en distintos emprendimientos de generación colaborativa de contenidos, se lo ha denominado *blogger inquieto.* Dentro de esta categoría, se puede ubicar, aunque no de modo exclusivo, a usuarios con perfil artístico o profesional: historietistas, dibujantes, diseñadores, escritores, etc.

La segunda lógica, la del *blogger aislado o recluido,* es la de aquel usuario que tiene un blog en *Clarín* pero que a diferencia del *blogger inquieto,* no ha podido establecer una red de relaciones con otros miembros de la comunidad y, por lo tanto, no se considera o se siente parte de ella, aunque le gustaría pertenecer.

La tercera lógica es la de aquel usuario que abre un blog por primera vez y que se cataloga a sí mismo como un *blogger novato* por sus conocimientos rudimentarios al respecto. Este tipo de usuario frecuenta el espacio de comentarios para solicitar la colaboración de los coordinadores de Clarín Blogs o de otros bloggers.

La cuarta y última lógica, que a su vez es la que menos se visibiliza en los comentarios de "Novedades", es la de aquel usuario que se presenta como lector de clarin.com y visitante asiduo de algunos weblogs de la plataforma del diario, y que por lo tanto, ha sido designado como *lector habitual de blogs*. Los usuarios que pertenecen a esta categoría se han incorporado al universo de los blogs a partir de su nexo con el periódico *online*, y aunque –al menos por el momento– no se sienten motivados a convertirse en un blogger, ya han integrado a este tipo de sitios dentro de sus consumos culturales cotidianos.

CAPÍTULO 7. REFLEXIONES SOBRE EL VÍNCULO DIARIO / LECTOR EN LA PRENSA *ONLINE*

7.1. Alteraciones en los procesos de consumo en la cultura participativa

A lo largo de este libro pretendimos examinar los rasgos distintivos del vínculo diario / lector en los periódicos *online,* concentrándonos en comprender el lugar –o el rol– que ocupan en su interior los *espacios de intervención y participación del lector,* tal como hemos propuesto denominar a los sectores del diario –cartas de lectores, comentarios, encuestas, foros, blogs, *ranking* de notas más leídas, etc.- en donde se materializa la actividad de la audiencia. Con el arribo de la prensa diaria a la web, se observó una progresiva y exponencial multiplicación de los espacios mencionados, situación que a la vez revela e interviene en el modo en que se está redefiniendo la relación de la prensa con su público lector (la complejidad del panorama es tal que resulta imposible reconocer qué determina qué). Y el uso del aspecto imperfectivo no es aquí casual, dado que nos encontramos en un período de transición (Jenkins, 2008; Igarza, 2011) en el cual se está labrando una nueva ecología de medios más híbrida que las precedentes, por varias razones que hemos abordado en los distintos apartados de este escrito y que ahora recapitularemos.

A partir de las transformaciones sociotecnológicas que se han generado desde que se popularizó Internet, las audiencias –que no son pasivas, nunca lo fueron– han efectuado movimientos inesperados y los medios se han visto ante la necesidad de alterar, incluso, parte de los cimientos que los sostienen con tal de no perder ese polo cada vez más inasible de todo proceso de comunicación.[193] Estamos, así, ante una emergente *cultura participativa* (Jenkins, 2008) en la que los consumidores mediáticos son invitados a "participar activamente en la creación y difusión de nuevos contenidos" (2008: 277), donde la *convergencia* en el nivel de la producción se articula con la *divergencia* en recepción, como resultado de prácticas de consumo cada vez más personalizadas (Verón, 2007). Divergencia que, claro está, debería seguir siendo discutida y analizada en el interior del ámbito académico, porque si bien es cierto que, tal como afirmó Verón (2007), se ha alterado para siempre el vínculo entre producción y recepción de medios que se sostuvo durante casi todo el siglo XX, y que estamos ante una demanda cada vez más fragmentada e individualizada,[194] también es innegable que al menos en los últimos tres o cuatro años –sobre todo desde 2008 a esta parte– las audiencias han comenzado a *compartir* sus experiencias de consumo a través de sus redes sociales *online*. Y eso ha vuelto a alterarlo todo.

Tal como hemos podido observar en el análisis de los *comentarios* a los posteos del blog de *Clarín,* pero sobre todo en los dispuestos en las noticias de *La Nación,* los lectores reconocen el valor agregado que para ellos detenta la posibilidad de conocer los puntos de vista de otros

---

[193] En los esfuerzos por optimizar y reforzar el vínculo con su público, los diarios *online* han reestructurado, en muchos casos, sus equipos de trabajo. Por ejemplo, así lo explica *La Nación* en la nota en la que presentó su más reciente rediseño: "El sitio se desarrolló con un equipo multidisciplinario interno, integrado por programadores, diseñadores, desarrolladores, periodistas, fotógrafos, realizadores multimedia, especialistas en marketing, negocios y audiencias, y expertos en experiencia de usuarios, entre otras especialidades". Nota "Un cambio integral en lanacion.com, más allá del diseño", publicada el 7 de agosto de 2011.

[194] En la cual el usuario decide qué retaso de información desea consumir, en qué momento del día y mediante qué dispositivo técnico.

lectores, expresar y compartir sus propias ideas al respecto, o simplemente desahogarse y hacer catarsis. Una vez que para captar su atención, o al menos parte de ella, los periódicos le otorgan al lector un conjunto de espacios para su intervención y participación, ya no pueden controlar completamente su uso y el usufructo muchas veces se distancia de lo previsto por el medio. Es decir, se evidencia cierto conflicto entre la lógica propuesta por el medio y la (o las) lógica(s) de participación del público. Esto explica, en parte, las constantes acciones que *La Nación* llevó a cabo para reencauzar el flujo comunicativo de la audiencia que tiene lugar en los *comentarios* –a través del ranking de usuarios, del otorgamiento de medallas o del enlace con el perfil de Facebook–, como la sintomática retracción de los espacios de intervención y participación que se evidenció en el último rediseño de *Clarín*.

Como se expuso en el capítulo 1, según lo demuestran las últimas investigaciones sobre el estado de Internet en Argentina (D'Alessio Irol, 2010; IAB, 2011) ha sido la vinculación con las redes sociales la actividad que más creció entre 2008 y 2010, ocupando en los últimos meses el 30% del tiempo de consumo de la red. Aunque por otro lado, en el rubro "información" la categoría "noticias" tiene la audiencia más imponente de América Latina, lo cual sugiere un "fuerte apetito por noticias e información online [que con un] alcance del 71% supera ampliamente el promedio mundial para esta categoría" (IAB, 2011: 22). Entre los sitios más visitados en este segmento, se encuentran los diarios *online* que aquí hemos estudiado: *Clarín* y *La Nación*.

En este contexto y tal como se explica en un informe del *Pew Project for Excellence in Journalism* (Purcell *et al.*, 2010), la relación entre el público y las noticias se está volviendo *portable, personalizada* y *participativa,* con mayor presencia de dispositivos de acceso móviles –celulares, notebooks, netbooks, tablets– y una fuerte tendencia de alza en el reenvío y diseminación de contenidos mediante sitios sociales como Facebook o Twitter; lo cual vuelve cada vez más concreto que, como afirman Fogel y Patiño, "en Internet, la información se modifica a medida que circula" (2007: 150). A diferencia del contenido casi inmutable que ofrecían los medios tradicionales, "no sucede lo mismo en la red, donde la respuesta se une en la pantalla al contenido que la ha provocado" (Ibíd.).

El discurso de las respuestas del público que hemos aquí estudiado nos suministró también información preciada sobre los nuevos hábitos de consumos culturales en los que el vínculo entre el diario y el lector se enmarca: la necesidad de buscar, profundizar o chequear la información que les interesa, las experiencias de lectura asociadas con los contextos de consumo que ya no se restringen al hogar, y la pérdida de credibilidad hacia una cabecera concreta que caracterizaba a la relación con la prensa de papel. En relación con esto último, Pablo Mancini recupera los principales planteos desarrollados por el reconocido periodista estadounidense Jack Fuller en su *What Is Happening to News,* publicado en 2010: "La gente no toma en serio a los periodistas porque la confianza está rota [...] cree más en las historias o se muestra más proclive a leerlas cuando sus pares son quienes las han propuesto, y no necesariamente cuando los editores son quienes las proveen" (Mancini, 2011: 79). Si el viejo orden ha cambiado, sostiene Fuller, "la retórica de las noticias tendrá que cambiar radicalmente" (Ibíd.).

Como hemos podido constatar en el análisis de las *gramáticas de reconocimiento* presentes en los espacios de participación del lector de *Clarín* y *La Nación,* el público de los periódicos digitales ya no se circunscribe solo a aquellos lectores afines a la línea editorial del medio, sino que comprende también –y esto sobre todo sucede en el diario fundado por Bartolomé Mitre– un conjunto cada vez más heterogéneo que incluye a usuarios que eligen dicha publicación por criterios no necesariamente ligados con su perfil ideológico; *audiencias híbridas* (Mancini, 2011) también conformadas por quienes llegan al sitio reenviados por los algoritmos aleatorios de un buscador o por las sugerencias de su grupo de afinidad.[195] Esta situación, que se manifiesta también en el desfase o brecha que se produce entre la selección y jerarquización de la información que establecen los medios y las que realiza la audiencia –que muy bien ha sido estudiado por las últimas investigaciones dirigidas por Pablo Boczkowski referidas en el capítulo 2–, acarrea ciertas consecuencias ineludibles para las *estrategias discursivas* de los medios.

Todas estas tensiones en los procesos de consumo de medios han derivado en la conformación de un nuevo pliegue en el *proceso de mediatización* que desde hace unos veinte años viene caracterizando Verón[196] y que, a las claras, hoy se complejiza y profundiza aun más. Así como durante las décadas de 1970 y 1980 el registro semiótico televisivo alteró el orden establecido entre el sistema de medios masivos y lo que se consideraba como "real" extramediático (Verón, 2001; Valdettaro, 2007), así también hoy el conjunto conformado por Internet, dispositivos móviles y redes sociales produce una nueva *ruptura de escala* (Verón, 2001b: 132) en la relación establecida entre las instituciones de la sociedad postinduntrial, que ahora

---

[195]   Según el *Clickstream* de Alexa, consultado el 31 de agosto de 2011, el 12,35% de los usuarios accedió a clarin.com desde google.com; el 12,25% lo hizo desde google.com.ar; y el 12,25% entró vía Facebook. En el caso de lanacion.com, desde google.com llegaron el 14,78% de las visitas; desde google.com.ar, el 10,91%; y el 10,97% vía Facebook. Cfr. disponible en línea: http://www.alexa.com/siteinfo/clarin.com y http://www.alexa.com/siteinfo/lanacion.com.ar (consultados el 31/08/2011).

[196]   Si bien una de las primeras apariciones de la noción de *sociedad mediatizada* tuvo lugar en *El cuerpo de las imágenes* (Verón, 2001), al comienzo de dicho libro el semiólogo aclara que esos textos "fueron escritos en Francia entre 1984 y 1992" (2001: 9).

es también una *post-mass-media-society* (Verón, 2008), y el ecosistema de medios. Podríamos agregar, además, que así como las repercusiones del primer pliegue marcaron a fuego las condiciones de credibilidad del sistema político, la zona de mayor impacto es ahora la *creencia* en la que hasta hace poco se asentaba "la trama de la construcción de la verdad mediática" (Escudero Chauvel, 1996: 53), de aquel "pacto externo de la recepción donde el momento de la verificación queda [hoy podríamos decir "quedaba"] generalmente inconcluso" (Ibíd.).[197] Como también lo advirtió Verón (2001b: 128), es en el campo de la *circulación* donde primero se manifiestan los síntomas, y los cambios se hacen más visibles.

7.2. La nueva participación del lector

7.2.1. Disputas por la fidelidad de los lectores: captar a la audiencia o seguir sus desplazamientos

A partir de lo expuesto a lo largo de los capítulos 4, 5 y 6, es posible concluir que la disposición de los *espacios*

---

[197]   Como lo expresa un lector de *La Nación* en un comentario que ya hemos citado en el capítulo 6: "Internet tiene a mi parecer una gran ventaja sobre los diarios en papel. Una información puede ser cotejada a través de diferentes periódicos de distintas partes del mundo en poco tiempo. Y una noticia local puede cotejarse en distintos medios locales de tendencias opuestas, para permitirle al lector sacar sus propias conclusiones" (8 - 28/11/2007, andresjfriedman). Asimismo, otro usuario argumenta: "A los medios ya no se les cree y en realidad se buscan para lo fáctico- subió o bajó la bolsa, pasó tal o cual hecho en tal lugar, mas cuando se pasa a la fase editorial, a la especulación de causas efecto sobre procesos histórico-políticos, los medios no son creíbles. [...] Nosotros traíamos las costumbres de nuestros padres, los de cuarenta años hoy, menos y los jóvenes de veinte ya no leen el diario y descreen del resto. Los medios, con su accionar, mataron las fuentes para saciar su propia sed" (3 - 15/08/2009, mariosorsaburu).

de intervención y participación del lector ocupa un papel central en la *estrategia* de los periódicos *online* estudiados, aunque es dable distinguir entre ellos un conjunto de *disparidades invariantes.*

Con respecto a *La Nación,* recordemos que si bien fue el primero en arribar al ciberespacio, lo hizo al principio sin incorporar instancia de participación alguna por más de un año. El primer paso significativo en este aspecto lo dio recién con el rediseño del año 2001, cuando comenzó a gestar la sección Participación[198] –que por entonces se denominaba "Participar"–, destinada completamente a la interacción con los usuarios, y que en la interfaz que se puso en línea en agosto de 2011 comparte el mismo espacio –el de la pestaña Opinión– que las notas editoriales. El salto cuantitativo y cualitativo se produce en 2007, cuando el diario se convierte –según ellos mismos afirman– en el primer medio del mundo en abrir todas sus noticias a *comentarios.* De ahí en más, La Nación SA optimiza y fortalece la integración de sus distintas plataformas en un proyecto *cross-media,*[199] y el espacio de los *comentarios de lectores* se convierte en su marca de estilo en cuanto a estrategia de participación se refiere: alrededor de dicha instancia, se teje toda su política de relación con el sector más activo de su audiencia, a partir de otros recursos como la disposición de medallas, *Los usuarios dicen,* el *Ranking de usuarios* o los *Comentarios destacados.*

---

[198] Entendemos aquí "sección" tal como la define Biselli (2003: 11): "Definidos espacios discursivos tensionales dotados, por una parte, de características propias y de funcionamiento relativamente autónomo y sostenido, por otra, en regularidades inherentes tanto al periódico que las acoge como al texto de prensa en general".

[199] Que incluyó la conformación de un equipo de trabajo –Equipo Comunidad, a cargo de Rodrigo Santos– dedicado a gestionar la participación del público.

Tanto la ubicación de la sección Participación en el ámbito de la "Opinión", que según sabemos ocupa un lugar central en este diario, como la importancia que él le atribuye a los *comentarios* de sus lectores confluyen en un *contrato* a partir del cual el medio continúa intentando posicionarse como "tribuna de doctrina" y firme representante de una "reflexión intelectual con vocación explicativa" (Sidicaro, 2001: 91). De todo lo analizado hasta aquí, se desprende la planificada labor que lleva a cabo *La Nación* para, por un lado, sostener la fidelidad de un público que trae cautivo del soporte papel –los denominados *lector fiel integrado* y *lector fiel excluido*–, y por otro lado, atraer la atención de aquellos miembros de la audiencia que si bien no se ajustan a su perfil editorial –nos estamos refiriendo al *lector disidente* y al *lector crítico*–, eligen el diario por el valor agregado que él les brinda en materia de *usabilidad, accesibilidad* e *interactividad*. Ambos procesos convergen en un nuevo tipo de público, a las claras más híbrido que el del diario de papel. Como el periódico mismo lo explican en el proyecto que le significó un reconocimiento de la *World Association of Newspapers and News Publishers*, y que ya hemos abordado en el capítulo 4, las dinámicas de participación ofrecidas al usuario le permiten propiciar un vínculo activo con miras a "fortalecer el sentido de pertenencia entre la comunidad y nuestra presencia, como marca, en sus hábitos de interrelación". En el *contrato* que le propone a sus lectores, *La Nación* intenta posicionarse desde un lugar de "liderazgo en materia de innovación", ese desafío por sostener, como expresa a través de uno de los editoriales por los 140 años del diario papel, un equilibrio entre "mantener una tradición y reinventarse a sí mismo".

Clarín, por su parte, apostó desde un principio a los *espacios de intervención y participación* del lector, disponiendo ya en su primera interfaz no solo las tradicionales *cartas de lectores,* sino además *entrevistas online* con personalidades reconocidas. Muy tempranamente, el diario sumó también otros espacios, siendo pionero en la incorporación de las *encuestas,* los *foros,* el *ranking de notas más leídas* y los *blogs.* Con respecto a estos últimos, recordemos que así como *La Nación* se arroga el mérito de ser el primer diario *online* del mundo que permitió comentar todas sus noticias, *Clarín* tiene el crédito de ser el primer medio en español que dispuso de un *blog.* De hecho, son los *blogs* –y no los *comentarios,* como en *La Nación*– los espacios de participación que conforman el núcleo duro de la estrategia de *Clarín,* que se afianzó en 2008 cuando el medio decidió abrir su propia plataforma de blogging para fomentar que los lectores usuarios crearan sus propias bitácoras. Incluso se conformó un equipo de trabajo que se encargó de Clarin Blogs –que se constituye como sección en 2007– y de establecer un contacto cercano con los lectores bloggers, usuarios que hasta se encontraron con la posibilidad de compartir un sector de la portada del diario más visitado de Argentina, donde se "destacan" algunos de sus weblogs. El espacio de los *comentarios* fue uno de los pocos sectores de intervención y participación que *Clarín* no incorporó antes que su competidor. Y no solo permitió los comentarios de lectores en las noticias varios meses después que *La Nación,* sino que los restringió a unas pocas notas por día. De este modo, puede inferirse que más que intentar fidelizar a su audiencia, *Clarín* se propuso seguir sus desplazamientos, procurando brindarle una *larga cola* de productos y servicios informativos, participativos y de entretenimiento. La estrategia de *Clarín* se rige así por la lógica de servicios que siempre lo ha caracterizado y distinguido, tal como fue explicado en el capítulo 6. Esa propensión por desplazarse hacia donde lo lleva su público es, podríamos conjeturar, uno de los motivos por los cuales el *contrato* que *Clarín* construye es, con respecto a los *espacios de participación e intervención del lector*, más experimental, improvisado e inestable que lo dispuesto por *La Nación*.

La apuesta por estar a la vanguardia en cuanto a política de participación se refiere, que se evidenció durante los primeros catorce años de clarin.com, se desvaneció con la publicación del octavo rediseño del sitio, momento en que su estrategia comenzó a manifestar algunas fisuras.[200] En el capítulo 4, se señaló, por ejemplo, la supresión sintomática de los *espacios de intervención y participación del lector* que se evidencia en la interfaz que *Clarín* puso "en línea" el 29 de mayo de 2010, retracción que posiblemente esté asociada con las consecuencias de la polarización creciente en el campo mediático argentino en la que el medio se presenta, de manera cada vez más declarada, como un actor social opositor al actual gobierno nacional –lo cual en parte se debe a algunas medidas del gobierno que resintieron al multimedio[201]– e incluso, como explica

---

[200]   La edición de papel de *Clarín* también está teniendo algunos inconvenientes que, por ejemplo, se revelan en la caída de la circulación de ejemplares, mientras que su competidor, *La Nación*, ha registrado una leve alza. El portal Diario sobre Diarios analiza los datos suministrados por el Instituto Verificador de Circulaciones de la siguiente manera: "En la primera mitad del 2011, el diario *Clarín* mostró una baja en sus ventas en comparación con las del mismo período de 2010. De confirmarse esta tendencia, será el sexto año consecutivo de caída en su circulación. *La Nación*, por el contrario, logró incrementar su mercado debido al impulso de sus fuertes ventas dominicales, asociadas a su vez al éxito del "Club de Lectores". [...] En el caso de *Clarín* es imposible evadirse de la dura e interminable pelea que mantiene con el Gobierno nacional. Voces conocedoras del mercado periodístico aseguran que esa pulseada puede haberle generado parte de la caída en las ventas. Algunos editores del matutino ahora también lo reconocen". Cfr. "Ventas 2011: *La Nación* y *Diario Popular* crecen; *Clarín* y *Perfil* vuelven a sufrir una caída semestral", disponible en línea: http://www.eldsd.com/eldsd/zonadura/index.htm (consultado el 31/08/2011).

[201]   Acciones entre las que se destacan: la ya mencionada (Cfr. capítulo 4) rescisión del contrato con TyC Sport para la transmisión exclusiva del campeonato de fútbol de primera división; la promulgación de la nueva Ley de Servicios de Comunicación Audiovisual (Ley 26522); las

Martín Becerra (2001: 3), ya no como mediador testigo, sino como partícipe de ciertos conflictos de intereses.[202] Por otro lado, en el capítulo 6 se hizo notar la estrepitosa merma del funcionamiento de Clarín Blogs, de la cual no solo es síntoma la inactividad del blog "Novedades", sino también la considerable cantidad de usuarios que han dejado de participar en sus respectivos blogs, ya sea porque los han cerrado, porque migraron a otras plataformas de blogging, o canalizaron su interés por las novedosas redes sociales en Internet.

Además de todo lo expuesto, podemos agregar que si bien *Clarín* sigue estando primero en los *rankings* de visitas de diarios digitales argentinos (*Interactive Advertising Bureau,* 2011; Alexa, 2011), las estadísticas de tráfico de Alexa muestran en la mayoría de sus categorías (*Traffic Rank, Reach, Pageviews, Pageviews/User*) la reducción de la distancia entre *Clarín* y *La Nación,* que se está produciendo por un leve declive del primero y un igualmente leve crecimiento del segundo (ilustraciones 28 a 31).

---

denuncias del Poder Ejecutivo sobre las condiciones de la adquisición de Papel Prensa por parte de *Clarín* y *La Nación,* que se cristalizaron en el informe "Papel Prensa. La verdad", elaborado por la Secretaría de Comercio Interior y presentado por la propia presidente Cristina Fernández de Kirchner; y el impulso que dio el gobierno para la reactivación de la causa judicial por la identidad de Marcela y Felipe Noble Herrera, adoptados por la directora de *Clarín,* Ernestina Noble de Herrera, durante la última Dictadura Militar.

[202] Recordemos que según Verón, el discurso de la información se diferenciaría del discurso político, justamente, porque mientras en este último el enunciador "se construye a sí mismo como fuente privilegiada de la inteligibilidad de la descripción y de las numerosas modalizaciones apreciativas (evaluaciones) que articulan la descripción" (Verón, 1987: 20-21), en el primero "el enunciador aparece como mediador-testigo" (Ibíd.).

Ilustración 28. Gráfico comparativo *Traffic Rank* (*Traffic Rank Alexa*, 31 de agosto de 2011)

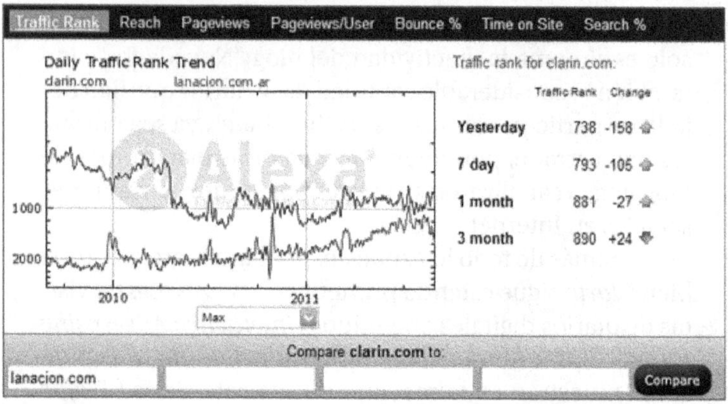

Ilustración 29. Gráfico comparativo *Reach* (*Traffic Rank Alexa*, 31 de agosto de 2011)

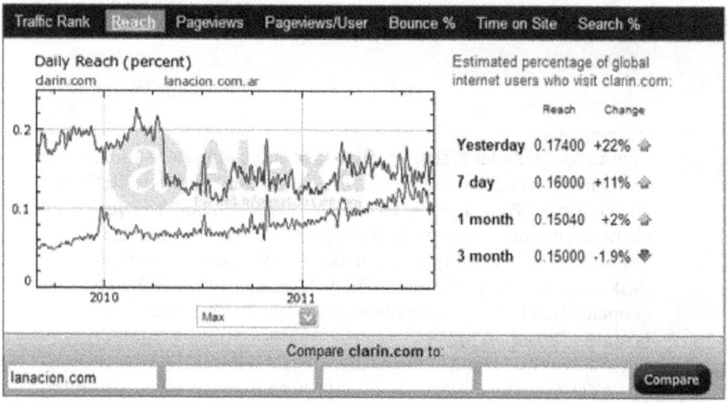

Ilustración 30. Gráfico comparativo *Pageviews* (*Traffic Rank Alexa*, 31 de agosto de 2011)

Ilustración 31. Gráfico comparativo *Pageviews / User* (*Traffic Rank Alexa*, 31 de agosto de 2011)

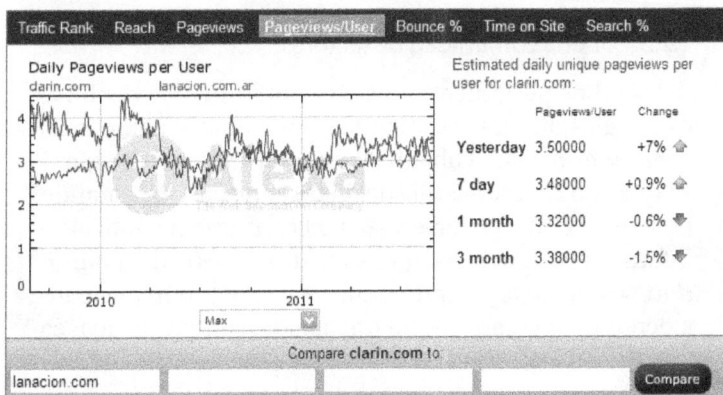

Con respecto al lugar que la opinión de los lectores ocupa en el universo noticioso de los periódicos *online* estudiados, recordemos que, como lo hemos trabajado en el capítulo 5, tanto *Clarín* como *La Nación* no han hecho aún más que brindarle a su audiencia herramientas para lo que denominamos como *participación encauzada.* Lejos de los pronósticos de ciertos gurúes que anunciaban el paraíso del *periodismo participativo* y el resquebrajamiento de la frontera que separa, en el interior del periódico, a los autores –los periodistas– de los lectores,[203] ha sido posible comprobar que si bien los diarios analizados generan continuamente espacios editoriales destinados a incentivar y contener el flujo comunicativo de la audiencia, sería ingenuo desatender que es el mismo medio el que aún genera las consignas y selecciona y limita los espacios de su aparición. Lo que sí está cada vez más claro en la *estrategia discursiva* de ambos diarios *online* es la apuesta por construir –desde lo enunciativo, pero no solo allí– un nuevo colectivo singular: el de la *comunidad.*

7.2.2. Por una comunidad de lectores

Ambos periódicos, a partir –claro está– de distintas estrategias discursivas, intentan posicionarse como *nexo comunitario,* con el objetivo de que la audiencia se identifique con ellos –más allá del perfil editorial–, intentando crear experiencias que excedan el consumo de noticias e información. Con la recuperación de la noción de *comunidad,* se abre aquí un interesante eje de reflexión que consideramos necesario seguir trabajando, aunque no nos sea

---

[203] Así como, siguiendo a Foucault (1985), un productor de texto no es necesariamente un *autor,* tampoco un lector que produce información deviene por ello –es decir, cumple la *función* de– periodista: el discurso de los periodistas y el de los lectores siguen ocupando en el interior de los periódicos *online* analizados distintos estatutos.

posible dedicarnos a ello aquí, por los límites temporales y espaciales de este libro. No obstante, recuérdese al menos que en su acepción clásica, dicho término –de larga data en el pensamiento sociológico (Honneth, 1999; de Marinis, 2005)– remitiría a una forma de socialización asentada en "lazos prerracionales, como aquellos que nacen a partir del afecto, de los usos y de las interdependencias" (Honneth, 1999: 8). En este sentido, es de suma importancia estudiar sobre qué tipo (o tipos) de "conectores" –qué lía o qué enlaza– se asienta el colectivo que hoy producen los medios, porque como afirma Sandra Valdettaro cuando analiza el estatuto de las actuales *asociaciones en red*: "De las características de dichos componentes, en tanto 'pegamentos' de las asociaciones, van a depender el tipo de conexión que se establece en las redes" (2009: 4).

Cabría preguntarse por qué, más allá de los esfuerzos de cada medio, parte de la audiencia de *Clarín* y *La Nación* o al menos algunos de los "tipos de lectores" que hemos podido identificar en las *gramáticas de reconocimiento* no se sienten comprendidos –y así lo manifiestan en su discurso– por el colectivo de la *comunidad;* comunidad que presenta, por cierto, un alto grado de heterogeneidad que la diferencia de esas "asociaciones que derivan de una libre y espontánea confluencia de sujetos con visiones unánimes" que tanto cuestionó Tomás Maldonado (1998: 23) en su *Crítica de la razón informática*.

Una de las acepciones más consolidadas de la noción de *comunidad* en el ámbito académico es la de Ferdinand Tönnies, quien a principios del siglo XX la definió como "aquella forma de socialización en la que los sujetos, en razón de su procedencia común, proximidad local o convicciones axiológicas compartidas, han logrado un grado tal de consenso implícito que llegan a sintonizar en los criterios de apreciación" (en Honneth, 1999: 10). Si aceptamos, al menos momentáneamente, esta concepción del término, podríamos tal vez comprender el motivo por el cual el *lector disidente* de *La Nación* o el *blogger aislado o recluido* de *Clarín* no se consideran parte de las *comunidades* que cada medio intenta consolidar; o por qué Clarín Blogs solo logró conformar, a pesar de todo su esfuerzo, no más que una red de relaciones personales que –con diferentes grados– entretejieron algunos de sus miembros. No obstante, varios autores[204] han advertido la necesidad de trascender, o al menos tensionar, la clásica noción de *comunidad,* que no siempre permite explicar las distintas asociaciones contemporáneas. Porque es innegable que muchos de los nuevos patrones de interacción social – como el de las redes sociales *online*– se sostienen en lazos significativamente más débiles que el de las comunidades presociales y premediáticas que teorizó Tönnies y que, por lo tanto, no necesariamente construyen relaciones personales duraderas.

Sin intenciones de continuar por esta vía de razonamiento, resta decir que una entrada fructífera a la cuestión de las actuales comunidades que conforman los públicos de los medios de comunicación puede ser la que nos ofrece Jenkins a lo largo de sus más recientes publicaciones (2008, 2009, 2010). Trabajando de un modo específico sobre el mundo de los *fans de los medios de comunicación,* Jenkins llegó a la conclusión de que estos constituyen una comunidad social peculiar compuesta por "consumidores especialmente activos, y que se hacen oír, cuyas actividades se centran en este proceso de apropiación cultural" (2010: 42). En *Piratas de textos,* Jenkins desarrolla cinco dimensiones que caracterizarían a la cultura de los *fans,* tres de las cuales podríamos, *mutatis mutandis*, extrapolar al universo de los lectores que interactúan en los *espacios de*

---

[204] Entre los que podemos señalar, por nombrar algunos, a Vargas Cetina (2002) y de Marinis (2005).

intervención y participación del lector, a saber: su relación con una modalidad de recepción concreta, su fomento del activismo del espectador y su función como comunidad interpretativa. Asimismo, en *Fans, blogueros y videojuegos,*[205] el planteo del académico estadounidense se nutre del pensamiento que Pierre Lévy desarrolla en *Inteligencia colectiva* (2004), y caracteriza a los grupos de fans como *comunidades de conocimiento voluntarias, temporales y tácticas;* tipo de asociación que ya no se corresponde ni con los grupos sociales orgánicos –familiares o tribales– ni con los grupos sociales organizados –como las naciones o las corporaciones–, sino más bien con los *grupos autoorganizados o moleculares* (Lévy, 2004: 36). Para Lévy, "la multiplicación de los colectivos moleculares presupone una decadencia relativa de la comunicación mediática en provecho de un ciberespacio que acoge las inteligencias colectivas" (2004: 37).

Por nuestra parte, podríamos proponer que son muchas las afinidades que encontramos –aunque obviamente no se trata de fenómenos idénticos– entre los análisis desarrollados por Jenkins y el modo en que se articulan las distintas *lógicas de reconocimiento* de los diarios que hemos aquí estudiado. Es posible así sostener que los lectores que intervienen en los espacios analizados forman parte de un colectivo de consumidores mediáticos que detentan un grado mayor de participación en los contenidos del diario que el resto de la audiencia, y que, como los grupos de fans, "debaten y negocian interpretaciones y valoraciones contrapuestas de textos comunes" (Jenkins, 2010: 109).[206] Lectores que también pueden ser muchas veces calificados

---

[205] Obra que si bien fue editada en español antes que *Piratas de textos,* es bastante posterior a ella: la publicación original de esta última en inglés fue en 1992, mientras que *Fans...* es de 2006.

[206] Así como nosotros, siguiendo a Braga (2006), ubicamos los discursos de lectores que hemos analizado dentro de la categoría de *crítica mediática,*

como "activistas": así como los fans se unen para protestar por el cierre o el desenlace inesperado de su serie favorita, también hemos advertido (Cfr. capítulo 6) que los lectores usuarios de los diarios *online* son propensos a cuestionar ciertas decisiones del medio –rediseños, cambios, etc.– que consideran desacertadas o reñidas con sus respectivos gustos e intereses.[207]

7.2.3. Revisando el "contrato"

Así como el periodismo se encuentra actualmente revisando sus supuestos de base, también desde la academia deberíamos procurar examinar y rediscutir la pertinencia y aptitud –para la comprensión e interpretación

---

también Jenkins afirma que "el grupo de fans desarrolla un conjunto concreto de prácticas críticas e interpretativas" (2010: 314).

[207] Por ejemplo, con motivo de pronunciarse en contra del programa de "Calificación de usuarios de lanacion.com", a partir del cual el diario decidió otorgar medallas a los "usuarios destacados", numerosos lectores del sitio organizaron acciones para expresar su disconformidad. Entre las tácticas de protesta mencionadas, se destacaron tres: la "huelga de comentarios" llevada a cabo el 23 de noviembre de 2010; el ocultamiento de la medalla otorgada por el diario; la repetición de la leyenda "No CyR" ("No a la Calificación y Reportes"). Para ilustrar lo sugerido, veamos el siguiente comentario de un lector de *La Nación* distinguido con medalla de plata: "No CyR! Colegas Foristas: Vivimos –afortunadamente– en la parte del 'mundo libre' que así como permite la Libre Empresa permite la Libre Expresión. LN tiene derecho de imponer sus reglas y nosotros ¡De Protestar! LN nos brinda un espacio que todos apreciamos, pero nosotros 'También, con nuestras hs de conexión y comentarios que se traducen en los Rankings, le redituamos considerables beneficios –económicos–'. Es una relación simbiótica, ambos nos beneficiamos. Nosotros queremos que este espacio Mejore, LN es la que decide, pero no puede impedirnos Protestar. Por eso les Propongo ¡Que sigan Participando! Pero que expresen en cada comentario y respuesta en cada nota Su Desaprobación A Este Sistema, iniciando o terminando con por Ej.: No a la Calificación y Reportes!, o para usar menos caracteres con una abreviatura No CyR!, o lo que se les ocurra. Lo importante es nuestra Constancia en el reclamo. Saludos a todos" (521 - 18/11/2010, Kafka40).

de los fenómenos sociales de hoy– de ciertos conceptos que fueron "legalizados" en un contexto bastante diferente al actual. En el campo de la semiótica de los medios, uno de esos términos que podríamos comenzar a tensionar es el de *contrato de lectura,* postulado por Eliseo Verón a comienzos de la década de 1980.[208]

En el capítulo 3, se ha sostenido, siguiendo a Verón, que la *estrategia discursiva* que lleva a cabo un periódico contribuye a construir su "personalidad" y, por lo tanto, a modelar la manera en que el medio se *vincula* con sus destinatarios. Es así como el reconocido semiólogo argentino enlaza la noción de *estrategia* con la de *contrato,* dado que esta última "pone el acento en las condiciones de construcción del vínculo que *en el tiempo* une a un medio con sus consumidores [...]. Un medio debe administrar ese vínculo en el tiempo, mantenerlo y hacerlo evolucionar [...] El objetivo de este contrato [...] es construir y conservar el hábito de consumo" (Verón, 2004: 223).

Ahora bien, como también se ha intentado advertir a lo largo de este libro, el *contrato de lectura* en los diarios digitales es *particularmente inestable,* porque se ve constantemente alterado, tensionado y redefinido por la

---

[208]   Resulta interesante la reflexión que realizaron sobre los orígenes del concepto de *contrato* en Verón, María Elena Bitonte y Liliana Demirdjian (2003: s/n): "En tanto que otros ya habían hablado antes de 'cooperación', de 'estética de la recepción' y de 'pacto' de lectura, Verón postula su teoría del 'contrato' como una novedad. En efecto, el cambio de denominación no es una mera sustitución, como suele suceder en estos casos. Lo que cambia es el objeto: cuando antes se trataba del Texto o la Obra, ahora se trata de Productos (esto es, mercancías) que circulan en un mercado altamente competitivo. [...] ¿Dónde reside, en definitiva la novedad del modelo? En que precisamente porque trabaja los fenómenos de producción discursiva como procesos complejos, el análisis no se restringe a la instancia de producción sino que articula de manera dinámica producción y reconocimiento, salvando la distancia de la circulación (desfasaje) en la medida que lo que se indaga en reconocimiento surge necesariamente del análisis semiótico precedente".

participación del lector que efectivamente emerge en la interfaz del diario a través de los *espacios de intervención y participación*. Por lo tanto, consideramos que si bien esta noción nos sigue pareciendo útil para desentrañar, desde una mirada semiótica que aborda el funcionamiento social de los discursos, los modos en que los medios le "proponen" un vínculo a sus públicos[209] (públicos que a su vez contribuyen a consolidar, porque en todo contrato subyacen siempre ciertas conjeturas sobre su recepción), también es cierto que deberíamos hacer al menos ciertos señalamientos o corrimientos al respecto.

Por un lado, en concordancia con Bitonte y Demirdjian, creemos que "el método del contrato de lectura parte de un análisis socio-semiótico del discurso para formular, desde las hipótesis que surgen de él, una indagación viable en recepción" (2003: s/n). No obstante, consideramos necesario hacer notar que la vigencia de la información que el análisis del contrato nos provee es significativamente más perecedera que hace diez o veinte años atrás.

Lucrecia Escudero sostiene en uno de los capítulos iniciales de su *Malvinas: el gran relato*: "Resulta evidente que, en cuanto contrato social, el contrato mediático es básicamente estable, y es esta estabilidad lo que permite la circulación y el consumo de información en el mundo contemporáneo sin que se verifiquen casos clamorosos de colapso comunicativo" (1996: 48). Pero permítasenos sugerir que es justamente esa *estabilidad* que la autora suscribe lo que deviene una cualidad del contrato mediático, que ha perimido. Y podríamos arriesgar que dicha pérdida se encuentra asociada con otra muerte anunciada: la del lector "fiel". Ese lector que seguía con lealtad a un medio en el cual había depositado su "confianza" –del cual hemos

---

[209]   Dice Verón: "Hay un enunciador que le propone a un destinatario ocupar un lugar" (2004: 179).

encontrado aún algunos rastros en las *gramáticas de reconocimiento* presentes en los discursos de los *comentarios* a las noticias de *La Nación*– está hoy en irremediable peligro de extinción, porque tal como sugerimos al comienzo de este capítulo, hay algo del orden de la *creencia*[210] que se depositaba antaño en los medios masivos de comunicación que se está desvaneciendo.

En su análisis sobre las condiciones de los sistemas de mediaciones de las democracias actuales, Roberto Igarza anunció: "Lo cierto es que el pacto de lectura intergeneracional se ha debilitado. En algunos casos, ya no queda rastro de lo que fue. Los hijos ya no leen el mismo periódico que leían sus padres ni sus abuelos. Si lo leen, es de manera complementaria con otras fuentes de información bajo una modalidad híbrida digital-papel que tiende a inclinarse a favor de lo virtual" (2011:95). Nosotros podríamos agregar que es precisamente por ello que los periódicos han tenido que encontrar nuevos argumentos de valorización –movimiento del cual han sido parte los *espacios de intervención y participación del lector*– capaces de captar a la audiencia, y así "poner en evidencia su singularidad entre los anunciantes" (Verón, 1985: s/n).

7.3. El lugar de los lectores en la prensa: hacia una nueva crítica mediática

A esta altura de nuestro trabajo, nos inclinamos por pensar que si hay algo que claramente está mutando mientras cambia la prensa, es el lector. Como se propuso en el capítulo 1, si no queremos reificar la metáfora de la lectura, debemos aceptar de una vez por todas que las

---

[210] Para ver la relación que Verón establecía entre *contrato, confianza* y *creencia*, Cfr. Verón (2004: 223).

"posibilidades de uso"[211] que le proponen los periódicos digitales a sus audiencias no son idénticas a las que se disponían en la prensa tradicional. Dentro de las actividades que el nuevo medio ha potenciado y que hoy las redes de afinidad en Internet reimpulsan, se destaca una que ya estaba presente en el diario de papel pero hoy adquiere otra sustancia y otro lugar: la *crítica mediática* (Braga, 2006).

En este sentido, consideramos que uno de los aportes de la investigación expuesta en este libro está dado por el análisis de un conjunto de *respuestas* del público de lanacion.com y clarin.com, que han *retornado* al medio en forma de *crítica mediática:* discursos de la audiencia motivados por un discurso previo del diario, que retornaron al interlocutor, y cuya particularidad ha sido "*fazer circular idéias, informações, reações e interpretações* sobre a mídia e seus produtos e processos" (Braga, 2006: 30).

Desde un enfoque sociolingüístico y pragmático, Julio Cesar Sal Paz concibe al *comentario del lector* como un "género discursivo dialógico medular [...] puesto que organiza y resignifica otros géneros cuando se incrusta en su interior –en la cibernoticia, por ejemplo" (Sal Paz, 2010: 331). Aunque el análisis de Sal Paz, centrado en el plano lingüístico, no se ha detenido lo suficiente en esclarecer en qué medida los comentarios "resignificarían" las noticias, nos parece un punto de partida interesante para considerar las nuevas relaciones que se tejen entre el discurso del diario y el discurso del lector en la *interfaz* del diario *online*. Tal como se intentó justificar en el capítulo 3, el texto de la prensa digital es un *texto penetrado,* ya no solo por la *interpretación,* sino a su vez por la producción discursiva del lector. Y esto ha afectado las gramáticas de producción, circulación y

---

[211] Tomamos prestado este sintagma del texto en que David Morley (1996) cuestiona la aplicación del "modelo de lectura" al análisis del consumo de medios en general.

reconocimiento, dado que la multiplicación de los *espacios de intervención y participación del lector* –especialmente a partir de la posibilidad que se le otorga a la audiencia de producir *comentarios* y de sindicar la unidad producto noticia a través de las redes sociales– marcó la consolidación de un nuevo *momento de dislocación e interpolación,* en el sentido que Raffaele Simone (2001) da a este sintagma. Como también ya dijimos, la presente "conciencia de la textualidad" no solo habilita la desarticulación de la noticia, sino que permite además a esos "predadores del cuerpo del texto" (Simone, 2001: 139) que hoy son los lectores usuarios dejar en él las marcas de su apropiación.

Por otro lado, siguiendo la recuperación de la teoría sistémica luhmanniana que realizan Boutaud y Verón (2007), nos parece posible colegir que la singular articulación entre *producción* y *reconocimiento* que se da en los *espacios de intervención y participación del lector* en general, y en el espacio de los *comentarios* en particular, produce un peculiar proceso de cristalización o materialización de la *interpenetración* entre el sistema de los medios y el entorno humano,[212] ya sea considerado este último como *sistema psíquico* (Luhmann, 1998) o *sistema del actor* (Boutaud y Verón, 2007). Restaría dilucidar si esta interpenetración es parte de lo que Luhmann (2000) denomina como *acoplamientos estructurales,*[213] es decir, si sus consecuencias son

---

[212] Utilizando el andamiaje conceptual diseñado por Luhmann, los autores (Boutaud y Verón, 2007: 11) argumentan la reciprocidad de la penetración –la *interpenetración*– que se da entre el *sistema de los medios* y el *sistema del actor.*

[213] "Acoplamiento estructural significa que, aun presuponiéndose, sistema y entorno no pueden determinarse recíprocamente. El entorno puede afectar al sistema únicamente en cuanto produce irritaciones o problemas o perturbaciones, teniendo en cuenta, sin embargo, que las irritaciones sociales son construcciones que se reelaboran internamente en la sociedad. La irritación en realidad es siempre una autoirritación que parte de eventos producidos en el entorno" (Tell, 2007: 77).

compatibles con la propia autopoiesis del sistema de los medios. En este sentido, recuérdese que en el capítulo 5 se sostuvo que la recuperación que se hace –en el discurso informativo de los diarios estudiados– de las opiniones que los lectores canalizan a través de las distintas instancias de intervención y participación, recuperación que forma parte del procedimiento discursivo que Luhmann denomina como *exteriorización de opiniones* (2000: 52), vendría, al menos tal como está siendo planteada hasta el momento, a contribuir con lo que Charaudeau califica como *estrategias de legitimación* (2003: 38). Es decir que actuarían como mecanismos de justificación y legitimación de la propia enunciación de los medios. Estamos aquí ante una *estrategia enunciativa* que ha sido ya caracterizada por Verón, en la cual "el mundo individual, no mediatizado, del destinatario" (Verón, 2009: 239) se convierte en *tercero simbolizante.*

Por lo tanto, si bien es posible observar un aumento de la *sensibilidad* del sistema ante el entorno, esta acción de cederle un lugar –o muchos lugares, si contemplamos la multiplicidad de espacios que los diarios *online* han desplegado para que se manifieste la actividad del lector– al destinatario debe ser necesariamente fusionada al funcionamiento del sistema mismo e integrada a su *diferencia directriz*. Pues para que un sistema sobreviva, como explica Luhmann, "no se trata de adaptación ni de metabolismo; se trata más bien de una coacción especial hacia la autonomía, con el resultado de que el sistema dejaría de existir, aun en un entorno favorable, si en la reproducción no proveyera a los elementos momentáneos de que consta de esa capacidad de anexión, es decir, de sentido" (1998: 35).

Para ponerle un punto final a este libro –a modo de signo de cierre del escrito, mas no como clausura de un objeto de desvelo e interpelación–, cabe hacer un muy breve señalamiento con respecto a nuestro objeto de estudio. Esta investigación se topó desde sus inicios con el desafío que implica intentar comprender un fenómeno de actualidad en constante mutación. Y esto no solo por los enormes movimientos metodológicos que requiere el estudiar discursos mediatizados que han sido plasmados en soportes digitales *online*, sino además porque estamos aventurándonos en un medio de reciente gestación –no olvidemos que los primeros sitios web de periódicos datan de 1994–, que a su vez se mantiene en continua transformación[214] Si bien al comienzo de su inmersión en la red dichas páginas web se limitaban a cumplir el rol de la edición digital del diario impreso, con el tiempo se constituyeron en un producto que aun recuperando y manteniendo propiedades de la prensa de papel, se plantea de forma cada vez más autónoma, con una estrategia propia –aunque en ciertos casos, reintegrada a una política *transmedia*– y un público particular. Los hilos de este lazo se entretejen constantemente, mientras las grandes cabeceras pugnan por encontrar el camino que les asegure una posición redituable, y los lectores complejizan cada vez más sus experiencias de consumo, dentro de las cuales hoy se ubica la posibilidad de intervenir y participar de un modo concreto en la interfaz del diario.

---

[214] Como ya se señaló en anteriores oportunidades, al concluirse esta investigación en agosto de 2011, *La Nación* publicó un nuevo rediseño de su interfaz, sobre el cual sólo fue posible hacer en este libro alguna mínima referencia al margen. *Clarín*, por su parte, también efectuó un cambio a comienzos del mes de diciembre de dicho año, con ciertas peculiaridades que en parte ponen en cuestión algunos de los resultados de esta investigación: por ejemplo, entre otras modificaciones, se destaca la incorporación de *plugs-in* (de Facebook, Yahoo, AOL y Hotmail) que permiten realizar comentarios en (absolutamente todas) las noticias vía el perfil que los usuarios poseen en otros sitios web o redes sociales en Internet.

BIBLIOGRAFÍA

AA.VV. (2009), *La revolución de la prensa digital,* Madrid, Cuadernos de Comunicación de Evoca Comunicación e imagen. Disponible en línea: http://www.evocaimagen.com/cuadernos/cuadernos1.pdf (consultado el 17 de febrero de 2011).

Albornoz, Luis (2003), "La prensa on-line: mayor pluralismo con interrogantes", en Bustamante, E. (coord.), *Hacia un nuevo sistema mundial de comunicación: las industrias culturales en la era digital,* Barcelona, Gedisa.

Albornoz, Luis (2007), *Periodismo digital. Los grandes diarios en la Red,* Buenos Aires, La Crujía.

ALEXA (2011), "Top Sites in Argentina", *Top Sites (By Country),* The Web Information Company. Disponible en línea: http://www.alexa.com/topsites/countries/AR (consultado el 23 de mayo de 2011).

Anderson, Chris (2004), "The Long Tail", en revista *Wired, Issue 12.10.* Disponible en línea: http://www.wired.com/wired/archive/12.10/tail.html (consultado el 16 de agosto de 2011).

Apel, Karl-Otto (2008), *Semiótica filosófica,* Buenos Aires, Prometeo.

Armañanzas, Emy; Díaz Noci, Javier y Meso Ayerdi, Koldo (1996), *El periodismo electrónico,* Barcelona, Ariel.

Austin, John (2008), *Cómo hacer cosas con palabras,* Buenos Aires, Paidós.

Baum, Gabriel y Artopoulos, Alejandro (coord.) (2009), *Libro blanco de la prospectiva TIC. Proyecto 2020,* Buenos Aires, Ministerio de Ciencia, Tecnología e Innovación Productiva, Presidencia de la Nación.

Becerra, Martín (2007), "Medios de comunicación y sociedad en la Argentina", en *Medios y comunicación*, núm. 123, Boletín de la Biblioteca del Congreso de la Nación, Buenos Aires.

Becerra, Martín (2009), "El periodismo digital necesita nuevas narraciones", en Irigaray, F.; Cevallos, D. y Manna, M. (eds.), *Nuevos medios, nuevos modos, nuevos lenguajes. 1º Foro de Periodismo Digital de Rosario 2008*, Rosario, Laborde editor.

Becerra, Martín (2011), "La incubación de una nueva cultura", en *Revista Telos, Cuadernos de Comunicación*, núm. 88, Madrid. Disponible en línea: http://sociedadinformacion.fundacion.telefonica.com/DYC/TELOS/REVISTA/Autoresinvitados_88TELOS_AUTINV/seccion=1214&idioma=es_ES&id=2011072708400001&activo=7.do (consultado el 31 de agosto de 2011).

Benjamin, Walter (2007), "La obra de arte en la época de su reproductividad técnica", en *Conceptos de filosofía de la historia*, La Plata, Caronte.

Benveniste, Emile (1976), *Problemas de Lingüística General*, México, Siglo XXI.

Bergonzi, Juan Carlos; Rost, Alejandro; Bergero, Fabián; Bernardi, María Teresa; García, Viviana y Pugni Reta, María Emilia (2008), *Periodismo digital en la Argentina: Diseño, interactividad, hipertexto y multimedialidad en sitios de noticia*, Río Negro, Publifadecs.

Bernardi, María Teresa y Bergero, Fabián (2006), "Con mentalidad de papel. Periódicos digitales del interior del país", en *Revista de la Facultad*, núm. 12, Uncoma. Disponible en línea: http://fade.uncoma.edu.ar/medios/revista/Revista_12/04Maria_Teresa_Bernardi_y_Fabian_Bergero.pdf (31 de marzo de 2008).

Bijker, Wiebe (2009), "La tecnología tiene que encajar en la sociedad", entrevista al autor realizada por Bruno

Massare, en *Revista Ñ*, 15 de octubre de 2009, Buenos Aires. Disponible en línea: http://edant.revistaenie. clarin.com/notas/2009/10/15/_-02019450.htm (consultado el 10 de marzo de 2011).

Biselli, Rubén (2003), "La falaz transparencia de lo obvio", en *La Trama de la Comunicación*, vol. 8, Rosario, UNR Editora.

Biselli, Rubén (2005), "La portada de *La Nación* como dispositivo discursivo", en *La Trama de la Comunicación*, vol. 10, Rosario, UNR Editora.

Biselli, Rubén y Valdettaro, Sandra (2004), "Las estrategias discursivas del contacto en la prensa escrita", en *La Trama de la Comunicación*, Vol. 9, Rosario, UNR Editora.

Bitonte, María Elena y Demirdjian, Liliana (2003), "¿Promesa o contrato de lectura? Dos modelos para el análisis de los medios", en *Comunicación y Sociedad*, núm. 40, Universidad de Guadalajara. Disponible en línea: http://www.catedras.fsoc.uba.ar/delcoto/textos/ Promesa.doc (1 de septiembre de 2011).

Boczkowski, Pablo (2006), *Digitalizar las noticias. Innovación en los diarios online*, Buenos Aires, Manantial.

Boczkowski, Pablo (2010), "The Consumption of Online News at Work. Making Sense of Emerging Phenomena and Rethinking Existing Concepts", en *Information, Communication &Society*, vol. 13, núm. 4, Londres.

Boczkowski, Pablo y Mitchelstein, Eugenia (2010), "Is There a Gap between the News Choices of Journalists and Consumers? A Relational and Dynamic Approach", en *The International Journal of Press/Politics*, vol. 4, núm. 15, Washington.

Boczkowski, Pablo, Mitchelstein, Eugenia y Walter, Martin (2010), "Convergence Across Divergence: Understanding the Gap in the Online. News Choices of Journalists and Consumers in Western Europe and

Latin America", en *Communication Research*, XX (X), Sage.

Bolter, Jay David (1998), *"Ekphrasis*, realidad virtual y el futuro de la escritura", en Nunberg, Geoffrey (comp.), *El futuro del libro ¿Esto matará eso?*, Barcelona, Paidós.

Borda, Libertad (2002), "Oralidad, escritura y foros de Internet: posibles modos de abordaje", en VI Jornadas Nacionales de Investigadores en Comunicación, Córdoba.

Boutaud, Jean-Jacques y Verón, Eliseo (2007), "Du sujet aux acteurs. La sémiotique ouverte aux interfaces", en *Sémiotique ouverte. Itinéraires sémiotiques en communication*, París, Lavoisier, Hermès Science. Traducción de Gastón Cingolani para la cátedra Medios y Políticas de Comunicación, IUNA, 2008.

Bowman, Shayne y Willis, Chris (2003), *Nosotros, el medio. Cómo las audiencias están modelando el futuro de las noticias y la información*, Reston, Virginia, The Media Center at The American Press Intitute.

Braga, José Luiz (2006), *A sociedade enfrenta sua mídia. Dispositivos sociais de crítica midiática*, San Pablo, Paulus.

Braga, José Luiz (2010), "Nem rara, nem ausente - tentativa", en Revista *Matrizes*, da ECA/USP, vol. 4, série 1.

Brea, José Luis (2001), "Algunos pensamientos sueltos acerca de arte y técnica", en *La era postmedia. Acción comunicativa, prácticas (post)artísticas y dispositivos neomediales*, Salamanca, Editorial Centro de Arte de Salamanca. Disponible en línea: http://aleph-arts.org/pens/arttec.html (consultado el 14 de marzo de 2011).

Briggs, Mark (2007), *Periodismo 2.0. Una guía de alfabetización digital para sobrevivir y prosperar en la era de la información*, versión en español del Centro Knight para el Periodismo en las Américas, Austin, Universidad de Texas.

Cabrera, Daniel (2007), "Reflexiones sobre el sin límite tecnológico", en *Revista Artefacto*, núm. 6, Buenos Aires.

Canavilhas, João (2007), *Webnoticia. Propuesta de modelo periodístico para la www*, Universidade da Beira Interior.

Canavilhas, João (2011), "Del *gatekeeping* al *gatewatching*. El papel de las redes sociales en el ecosistema mediático", en Irigaray, F.; Ceballos, D. y Manna, M. (eds.), *Periodismo Digital: Convergencia, redes y móviles. 3º Foro de Periodismo Digital de Rosario*, Rosario.

Carlon, Mario y Scolari, Carlos (eds.) (2009), *El fin de los medios masivos*, Buenos Aires, La Crujía.

Cerezo, José y Zafra, Juan (2003), *El impacto de internet en la prensa*, Madrid, Cuadernos Sociedad de la Información, Fundación Auna.

Charaudeau, Patrick (2003), *El discurso de la información. La construcción del espejo social*, Barcelona, Gedisa.

Chartier, Roger (1997), "De la reproducción mecánica a la representación electrónica", en *Pluma de ganso. Libro de letras, ojo viajero*, México, Universidad Iberamericana.

Cingolani, Gastón (2004), "Consumo, recepción, gusto, o: lo que no es objeto de esta tesis", en "Juicios de valor sobre canales de noticias. Un análisis discursivo", Tesis de la Maestría en Ciencias de la Comunicación "Diseños de Estrategias en Comunicación", Facultad de Ciencia Política y RR.II. (UNR). Disponible en línea: http://interfacesypantallas.files.wordpress.com/2008/04/sobreladesatencion.pdf (consultado el 18 de marzo de 2008).

Culioli, Antoine (1990), *Pour une linguistique de l'énonciation. Opérations et représentations, Tome 1*, París, Ophrys.

D'Alessio Irol (2010), "Internet en la Argentina", reporte de la investigación *ongoing El usuario de Internet*, Buenos

Aires. Disponible en línea: http://www.dalessio.com.
ar/xpublico/archivos/1346_I_13_Libro_Internet_sin-
tesis.pdf (consultado el 27 de marzo de 2011).

De Marinis, Pablo (2005), "16 comentarios sobre la(s)
sociología(s) y la(s) comunidad(es)", en *Papeles del
CEIC*, núm. 15, Universidad del País Vasco, Bizkaia.
Disponible en línea: http://www.identidadcolectiva.
es/pdf/15.pdf (consultado el 26 de noviembre de 2010).

Debray, Regis (2001), *Introducción a la mediología*,
Barcelona, Paidós.

Deuze, Mark (2001), "Online Journalism: Modelling the
First Generation of News Media on the Word Wide
Web", en *First Monday*, vol. 6, núm. 10, University of
Illinois. Disponible en línea: http://131.193.153.231/
www/issues/issue6_10/deuze/index.html (20 de enero
de 2011).

Diaz Noci, Javier (1997), "Tendencias del periodismo electrónico. Una aproximación a la investigación sobre
medios de comunicación en Internet", *Revista Zer*,
núm. 2, Universidad del País Vasco, Bizkaia. Disponible
en línea: http://www.ehu.es/zer/zer2/6artdiaz.html
(consultado el 22 de marzo de 2011).

Dyson, Esther (1998), *Release 2.0*, Barcelona, SineQuaNon.

Eco, Humberto (1982), *Lector in fabula. La cooperación
interpretativa en el texto narrativo*, Barcelona, Lumen.

Edmons, Rick; Guskin, Emily y Rosenstiel, Tom (2011),
"Newspapers: Missed the 2010 Media Rally", en *The
State of the News Media, An Annual Report on American
Journalism 2011*, Washington, Pew Research Center.
Disponible en línea: http://stateofthemedia.org/2011/
newspapers-essay (consultado el 28 de marzo de 2011).

Escandell Vidal, María Victoria (1996), "La pragmática" y
"Conceptos básicos de pragmática", en *Introducción a
la pragmática*, Barcelona, Ariel.

Escudero Chauvel, Lucrecia (1996), "El contrato mediático", en *Malvinas: el gran relato. Fuentes y rumores en la información de guerra*, Barcelona, Gedisa.

Fausto Neto, Antonio (2008), "Enunciaçao midiática: das gramáticas às 'zonas de pregnâncias'", en *Cuaderno del Seminario "Midiatizaçao e Processos Sociais. Aspectos Metodológicos"*, Sao Leopoldo, UNISINOS.

Fausto Neto, Antonio y Valdettaro, Sandra (2010), *Mediatización, sociedad y sentido: Diálogos entre Brasil y Argentina*, Rosario, Facultad de Ciencia Política y Relaciones Internacionales, Universidad Nacional de Rosario.

Fisher, Sophie y Verón, Eliseo (1986), "Teoría de la enunciación y discursos sociales", en *Études de Lettres*, Université de Laussane. Traducción de Sergio Mollinedo para la cátedra Teorías y Medios de Comunicación, UBA.

Fogel, Jean-Francoise y Patiño, Bruno (2007), *La prensa sin Gutenbeg. El periodismo en la era digital*, España, Punto de Lectura.

Foucault, Michel (1985), *¿Qué es un autor?*, México, Universidad Autónoma de Tlaxcala.

García de Torres, Elvira; Yezers'ka, Lyudmila; Rost, Alejandro; Calderin, Mabel; Rojano, Miladys; Edo, Concha; Sahid, Elías; Jerónimo, Pedro; Arcila, Carlos; Serrano, Ana; Badillo, Jorge y Corredoira Alfonso, Loreto (2011), "See You on Facebook or Twitter? The Use of Social Media by 27 News Oultlets from 9 Regions on Argentina, Colombia, Mexico, Portugal, Spain and Venezuela", en *12 Internacional Symposium on Online Journalism*, Universidad de Texas. Disponible en línea: http://es.scribd.com/doc/52061692/See-you-on-Facebook-or-Twitter-How-30-local-news-outlets-manage-social-networking-tools (consultado el 18 de marzo de 2011).

García, Edgardo (2007), "Interactivity in Argentinean Online Newsrooms", en *Zer, Revista de estudios de comunicación*, vol 1, Universidad del País Vasco, Bizkaia. Disponible en línea: http://www.ehu.es/zer/zere1/ZERE_epgarcia.pdf (consultado el 18 de febrero de 2011).

Gobbi, Jorge (2008), "Diarios, versiones digitales y comentarios: los usos de los discursos sobre lo público y lo privado", en *10º Congreso Redcom*, Universidad Católica de Salta. Disponible en línea: http://www.ucasal.net/unid-academicas/artes-y-ciencias/congresos/redcom10/archivos/redcom-ponencia/Ejes23y4/Eje3/Mesa3-1/Gobbi_PN_.pdf (consultado el 23 de febrero de 2011).

Gobbi, Jorge (2010), "Medios, Internet y periodismo: del modelo unidireccional a una nueva relación entre lo público y lo privado", en *Revista Sala de Prensa*, año XI, vol. 6. Disponible en línea: http://www.saladeprensa.org/art1011.htm (consultado el 25 de febrero de 2011).

Hall, Stuart (1980), "Enconding/Decoding", en AA.VV., *Culture, Media, Language. Working Papers in Cultural Studies, 1972-1979*, Londres, Hutchinson-Centre for Contemporary Cultural Studies, University of Birmingham. Traducción de Silvia Delfino.

Honneth, Axel (1999), "Comunidad. Esbozo de una historia conceptual", en *Isegoría, Revista de Filosofía Moral y Política*, núm. 20. Madrid, CSIC. Disponible en línea: http://isegoria.revistas.csic.es/index.php/isegoria/article/view/89/89 (consultado el 28 de agosto de 2011).

IAB (2011), *Métricas: ranking de audiencias de sitio*, Informe de abril de 2011. Disponible en línea: http://www.iabargentina.com.ar/index.php?q=node/33 (consultado el 23 de mayo de 2011).

IAB (2011b), "Estado de Internet en Argentina", *Interactive Advertising Bureau*. Disponible en línea: http://www.iabargentina.com.ar/sites/default/themes/iab/

downloads/comScore_State_of_Internet_Argentina_IAB_jun2011. pdf(consultado el 25 de agosto de 2011).

Igarza, Roberto (2008), *Nuevos medios. Estrategias de convergencia*, Buenos Aires, La Crujía.

Igarza, Roberto (2009), "El periodismo participativo en el paradigma de la transición", entrevista al autor publicada en Irigaray, F.; Ceballos, D. y Manna, M. (eds.), *Nuevos medios, nuevos modos, nuevos lenguajes. 1º Foro de Periodismo Digital de Rosario 2008*, Rosario, Laborde editor.

Igarza, Roberto (2011), "Transición: los sistemas de mediaciones en las democracias", en Irigaray, F.; Ceballos, D. y Manna, M. (eds.), *Periodismo digital: convergencia, redes y móviles. 3º Foro de Periodismo Digital de Rosario*, Rosario.

Irigaray, Fernando; Ceballos, Dardo y Manna, Matías (eds.) (2009), *Nuevos medios, nuevos modos, nuevos lenguajes. 1º Foro de Periodismo Digital de Rosario 2008*, Rosario, Laborde editor.

Irigaray, Fernando; Ceballos, Dardo y Manna, Matías (eds.) (2010), *Periodismo digital en un paradigma de transición. 2º Foro de Periodismo Digital de Rosario*, Rosario.

Irigaray, Fernando; Ceballos, Dardo y Manna, Matías (eds.) (2011), *Periodismo digital: convergencia, redes y móviles. 3º Foro de Periodismo Digital de Rosario*, Rosario.

Jauss, Han Robert (1981), "Estética de la recepción y comunicación literaria", en revista *Punto de Vista*, núm. 12, Buenos Aires.

Jenkins, Henry (2008), *Convergence Culture. La cultura de la convergencia de los medios de comunicación*, Barcelona, Paidós.

Jenkins, Henry (2009), "¿Audiencias interactivas? La 'inteligencia colectiva' de los fans mediáticos", en *Fans, blogueros y videojuegos. La Cultura de la colaboración*, Barcelona, Paidós.

Jenkins, Henry (2010), *Piratas de textos. Fans, cultura participativa y televisión*, Madrid, Paidós.

Jenkins, Henry y Deuze, Mark (2008), "Convergence Culture", en *Convergence: The Internacional Journal of Research into New Media Technologies*, vol. 14, Sage.

Jerónimo, Pedro y Duarte, Ángela (2010), "Twitter e jornalismo de proximidade. Estudo de rotinas de produção nos principais titulos de imprensa regional em Portugal", *Prisma com – Especial Ciberjornalismo 2010*, Universidade de Aveiro, num. 12. Disponible en línea: http://revistas.ua.pt/index.php/prismacom/article/viewFile/750/677 (concultado el 3 de marzo de 2011).

Kerbrat-Orecchioni, Catherine (1986), *La Enunciación. De la subjetividad en el lenguaje*, Buenos Aires, Hachette.

Kozak, Claudia (2008), "Blogopoéticas visuales (hasta cierto punto)", en revista *Ramona*, núm. 83, Buenos Aires, Fundación Start.

Landow, George (1995), *Hipertexto. La convergencia de la teoría crítica contemporánea y la tecnología*, Buenos Aires, Paidós.

Larrondo Ureta, Ainara y Tejedor Calvo, Santiago (2008), "Los efectos del periodismo participativo: espacios y temas ciudadanos en la agenda informativa de la ciberprensa", en Sabés Turmo, F. y Verón Lassa, J. (eds.), *Internet como sinónimo de convergencia mediática y tecnológica*, Zaragoza, Asociación de Prensa de Aragón.

Lemos, José (2002), "Análisis de la interactividad de 10 periódicos argentinos", en Jornadas de la *Redcom,* Buenos Aires. Disponible en línea: http://www.redcom.org/jornadas2002/ponencias/lemos.htm (consultado el 6 de mayo de 2006).

Lévy, Pierre (1999), *¿Qué es lo virtual?*, Barcelona, Paidós.

Lévy, Pierre (2004), *Inteligencia colectiva. Por una antropología del ciberespacio*, San Pablo, Biblioteca Virtual en Salud, Centro Latinoamericano y del Caribe de

Información en Ciencias de la Salud. Disponible en línea: http://inteligenciacolectiva.bvsalud.org/public/documents/pdf/es/inteligenciaColectiva.pdf (consultado el 5 de septiembre de 2011).

López, Xosé y Pereira Fariña, Xosé (2008), "La prensa ante el reto online. Entre las limitaciones del modelo tradicional y las incógnitas de su estrategia digital", en Bustamante, E.; Franquet, R.; García Leyva, T.; López, X. y Pereira Fariña, X, *Alternativas en los medios de comunicación digitales. Televisión, radio, prensa, revistas culturales y calidad de la democracia*, Barcelona, Gedisa.

Lozano, Jorge; Peña-Marín, Cristina; Abril, Gonzalo (1982), *Análisis del discurso. Hacia una semiótica de la interacción textual*, Madrid, Cátedra.

Luhmann, Niklas (1998), *Sistemas sociales. Lineamientos para una teoría general*, México, Anthropos.

Luhmann, Niklas (2000), *La realidad de los medios de masas*, España, Anthropos.

Machado, Elias y Palacios, Marcos (1996), *Manual de Jornalismo na Internet*, Brasil, Facom/FUBA.

Maldonado, Tomás (1998), *Crítica de la razón informática*, Barcelona, Paidós.

Mancini, Pablo (2011), *Hackear el periodismo. Manual de laboratorio*, Buenos Aires, La Crujía.

Manovich, Lev (2001), *El lenguaje de los nuevos medios de comunicación. La imagen en la era digital*, Buenos Aires, Paidós.

Manovich, Lev (2005), "Remixing and remixability", en *Lev Manovich Official Website*. Disponible en línea: http://www.manovich.net/DOCS/Remix_modular.doc (consultado el 15 de marzo de 2011).

Martínez Guzmán, Vicent (1992), "J. R. Searle: de los actos de habla a la intencionalidad. Una valoración fenomenologicolingüística", en *Revista de filosofía*, 3ª época, vol. V, núm. 7, Universidad Complutense de Madrid. Disponible en línea: http://revistas.ucm.es/fsl/00348244/articulos/RESF9292120067A.PDF (consultado el 1 de agosto de 2010).

Martínez Rodríguez, Lourdes (2005), "La participación de los usuarios en los contenidos periodísticos de la red", en Lopez García, G. (ed.), *El ecosistema digital: modelos de comunicación, nuevos medios y público en Internet*, Valencia, Servei de Publicacions de la Universitat de Valencia. Disponible en línea: http://www.uv.es/demopode/libro1/LourdesMartinez.pdf (consultado el 2 de junio de 2007).

Masip, Pere; Díaz Noci, Javier; Domingo, David; Micó Sanz, Josep-Lluis y Salaverría, Ramón (2010), "Investigación internacional sobre ciberperiodismo: hipertexto, interactividad, multimedia y convergencia", en *El Profesional de la Información*, vol. 19, núm. 6, Barcelona.

Mateu, Gabriel (2007), *Nuevas tecnologías de la información y la comunicación. Informe de la situación de las NTIC en el país*, Buenos Aires, Observatorio de Industrias Culturales de la Ciudad de Buenos Aires.

Mazzone, Daniel (2010), "Imágenes del lector en el ciberperiodismo. Estudio comparativo de la discursividad de *The New York Times* y *The Huffington Post*", tesis de Maestría en Periodismo, Universidad de San Andrés-Grupo Clarín, inédita.

Mcchesney, Robert (2002), "Economía política de los medios y las industrias de la información en un mundo globalizado", en Vidal Beneyto, José (dir.), *La ventana global: ciberespacio, espera pública mundial y universo mediático*, Madrid, Taurus.

Meso Ayerdi, Koldobika (2005), "Periodismo ciudadano: voces paralelas a la profesión periodística", *Chasqui*, núm. 90, Quito, CIESPAL. Disponible en línea: http://

chasqui.comunica.org/pdf/chasqui90.pdf(concultado el 31 de enero de 2011).

Messner, Marcus; Linke, Maureen y Eford, Asriel (2011), "Shoveling Tweets: An Analysis of the Microblogging Engagement of Traditional News Organizations", en *12 Internacional Symposium on Online Journalism*, UTEXAS. Disponible en línea: http://online.journalism.utexas.edu/2011/papers/Messner2011.pdf (consultado el 26 de abril de 2011).

Morley, David (1996), "Comunicación doméstica: tecnología y sentidos", en *Televisión, audiencias y estudios culturales*, Buenos Aires, Amorrortu.

Nielsen, Jacob (2003), "Usability 101: Introduction to Usability", en *Alertbox: Current Issues in Web Usability*. Disponible en línea: http://www.useit.com/alertbox/20030825.html (consultado el 26 de junio de 2011).

Noguera Vivo, José Manuel (2008), *Blogs y Medios. Las claves de una relación de interés mutuo*. Disponible en línea: http://www.esnips.com/doc/e6e0a76d-5921-4819-910f-247b4cd904c1/BlogsyMedios_2008 (consultado el 10 de agosto de 2011).

Noguera Vivo, José Manuel (2010), "Redes sociales como paradigma periodístico. Medios españoles en Facebook", *Revista Latina de Comunicación social*, núm. 65, Universidad de La Laguna. Disponible en línea: http://www.revistalatinacs.org/10/art/891_UCAM/RLCS_art891.pdf (consultado el 19 de abril de 2011).

OIC (2008), "Índice de Industrias Culturales de la Ciudad de Buenos Aires, año 2007", en *Boletín Electrónico Nº 45 del Observatorio de Industrias Creativas*, Dirección General de Industrias Creativas del Gobierno de la Ciudad de Buenos Aires, agosto de 2008.

OIC (2009), "Nuevos hábitos de consumo", en *Boletín Electrónico Nº 56 del Observatorio de Industrias Creativas*, Dirección General de Industrias Creativas del Gobierno de la Ciudad de Buenos Aires, julio de 2009.

OIC (2009b), "Consumos culturales en tiempos de crisis", en *Boletín Electrónico Nº 57 del Observatorio de Industrias Creativas*, Dirección General de Industrias Creativas del Gobierno de la Ciudad de Buenos Aires, julio de 2009.

OIC (2010), "Casi no quedan lectores fieles a un medio en USA", en *Boletín Electrónico Nº 65 del Observatorio de Industrias Creativas*, Dirección General de Industrias Creativas del Gobierno de la Ciudad de Buenos Aires, Abril. Disponible en línea: http://oic.mdebuenosaires. gov.ar/system/objetos.php?id_prod=205&id_cat=64 (consultado el 19 de abril de 2011).

OIC (2010b), *Anuario 2009. Industrias creativas de la ciudad de Buenos Aires*, Observatorio de Industrias Creativas, Buenos Aires. Disponible en línea: http://oic.mdebuenosaires.gov.ar/contenido/objetos/AnuarioOIC2009. pdf (consultado el 28 marzo de 2011).

OIC (2011), "El acceso a Internet en el 2010", en *Boletín Electrónico Nº 75 del Observatorio de Industrias Creativas*, Dirección General de Industrias Creativas del Gobierno de la Ciudad de Buenos Aires, abril de 2011. Disponible en línea: http://oic.mdebuenosaires. gov.ar/system/objetos.php?id_prod=332&id_cat=64 (consultado el 19 de abril de 2011).

OIC (2011b), *Anuario 2010. Industrias creativas de la ciudad de Buenos Aires*, Observatorio de Industrias Creativas, Buenos Aires. Disponible en línea: http://oic.mdebuenosaires.gov.ar/contenido/objetos/AnuarioOIC2010. pdf (consultado el 15 de enero de 2012).

Palacios, Marcos (1999), "Hipertexto, fechamento e o uso do conceito de não-linearidade discursiva", en *Lugar Comum*, num. 8, Río de Janeiro.

Palacios, Marcos y Díaz Noci, Javier (eds.) (2009), *Ciberperiodismo: métodos de investigación. Una aproximación multidiscilplinar en perspectiva comparada*, Bilbao, Servicio Editorial de la Universidad del País Vasco. Disponible en línea: http://www.argitalpenak. ehu.es/p291-content/es/contenidos/libro/se_indice_ciencinfo/es_ciencinf/adjuntos/ciberperiodismo. pdf (consultado el 18 de marzo de 2011).

Peirce, Charles Sanders (1987), *Obra lógico-semiótica*, Madrid, Taurus.

PEW (2009), "Audience", en *The State of the News Media, An Annual Report on American Journalism 2010*, Washington, Pew Research Center. Disponible en línea: http://stateofthemedia.org/2010/newspapers-summary-essay/audience/ (consultado el 2 de marzo de 2011).

Piccato, Franco (2010), "Medios y redes sociales: el inicio de la conversación. La experiencia de LAVOZ.com.ar en Córdoba, Argentina", en Irigaray, F.; Ceballos, D. y Manna, M. (eds.), *Periodismo digital en un paradigma de transición. 2º Foro de Periodismo Digital de Rosario*, Rosario.

Primo, Alex (2005), "Enfoques e desenfoques no estudo da interação mediada por computador", en *404NotFound*, num. 45, Brasil, UFBA. Disponible en línea: http://www6.ufrgs.br/limc/PDFs/enfoques_desfoques.pdf (consultado el 15 de marzo de 2011).

Purcell, Kristen; Rainie, Lee; Mitchell, Amy; Rosenstiel, Tom y Olmstead, Kenny (2010), *Understanding the Participatory News Consumer. How Internet and Cell Phone Users Have Turned News into a Social Experience*, Pew Research Center. Disponible en línea: http://www. pewinternet.org/~/media//Files/Reports/2010/PIP_ Understanding_the_Participatory_News_Consumer. pdf (consultado el 10 de febrero de 2011).

Quadros, Claudia (2005), "A participaçao do público no we-
    bjornalismo", en *E-Compós*, vol. 4, Brasil. Disponible en
    línea: http://www.compos.org.br/seer/index.php/e-
    compos/article/view/56/56 (consultado el 29 de marzo
    de 2011).

Quiroga, Ana (2008), "La participación de los públicos en los
    medios. De las cartas de lectores a los contenidos infor-
    mativos generados por los usuarios", en *10º Congreso
    Redcom*, Universidad Católica de Salta. Disponible en
    línea: http://www.ucasal.net/unid-academicas/artes-
    y-ciencias/congresos/redcom10/archivos/redcom-
    ponencia/Ejes23y4/Eje3/Mesa3-1/Quiroga_PN_.pdf
    (consultado el 23 de febrero de 2011).

Raimondo Anselmino, Natalia (2007), "Reflexiones sobre
    el vínculo diario-lector en los periódicos 'en línea'",
    en *Dossier de Estudios Semióticos, La Trama de la
    Comunicación*, vol. 12, Rosario, UNR Editora.

Romé, Natalia (2009), *Semiosis y subjetividad. Preguntas
    a Charles S. Peirce y Jacques Lacan desde las ciencias
    sociales*, Buenos Aires, Prometeo.

Rost, Alejandro (2003), "El periódico digital: característi-
    cas de un nuevo medio", en *Red-acción*, sitio web del
    Área Periodismo de la Facultad de Derecho y Ciencias
    Sociales, UNCOMA. Disponible en línea: http://red-
    accion.uncoma.edu.ar/asignaturas/pd.htm (consul-
    tado el 21 de junio de 2006).

Rost, Alejandro (2006), "La interactividad en el periódico
    digital", tesis de doctorado dirigida por el Dr. Miguel
    Rodrigo Alsina, Barcelona, Facultat de Ciències de la
    Comunicaciò, Universitat Autónoma de Barcelona.

Rost, Alejandro (2008), "La interactividad en Clarín.com,
    según pasan los años", en 10º Congreso REDCOM,
    Universidad Católica de Salta. Disponible en lí-
    nea: http://www.ucasal.net/unid-academicas/
    artes-y-ciencias/congresos/redcom10/archivos/

redcom-ponencia/Ejes23y4/Eje3/Mesa3-1/Rost_PN_.
pdf (consultado el 4 de febrero de 2011).

Rost, Alejandro (2010), "La participación en el periodismo
digital: Muchas preguntas y algunas posibles respuestas", en Irigaray, F.; Ceballos, D. y Manna, M. (eds.),
Periodismo digital en un paradigma de transición. 2°
Foro de Periodismo Digital de Rosario, Rosario.

Rost, Alejandro y García, Viviana (2008), "Del volcado del
diario impreso a la lógica blog. Doce años de Clarín.
com", en Bergonzi, J. C.; Rost, A.; Bergero, F.; Bernardi,
M. T.; García, V. y Pugni Reta, M. E., *Periodismo digi-*
tal en la Argentina: Diseño, interactividad, hipertex-
to y multimedialidad en sitios de noticia, Río Negro,
Publifadecs.

Ruiz, Carlos; Masip, Pere; Micó, Josep Lluís; Díaz Noci,
Javier y Domingo, David (2010), "Conversación 2.0 y
democracia. Análisis de los comentarios de los lectores en la prensa digital catalana", en *Comunicación y*
sociedad, Universidad de Navarra. Disponible en línea:
http://www.unav.es/fcom/comunicacionysociedad/
es/resumen.php?art_id=360 (consultado el 1 de abril
de 2011).

Saintout, Florencia y Ferrante, Natalia (2006), "Los estudios
de recepción en la Argentina hoy: rupturas, continui-
dades y nuevos objetos", en Saintout, F. y Ferrante, N.
(comps.), *¿Y la recepción? Balance crítico de los estudios*
sobre el público, Buenos Aires, La Crujía.

Sal Paz, Julio (2005), "Competencia lectora y periodismo
en Internet", en *Revista del Instituto de Investigaciones*
Lingüísticas y Literarias Hispanoamericanas (RILL),
núm. 16, Universidad Nacional de Tucumán.

Sal Paz, Julio (2006), "Representaciones sociales de
usuarios tucumanos en un foro de discusión de La
Gaceta on-line", en *Actas del Congreso Internacional*
"Transformaciones culturales. Debates de la teoría, la

crítica y la lingüística", organizado por la Facultad de Filosofía y Letras de la UBA, sin paginación.

Sal Paz, Julio (2007), "Rasgos de oralidad en los foros de discusión de la prensa digital: el caso de La Gaceta on-line", en L. Granato y M. L. Mócceno (comp.), *Actas del lll Coloquio Argentino de la IADA (International Association for Dialogue Análisis) "Diálogo y contexto"*, La Plata, UNLP.

Sal Paz, Julio (2009), "Comentario de lector: género discursivo estructurante de los 'nuevos medios'", en *Actas del IV Coloquio Argentino de La IADA*, La Plata.

Sal Paz, Julio (2010), *Periodismo Digital en Tucumán. Perspectiva discursiva*, Colección Tesis, Departamento de Publicaciones de la Facultad de Filosofía y Letras, Universidad Nacional de Tucumán.

Sal Paz, Julio y Maldonado, Silvia (2009), "Estrategias discursivas: un abordaje terminológico", en *Espéculo, Revista de Estudios Literarios*, año XIV, núm. 43, Universidad Complutense de Madrid. Disponible en línea: http://www.ucm.es/info/especulo/numero43/abotermi.html (consultado el 10 de febrero de 2010).

Salaverría, Ramón (2003), "Convergencia de medios", en *Revista Latinoamericana de Comunicación "Chasqui"*, núm. 81, Quito, CIESPAL. Disponible en línea: http://chasqui.comunica.org/content/view/190/64/ (consultado el 14 de marzo de 2011).

Salaverría, Ramón (2010), "Estructura de la convergencia", en López, X. y Pereira, X (eds.), *Convergencia digital. Reconfiguración de los medios de comunicación en España*, Santiago de Compostela, Servicio Editorial de la Universidad de Santiago de Compostela.

Schultz, Tanjev (1999), "Opciones interactivas en el periodismo on-line: análisis de contenido de cien periódicos de Estados Unidos", en *Journal of Computer Mediated*

Communication, vol 5, núm. 1. Traducción: Fina Marfá, para EnRedAndo.

Searle, John (1977), "¿Qué es un acto de habla?", en *Revista Teorema*, vol. 7, núm. 1, Barcelona. Disponible en línea: http://www.upv.es/sma/teoria/sma/speech/Que%20es%20un%20acto%20de%20habla.pdf (consultad el 7 de junio de 2011).

Sidicaro, Ricardo (1993), *La política mirada desde arriba. Las ideas del diario* La Nación, *1909-1989*, Buenos Aires, Sudamericana.

Sidicaro, Ricardo (2004), "Consideraciones a propósito de las ideas del diario *La Nación*", en Wainerman, C. y Sautu, R. (comps.), *La trastienda de la investigación*, Tercera edición ampliada, Buenos Aires, Lumiere.

Simone, Raféale (2001), "¿Qué le sucederá al cuerpo del texto?", en *La tercera fase. Formas de saber que estamos perdiendo*, Madrid, Taurus.

Simone, Raffaele (1998), "El cuerpo del texto", en Numberg, G. (comp.), *El futuro del libro ¿Esto matará eso?*, Barcelona, Paidós.

SINCA (2010), "Estudio de caso: 'El sector editorial de publicaciones periódicas: valores de producción y variaciones en la tirada promedio de diarios", en *Coyuntura Cultural*, año 2, núm. 3, Sistema de Información Cultural de la Argentina, agosto de 2010. Disponible en línea: http://sinca.cultura.gov.ar/sic/cc/CoyunturaCultural-Nro3.pdf (consultado el 19 de agosto de 2011).

Stassen, Wilma (2010), "Your News in 140 Characters. Exploring the Role of Social Media in Journalism", *Global Media Journal African Edition*, Setellenbosch University, Western Cape, South Africa, vol. 4, núm. 1. Disponible en línea: http://sun025.sun.ac.za/portal/page/portal/Arts/Departemente1/Joernalistiek/Global%20Media%20Journal/Global%20Media%20

Journal%20-%20Files/9CB5FD9FD48D6B73E044001
44F47F004 (consultado el 10 de febrero de 2011).

Tell, Elvio (2007), "Niklas Luhmann: La compleja incertidumbre de un mundo secularizado", en revista *Ciencia, docencia y tecnología*, vol. XVIII, núm. 34, Universidad Nacional de Entre Ríos, Concepción del Uruguay. Disponible en línea: http://redalyc.uaemex.mx/redalyc/pdf/145/14503402.pdf (consultado el 6 de septiembre de 2011).

Thomas, Hernán y Buch, Alfonso (comps.) (2008), *Actos, actores y artefactos. Sociología de la tecnología*, Bernal, Editorial de la Universidad de Quilmes.

Traversa, Oscar y Steimberg, Oscar (1997), *Estilo de época y comunicación mediática*, Tomo 1, Buenos Aires, Atuel.

Tsuji, Teresa; Canella, Rubén y Sabat, María Clara (2008), "Multimedia y periodismo digital. Evolución de los recursos digitales en el periodismo digital argentino. En la búsqueda de un lenguajes multimedial", en 10º Congreso de *Redcom*, Universidad Católica de Salta. Disponible en línea: http://www.ucasal.net/unid-academicas/artes-y-ciencias/congresos/redcom10/archivos/redcom-ponencia/Eje6/Mesa6-5/Tsuji-Canella-Sabat.pdf (consultado el 18 de marzo de 2011).

Ulanovsky, Carlos (2011), *Paren las rotativas. Diarios, revistas y periodistas. 1920-1969*, Buenos Aires, Emecé.

Ulanovsky, Carlos (2011b), *Paren las rotativas. Diarios, revistas y periodistas. 1970-2000*, Buenos Aires, Emecé.

Valdettaro, Sandra (2005), "Prensa y Temporalidad", en *La Trama de la Comunicación*, vol. 10, Rosario, UNR Editora.

Valdettaro, Sandra (2007), "Medios, actualidad y mediatización", en *Medios y Comunicación*, Boletín núm. 123 de la Biblioteca del Congreso de la Nación, Buenos Aires.

Vandendorpe, Christian (2003), *Del papiro al hipertexto. Ensayo sobre las mutaciones del texto y la lectura*, Buenos Aires, Fondo de Cultura Económica.

Varela, Juan (2005), "Blogs vs MSM. Periodismo 3.0, la socialización de la información", en *Revista Telos, Segunda Época,* núm. 65, Madrid. Disponible en línea: http://sociedadinformacion.fundacion.telefonica.com/telos/articulocuaderno.asp@idarticulo%3D7&rev%3D65.htm (consultado el 8 de marzo de 2011).

Vargas Cetina, Gabriela (2002), "La asociación efímera. Repensando el concepto de comunidad desde la literatura cyberpunk", en *Cuadernos de Bioética,* núm. 11. Disponible en línea: http://uady.academia.edu/GabrielaVargasCetina/Papers/81669/La_Asociacion_Efimera_Repensando_el_concepto_de_comunidad_desde_la_literatura_cyberpunk (consultado el 31 de agosto de 2011).

Verón Lassa, José y Sabés Turmo, Fernando (eds.) (en línea), *La investigación en el periodismo digital. Algunos trabajos desde el ámbito universitario*, Zaragoza, Asociación de Periodistas de Aragón. Dispònible en línea: http://www.congresoperiodismo.com/pdf/Libro%20electronico%202011.pdf (consultado el 21 de marzo de 2011).

Verón, Eliseo (1968), *Conducta, estructura y comunicación*, Buenos Aires, Editorial Jorge Álvarez.

Verón, Eliseo (1983), *Construir el acontecimiento: los medios de comunicación masiva y el accidente en la central de Three Mile Island*, Buenos Aires, Gedisa.

Verón, Eliseo (1985), "El análisis del 'Contrato de Lectura', un nuevo método para los estudios de posicionamiento de los soportes de los media", en *Les Medias: Experiences, recherches actuelles, aplications*, París, IREP.

Verón, Eliseo (1987), "La palabra adversativa", en Verón, E.; Arfuch, L.; Chirico, M. M.; De Ipola, E.; Goldman, N.;

Bombal, M. I. y Landi, O., *El discurso político. Lenguajes y acontecimientos*, Buenos Aires, Hachette.

Verón, Eliseo (1998), *La semiosis social. Fragmentos de una teoría de la discursividad*, Barcelona, Gedisa.

Verón, Eliseo (2001), *El cuerpo de las imágenes*, Bogotá, Norma.

Verón, Eliseo (2001b), *Espacios mentales. Efectos de agenda 2*, Buenos Aires, Gedisa.

Verón, Eliseo (2003), "Televisão e política: História da televisão e campanhas presidenciais", en Fausto Neto, A. y Verón, E. (orgs.), *Lula presidente: Televisão e política na campanha eleitoral*, São Leopoldo, Hacker Editores y Unisinos.

Verón, Eliseo (2004), *Fragmentos de un tejido*, Buenos Aires, Gedisa.

Verón, Eliseo (2007), "Regreso al futuro de la comunicación", en *Cuadernos de Comunicación*, núm. 3, Rosario, Facultad de Ciencia Política y RRII, UNR.

Verón, Eliseo (2008), "La televisión, ese fenómeno 'masivo' que conocimos, está condenada a desaparecer", entrevista al autor realizada por Carlos Scolari y Paolo Bertetti y publicada en *Revista Alambre. Comunicación, información, cultura*, Buenos Aires, núm. 1. Disponible en línea: http://www.revistaalambre.com/Articulos/ArticuloMuestra.asp?Id=13 (consultado el 1 de julio de 2010).

Verón, Eliseo (2009), "El fin de la historia de un mueble", en Carlon, M. y Scolari, C. (eds.), *El fin de los medios masivos*, Buenos Aires, La Crujía.

Virno, Paolo (2003), *Gramática de la multitud. Para un análisis de las formas de vida contemporáneas*, Buenos Aires, Colihue.

Wyman, Oliver (2008), *Libro blanco de los contenidos digitales en España 2008*, Madrid, red.es.

Yus, Francisco (2001), "Ciberpragmática. Entre la compensación y el desconcierto". Disponible en línea, en el Archivo del Observatorio para la CiberSociedad: http://www.cibersociedad.net/archivo/articulo.php?art=42 (consultado el 23 de junio de 2008).

Yus, Francisco (2010), *Ciberpragmática 2.0. Nuevos usos del lenguaje en Internet*, Barcelona, Ariel.